CEN

BE NESA!

D0262824

CYFRES Y CEWRI

CYFROL
4

CYFRES Y CEWRI 10

Be Nesa!

Dafydd Wigley

Gwasg
Gwynedd

Argraffiad cyntaf — Tachwedd 2013

ISBN 978 0 86074 292 0

Mae'r cyhoeddwyr yn cydnabod cefnogaeth ariannol
Cyngor Llyfrau Cymru.

Y portread o Dafydd Wigley gan David Griffiths
trwy ganiatâd Llyfrgell Genedlaethol Cymru.

Cyhoeddwyd gan
Wasg Gwynedd, Pwllheli

I

ANA GWEN, CAI DAFYDD, JAC BEN A PEGI WYN.

EU DYFODOL NHW SYDD YN Y FANTOL.

Cynnwys

Rhagair

Rhwng 1890, pan etholwyd David Lloyd George yn Aelod Seneddol Bwrdeistrefi Caernarfon, a 2001, pan roddais innau'r gorau i gynrychioli etholaeth Arfon yn Nhŷ'r Cyffredin, cynrychiolwyd Caernarfon gan dri Aelod Seneddol am dros 109 o flynyddoedd – y tri ohonom yn aelodau o bleidiau gwahanol: Lloyd George, Rhyddfrydwr (1890–1944), Goronwy Roberts, Llafur (1945–1974), a finnau'n aelod dros Blaid Cymru o 1974 i 2001.

Roeddem ein tri wedi troi at wleidyddiaeth gyda'r ymrwymiad i ennill ymreolaeth i Gymru a sicrhau cyfiawnder cymdeithasol. Yn etholiad cyntaf Lloyd George yn 1890 (isetholiad Bwrdeistrefi Caernarfon, a enillwyd ganddo o 18 pleidlais), disgrifiodd ei hun fel 'rhyddfrydwr, cenedlaetholwr a sosialydd'. Cyn dod yn ymgeisydd Llafur roedd Goronwy Roberts wedi ceisio sefydlu Plaid y Werin i gyfuno dyheadau Cymru am sosialaeth a hunanlywodraeth. Yn ystod fy nghyfnod innau fel AS dewisodd Plaid Cymru ei lleoli ei hun yn ffurfiol ar ochr chwith y sbectrwm gwleidyddol, a llwyddodd i ddylanwadu digon ar yr agenda wleidyddol i sefydlu Senedd i Gymru – dyhead fy nau ragflaenydd a finnau.

Yr eironi mawr yw i'r tri ohonom, ar ôl oes o gynrychioli etholwyr Arfon trwy'r broses ddemocrataidd, gael ein hunain yn aelodau o Ail Siambr Senedd Prydain – Tŷ'r

Arglwyddi. Yn nyddiau cynnar ein datblygiad fel gwleidyddion byddem ein tri wedi wfftio at y syniad o droedio'r fath le, gyda'i holl rwysg, ei seiliau etifeddol a'i natur Seisnig ac imperialaidd, ac wedi chwerthin yn wyneb unrhyw un a awgrymai mai yno y byddai diwedd y daith wleidyddol i'r tri ohonom!

Ac eto, felly y bu. Aeth Lloyd George yno fel Iarll Dwyfor yn 1945, wythnosau cyn ei farw; gwnaeth hynny'n rhannol, mae'n debyg, er mwyn galluogi ei ail wraig, Frances Stevenson, i gael safle mewn cymdeithas na chawsai ei fwynhau am y rhan fwyaf o'i hoes. Derbyniodd Goronwy Roberts deitl er mwyn gweithredu fel Gweinidog yn Llywodraeth Harold Wilson wedi iddo golli sedd Arfon yn Chwefror 1974.

A beth amdana i? Beth aflwydd fyddai'n darbwyllo cenedlaetholwr rhonc i dderbyn enwebiad i gadarnle'r sefydliad Seisnig? Beth a barodd i'r Blaid, hefyd, yn 2007 newid ei safbwynt gan benderfynu, am y tro cyntaf yn ei hanes, enwebu pobl i eistedd yn yr Ail Siambr? Fel yr ebychodd hen ffrind i mi pan glywodd am fy mwriad – '*Be nesa*!'

Yn y gyfrol hon fe fyddaf yn esbonio a dehongli'r hyn a ddigwyddodd yn y cyswllt hwn. Byddaf hefyd yn cau pen y mwdwl ar fy hanes fy hun fel y'i croniclir yn y gyfres hon o hunangofiannau. Y tair cyfrol a gyhoeddwyd gennyf eisoes yng Nghyfres y Cewri yw: *O Ddifri* (1992), *Dal Ati* (1993) a *Maen i'r Wal* (2001). Yn y gyfrol olaf hon yn y gyfres byddaf yn manteisio ar y cyfle i lenwi bwlch yn fy nghyfrolau blaenorol, sef nad oedd ynddynt fynegai o'u cynnwys; roedd hynny, yn ôl sawl cyfaill sy'n ymchwilio ac ysgrifennu ym maes gwleidyddiaeth gyfoes, yn haneru eu gwerth fel cronicl o'r digwyddiadau hynod y cefais i'r fraint o fyw trwyddynt. Ceir mynegai cynhwysfawr i'r pedair cyfrol yng nghefn y llyfr hwn.

Rwyf hefyd yn manteisio ar yr egwyl yn natblygiad strwythurau democrataidd Cymru yn dilyn refferendwm llwyddiannus 2011 i ddyfalu beth fydd y camau nesaf i'n gwlad – ac i gael gwneud hynny cyn y reffercndwm ar annibyniaeth yr Alban a gynhelir ar 18 Medi 2014. Yn y saib hwn ar drothwy 2014, mae'n ddigon rhesymol ac amserol inni ofyn 'be nesa' i Gymru hefyd.

* * *

Diolchaf i Alwyn a Nan Elis o Wasg Gwynedd am eu parodrwydd i gwblhau'r gyfres hon o hunangofiannau drwy gyhoeddi fy nghyfrol, ac i Marian Beech Hughes o'r Cyngor Llyfrau am ei chymorth gwerthfawr gyda'r testun. Diolch (unwaith eto!) i Gwenda Williams am y gwaith teipio, ac i Rhuanedd Richards, Rhian Medi Roberts, Helen Bradley, Gwerfyl Jones, Carole Willis a Delyth Jewell am eu help wrth imi dyrchu am wybodaeth. Hoffwn gydnabod fy ngwerthfawrogiad o'r darlun pensil o Phil Williams a dynnwyd gan Jocelyn Davies AC, ac a gyflwynodd i mi er cof am Phil. Rwy'n ddiolchgar iawn i'r arlunydd David Griffiths a'r Llyfrgell Genedlaethol am eu caniatâd parod i atgynhyrchu'r portread ohonof sydd yng nghasgliad y Llyfrgell ar y clawr, ac i David am gael cynnwys ei bortreadau o'm rhieni yn yr adran luniau. Diolch i Andrew Green, Arwel Jones, Avril Jones a Rhiain Williams o'r Llyfrgell Genedlaethol am eu help gyda'm pennod ar y sefydliad gwych hwnnw, ac i staff Llyfrgell Tŷ'r Arglwyddi am fod mor barod i'm helpu i gadarnhau rhai ffeithiau;

diolch hefyd i Michael Bayley Hughes am ei gymorth gyda lluniau. Gwerthfawrogaf yn ogystal waith mawr William Howells yn llunio mynegai i'r pedair cyfrol. Carwn ddiolch yn arbennig iawn i'm hen gyfaill Ioan Roberts am ei amynedd, ei gyngor a'i arweiniad gyda'r testun – a llawer mwy! Yn olaf, ond nid mewn unrhyw fodd y lleiaf, diolch i Elinor a'r teulu am eu goddefgarwch wrth i mi stryffaglu i gwblhau'r gwaith. Y nhw i gyd piau'r diolch, minnau'r cyfrifoldeb am y cynnwys – a'r gwallau!

Camu'n ôl

Roedd camu i siambr Tŷ'r Arglwyddi yn 2011 fel camu'n ôl mewn hanes: fy hanes fy hun, a saith canrif o hanes gwledydd Prydain.

Dyma fi'n ôl yn San Steffan, lle roeddwn eisoes wedi treulio saith mlynedd ar hugain o'm hoes – yn ôl mewn adeilad y credwn fy mod wedi'i adael am byth. Camu'n ôl, hefyd, i oes pan oedd Ail Siambr Senedd Lloegr yn ymgnawdoliad o fuddiannau un dosbarth breintiedig, sefydliad heb ronyn o sylfaen ddemocrataidd. A chamu i siambr o 'hen wynebau' lled gyfarwydd, rhai ohonynt ar un adeg wedi bod yn llywodraethu'r gwledydd hyn.

Wrth gymryd fy sedd ar 24 Ionawr 2011 teimlwn fel fy mhinsio fy hun. Roedd rhywbeth mor afreal ynglŷn â'r holl sefyllfa: dynion mewn lifrai du ffurfiol yn fy nghyfarch 'M' Lord'; y cyfweliad cyn hynny efo'r Garter, y dyn a'm cynghorai pa enw y cawn ei arddel yn fy modolaeth newydd – a'm holi a hoffwn dalu rhai miloedd o bunnoedd i gael fy arfbais fy hun! A'r holl nonsens o wisgo ermin, neu ffwr y carlwm, ar gyfer cael fy nghyflwyno i'r lle newydd; da oedd deall mai dim ond ar ddau achlysur y byddai disgwyl i mi wisgo'r fath geriach – ar ddiwrnod cymryd y llw fel aelod newydd, ac ar gyfer seremoni Araith y Frenhines sy'n agor sesiwn newydd o'r Senedd.

Roedd diwrnod cymryd fy sedd yn achlysur teuluol.

Wedi'r cyfan, roedd yna oblygiadau sylweddol i'r teulu oll wrth i mi 'ddadymddeol' i agor pennod newydd dra gwahanol yn fy mywyd. Trefnais ginio bach cyn y seremoni i'r teulu agos a rhai cyfeillion gwleidyddol. Roedd Elinor yno, a'n plant Eluned a Hywel ynghyd â'u cymheiriaid, Dai a Catrin, yn rhannu yn y 'swper olaf' cyn i mi gymryd naid i ganol afon newydd na wyddem fel teulu i ble y byddai'n ein cludo.

Pan fydd aelod newydd yn cymryd ei sedd yn Nhŷ'r Arglwyddi, mae'n cael ei 'gyflwyno' gan ddau aelod arall. Y cyfeillion hyn sy'n hebrwng y newydd-ddyfodiad i gymryd y llw, a thrwy hynny ddod yn aelod o'r Tŷ. Cefais fy nghyflwyno, yn naturiol, gan Dafydd Elis Thomas, fy hen gydymaith yn y Tŷ arall. Roedd wedi disgwyl blynyddoedd am gael gwneud hyn ac mae gen i deimlad ei fod yn ddigon balch, am wahanol resymau, fy mod innau o'r diwedd wedi cyrraedd y lle! Cynigiodd Richard Faulkner (yr Arglwydd Faulkner o Worcester), un o chwipiaid Llafur, weithredu fel y cyflwynydd arall. Bu Richard, sydd â chysylltiadau agos â Chaerdydd, o help mawr yn ystod y cyfnod o ansicrwydd wrth i Blaid Cymru aros i gael seddi yn yr Ail Siambr. Er i rai aelodau Cymreig eraill wneud yr un cynnig, tybiais y byddai derbyn cynnig Richard yn helpu i gyfleu'r neges fy mod yn dod i'r siambr nid yn unig mewn cyd-destun Cymreig a phleidiol, ond hefyd i godi llais ar faterion economaidd, cymdeithasol a diwylliannol yn gyffredinol, fel ag y gwnes yn Nhŷ'r Cyffredin. Hefyd, roedd y Blaid ar y pryd mewn clymblaid lywodraethol efo Llafur yn y Cynulliad Cenedlaethol.

Cefais gymryd y llw yn Gymraeg a Saesneg, ar Feibl Cymraeg a ddarparwyd gan Rhodri Walters, Clerc y Tŷ a

Chymro Cymraeg a fagwyd ganllath o'n hen gartref ym Merthyr Tudful. Dywedodd wrthyf fod dau ohonom am ddefnyddio'r Gymraeg yno'r wythnos honno: roedd Eluned Morgan, cyn-aelod o'r Senedd Ewropeaidd, yn cymryd ei sedd ddeuddydd ar fy ôl i. Dim ond y fersiwn Saesneg o'r llw a gydnabyddir gan y Tŷ. Fel yn Nhŷ'r Cyffredin, dwy iaith yn unig sy'n swyddogol yno: Saesneg a Ffrangeg Normanaidd!

Roedd dau aelod newydd arall yn cymryd y llw yr un diwrnod â fi. Yn union o'm blaen roedd y cadfridog Syr Richard Dannatt, cyn-bennaeth Byddin Prydain (neu'r Chief of the General Staff, a rhoi iddo'i deitl cywir). Yn fy nilyn roedd Ray Collins, cyn-Ysgrifennydd Cyffredinol y Blaid Lafur a swyddog blaenllaw gydag undeb Unite. Sylweddolais mod i bellach yn cydeistedd efo pobl lwyddiannus iawn yn eu priod feysydd, neu o leiaf rai a fu'n llwyddiannus rywdro yn y gorffennol.

Yn Nhŷ'r Cyffredin mae cael dau aelod o'r un blaid yn ddigon iddyn nhw gael eu cydnabod fel plaid swyddogol. Er nad oes unrhyw reol ysgrifenedig, y ddealltwriaeth yw fod raid cael *pum* aelod yn Nhŷ'r Arglwyddi i greu plaid ffurfiol. Pan aeth Dafydd Elis Thomas yno am y tro cyntaf yn 1992, doedd o ddim yn cynrychioli Plaid Cymru'n swyddogol. Felly, yn naturiol, aeth i eistedd ar y croesfeinciau. Ac i rengoedd y croesfeinciau yr es innau.

Does gan aelodau'r Ail Siambr ddim seddi penodol, ar wahân i'r esgobion sydd â'u mainc eu hunain. Eisteddais ar y meinciau cefn – rhwng seddi'r croesfeincwyr 'annibynnol', yr oeddwn i'n ymaelodi â nhw, a'r Blaid Lafur. Yn nesaf ataf roedd yr Arglwydd Walpole (etifedd Robert Walpole, Prif Weinidog cyntaf Prydain), ynghyd â'r Arglwydd Aberdâr (disgynnydd i gyn-AS Merthyr H. A. Bruce, a gollodd ei sedd i Henry Richard yn 1859). Roedd llaw hanes i'w theimlo'n drwm ar y lle.

Yn eistedd o'm blaen ar ein hochr ni o'r siambr, fel pe bawn wedi troi ffilm yn ôl i'm degawd cyntaf yn Nhŷ'r Cyffredin, roedd rhengoedd yr Wrthblaid Lafur, gan gynnwys cysgodion o lywodraeth Harold Wilson yn 1974–76. Yno hyd heddiw gwelir John Morris a Joel Barnett yn rheolaidd, a Denis Healey a Roy Hattersley yn achlysurol. Gyferbyn, ar feinciau'r Democratiaid Rhyddfrydol, mae dau aelod arall o Lywodraeth Lafur y cyfnod, Shirley Williams a Bill Rogers. Mae aelod arall o'r 'Gang of Four', David Owen, bellach ar y croesfeinciau.

Gyferbyn, eistedda'r Ceidwadwyr. Yn eu plith mae cyfran sylweddol o Gabinet Margaret Thatcher, fel Geoffrey Howe, yr Arglwydd Carrington, Cecil Parkinson, David Waddington, Douglas Hurd, Tom King, Kenneth Baker, Norman Fowler, Patrick Jenkin, Nicholas Edwards, Norman Lamont a Michael Joplin. Roedd Tony Newton a Norman St John Stevas yno hefyd pan gyrhaeddais i, ond mae'r ddau bellach wedi marw. Yno hefyd yr eistedd Michael Heseltine pan fydd yn galw heibio. Ac yno'r eisteddai hithau, 'yr Hen Wyddeles' chwedl John Roberts Williams, er mai dim ond unwaith y gwelais i'r ddiweddar Farwnes Thatcher yn Nhŷ'r Arglwyddi yn ystod fy nghyfnod i yno, a hynny yn yr ystafell fwyta.

Roedd eistedd ar feinciau'r Ail Siambr fel mynd i ystafell yn llawn o ffoaduriaid o Dŷ'r Cyffredin, pob un wedi britho chydig mwy ac yn edrych yn llawer hŷn. Roedd fel cerdded trwy oriel cyn-wleidyddion yn Madame Tussauds!

Pan gyrhaeddais innau i'w plith yn Ionawr 2011 roeddwn yn 67 mlwydd oed, ac ymysg hanner ieuengaf aelodau'r Tŷ.

'Welcome to God's waiting room' meddai un arglwydd wrthyf, ac mae'n hawdd gweld pam. Deallaf fod saith gwaith mwy o arglwyddi dros eu naw deg mlwydd oed yno nag sydd o rai dan ddeugain! Dywedodd arglwydd arall wrthyf mai'r unig ran o drafodaethau'r Tŷ oedd o ddiddordeb iddo bellach oedd cael gwrando ar y Llefarydd (yn syth ar ôl y weddi ar ddechrau'r sesiwn ddyddiol) yn cyhoeddi pwy oedd wedi marw. Soniodd un arall wedyn y byddai hithau'n ceisio mynychu'r defosiwn bob amser: os nad oedd y Llefarydd yn ei henwi hi ymhlith yr ymadawedig, roedd yn gwybod i sicrwydd ei bod yn dal yn fyw!

Roeddwn yn ymwybodol o batrwm oedrannus yr arglwyddi o'm dyddiau yn Nhŷ'r Cyffredin, wrth gwrs. Byddai Aelodau Seneddol yn ffeirio straeon lled sarhaus a gwleidyddol anghywir am y 'Tŷ Arall'. Un stori a gofiaf o gyfnod gwrth-dystiadau merched Comin Greenham oedd hanes hen arglwydd yn ei nawdegau'n cerdded heibio neuadd anferth a hynafol Westminster Hall, a gweld cannoedd o ferched yn eistedd ar lawr yno efo'u placardiau protest. Syllodd dros ei sbectol am ennyd, cyn datgan iddo'i hun, 'Good God – suffragettes!' Soniais innau unwaith, yn AS ifanc, am Dŷ'r Arglwyddi fel ymgnawdoliad o'r seithfed cyfnod mewn bywyd a ddisgrifir gan Shakespeare yn *As You Like It*: 'Sans teeth, sans eyes, sans taste, sans everything.' A dyma finnau bellach yn eu plith!

Wrth ymgynefino â'r Ail Siambr, cynyddu wnâi fy syndod fod cynifer o'r aelodau'n gyfarwydd i mi o'm cyfnod yn Nhŷ'r Cyffredin. Gallwn roi enw i dipyn dros gant a hanner o gyn-ASau o'r cyfnod hwnnw, er bod rhai'n haws eu hadnabod na'i gilydd! Roedd rhai o'r rhain yn fy nghyfarch fel hen ffrind, er mai prin roeddwn wedi torri gair â nhw yn Nhŷ'r

Cyffredin. Roedd hyn yn wahanol iawn i'm profiad pan gyrhaeddais y Senedd yn 1974, heb fod yn adnabod fawr neb.

Mae yna nifer o Gymry ymhlith aelodau'r gwahanol grwpiau yn Nhŷ'r Arglwyddi, rhai yn bobl amlwg ym mywyd cyhoeddus Cymru, eraill yn llai adnabyddus ond yn ymwybodol iawn o'u gwreiddiau ac o'r dimensiwn Cymreig. Ar y croesfeinciau yr eistedd cyn-AS Llafur Ceredigion a chyn-ymgeisydd seneddol Plaid Cymru, Elystan Morgan; y seren Olympaidd Tanni Grey-Thompson; cyn-Gadeirydd Awdurdod Datblygu Cymru, David Rowe-Beddoe; Ilora Finlay o Landaf – yr arbenigwraig ar ofal diwedd oes – a Bill Tenby, mab y diweddar Gwilym Lloyd George.

Ar y meinciau Llafur gwelir y cyn-ASau Cymreig Neil Kinnock, John Morris, Ted Rowlands, Barry Jones, Don Touhig, Donald Anderson ac Alan Howarth; cyn-aelodau Senedd Ewrop, Glenys Kinnock ac Eluned Morgan; a chyn-ysgrifennydd y Blaid Lafur Gymreig, Anita Gale. Ymhlith y Cymry eraill ar y meinciau Llafur mae'r hanesydd Kenneth O. Morgan; y cyn-Gomisiynydd Ewropeaidd Ivor Richard, a chyn-bennaeth Banc Standard-Chartered, Mervyn Davies.

Ymhlith y Ceidwadwyr mae cyn-Ysgrifennydd Cymru, Nicholas Edwards, a'r cyn-Weinidog Cymreig, Wyn Roberts. O gefndir Cymreig hefyd mae'r cyn-weinidogion Tristan Garel-Jones a John Selwyn Gummer, ynghyd â Brian Griffiths, Fforest-fach (ymgynghorydd economaidd i Mrs Thatcher) – heb anghofio Geoffrey Howe, Michael Heseltine a Kenneth Baker – i gyd â chysylltiadau Cymreig, a David Hunt a fu'n Ysgrifennydd Gwladol Cymru.

Ar feinciau'r Democratiaid Rhyddfrydol eistedda Martin Thomas (Gresford) a Roger Roberts (Llandudno), yn ogystal â Mike German a Jenny Randerson a fu'n aelodau o'r Cynulliad Cenedlaethol.

Prin y gallwn ddweud, felly, fy mod yn teimlo'n ddieithr nac yn swil yn fy nghynefin newydd o ran y bobl, er bod angen cryn dipyn o amynedd i gynefino ag arferion y lle. Rhaid cydnabod bod y rhan fwyaf o'r aelodau, a'r holl staff, wedi dangos caredigrwydd mawr tuag ataf ac wedi fy helpu droeon pan oeddwn mewn cyfyng-gyngor. Daeth amryw o'r arglwyddi Llafur ataf yn y dyddiau cynnar i ddweud pa mor wael roedden nhw'n teimlo am y ffordd roedd Gordon Brown wedi ymdrin â chais Plaid Cymru i gael cynrychiolaeth yn yr Ail Siambr – mwy am hyn yn y man.

Mae dros wyth gant o aelodau yn Nhŷ'r Arglwyddi, ac o ganlyniad does dim hanner digon o le yn y siambr i bawb allu eistedd – pe bai pob aelod yn troi i fyny! Y rheswm pam mae'r niferoedd, a'r cyfartaledd oed, mor uchel ydi nad oedd hawl i ymddeol o'r lle tan yn ddiweddar. Bellach, newidiwyd y rheol er mwyn caniatáu i arglwyddi ymddeol. Tri aelod sydd wedi manteisio ar yr hawl hyd yma.

Gyda chynifer o aelodau â'r hawl i eistedd yn yr Ail Siambr, does dim gobaith darparu desg, heb sôn am swyddfa, ar gyfer pawb. Yn hyn o beth roedd fel bod yn ôl yn Nhŷ'r Cyffredin. Fel yn fy nyddiau cynnar yno, roeddwn yn ceisio gweithio o'r llyfrgell heb le i gadw fy mhapurau ar wahân i locer – tebyg i hwnnw y bydd plentyn ysgol yn cadw'i ddillad ymarfer corff ynddo. Ar ben hynny, dim ond ryw ddwy droedfedd yn uwch na'r llawr oedd y locer a neilltuwyd i mi, a finnau'n gorfod mynd ar fy ngliniau yn y coridor i weld beth oedd yn ei ben pellaf. Un tro, a'r coridor yn dywyll, daeth Tanni Grey-Thompson ar wib yn ei chadair olwyn; cael a chael fu hi iddi osgoi fy nghoesau! Ar ôl cadw stŵr, cefais ddesg mewn ystafell ugain troedfedd wrth bymtheg, i'w rhannu gyda phum aelod arall a'u desgiau. Sôn am dwll du Calcutta!

Does dim darpariaeth staff cynorthwyol ar gyfer aelodau o'r Ail Siambr, na lwfans i'w cyflogi. Felly roedd o fantais aruthrol i mi fod gennym eisoes yn Nhŷ'r Cyffredin dri AS hynod weithgar a chydwybodol – Elfyn Llwyd, Hywel Williams a Jonathan Edwards, ynghyd â staff cynorthwyol arbennig iawn.[1] Heb eu help nhw, byddai wedi bod yn gwbl amhosib i mi ymdopi â gwaith yr Ail Siambr, na chadw cysylltiad â thimau'r Blaid yn y Cynulliad a Senedd Ewrop.

Gwnes fy araith forwynol ar 27 Ionawr 2011 – tri diwrnod yn unig ar ôl i mi gymryd fy sedd. Ar y pryd roedd dau fesur pwysig i Gymru gerbron Tŷ'r Arglwyddi. Un oedd y Public Bodies Bill a'i fygythiad i ddyfodol S4C, a'r llall oedd y Parliamentary Voting System and Constituencies Bill a fyddai'n lleihau cynrychiolaeth Cymru yn Nhŷ'r Cyffredin o ddeugain i ddeg ar hugain AS.

Bu raid i mi eistedd yn dawel ar 26 Ionawr yn gwrando ar Nicholas Edwards yn honni nad safiad Gwynfor Evans oedd wedi sicrhau S4C ond ei ymweliad o i drafod y mater efo William Whitelaw, yr Ysgrifennydd Cartref ar y pryd. Roeddwn yn torri 'mol eisiau ymyrryd ond chawn i ddim agor fy ngheg, na hyd yn oed ofyn cwestiwn, nes roeddwn wedi traddodi fy araith gyntaf. Felly drannoeth fe es amdani! Roedd cyfle i mi wneud fy araith forwynol mewn dadl ar dwristiaeth, pwnc agos at fy nghalon ac un a roddai gyfle i mi atgoffa'r Tŷ fod Plaid Cymru'n rhan o Lywodraeth Cymru ar y pryd, ac mai fy olynydd, Alun Ffred Jones AC, oedd ein Gweinidog Twristiaeth.

Fel y gwnes yn Nhŷ'r Cyffredin, sgriptiais yr araith gyntaf

yn llawn: peth difrifol fyddai mynd yn hesb ar y canol! Mae'n gas gen i siarad o sgript, ond wrth i'r cof ballu ar adegau, yn arbennig o ran cofio enwau, mae'n ddoeth cael rhywbeth ar bapur – rhag ofn. Dydi'r araith gyntaf ddim i fod yn ddadleuol, ac ar y cyfan fe berchais yr arferiad. Ond penderfynais roi ar ddeall o'r diwrnod cyntaf ble roeddwn yn sefyll ar ddyfodol cyfansoddiadol Cymru. Dywedais fy mod yn dal yn ymrwymedig i'r nod oedd gennyf wrth ddod i Dŷ'r Cyffredin yn 1974, sef ymreolaeth i Gymru. Dywedais mai ein hamcan oedd cael deddfu yn y Cynulliad ar yr holl faterion yr oedd modd eu trin ar lefel Gymreig – megis twristiaeth – yn ogystal â chael llais eglur o Gymru pan gymerir penderfyniadau oddi allan i Gymru sy'n effeithio ar ein gwlad.

Gan gyfeirio at benderfyniad y Blaid i anfon cynrychiolwyr i Dŷ'r Arglwyddi, esboniais: 'My party felt that we should make our views known whenever and wherever the interests of Wales were at stake, on the basis of our country's longstanding commitment to social justice, and our wish to shoulder our responsibilities towards a wider world.'

Cefais dderbyniad digon caredig – er y byddai bron pawb yn y lle wedi anghytuno â'm dyheadau gwleidyddol dros Gymru, wrth reswm. Wedi'r cyfan, anfonwyd fi yno i bwrpas.

Roeddwn yn hynod ddiolchgar i John Lee (y bûm yn cydweithio ag o yn Nhŷ'r Cyffredin ar faterion twristiaeth), a oedd yn fy nilyn yn y ddadl. Mae'n draddodiad fod y siaradwr nesaf yn dweud pethau canmoliaethus am yr araith forwynol. Ond aeth yn bellach nag anghenion protocol, a dweud: 'He is a magnificent ambassador for Wales, and has done a huge amount for the disadvantaged and the disabled.' Caredig iawn – ond rhybudd hefyd. A oedd crafangau'r lle eisoes yn dechrau gweithio i'm hymgorffori yn y 'Clwb', a chyflawni proses draddodiadol San Steffan o droi pob rebel yn ddiwygiwr bach cymedrol?

Yn raddol, deuthum i sylweddoli fy mod wedi camu i ganol lobsgows o sefyllfa, ac y byddai'n gryn her i mi ddefnyddio'r cyfle yn y modd y gobeithiai'r Blaid pan enwebodd fi i'w chynrychioli mewn lle mor wleidyddol amhriodol.

Cysurais fy hun o gofio'r hen wireb o'r byd gwyddbwyll – mae angen camu 'nôl er mwyn camu 'mlaen.

Cawn weld ai felly byddai hi!

---

[1] Rhian Medi Roberts yw ein rheolydd swyddfa; Delyth Jewell ac Emyr Williams yw'r ymchwilwyr, ac Elin Roberts sy'n ymdrin â'r wasg. Rhan o'u gorchwylion yw cydweithio â Carole Willis, rheolydd Grŵp y Blaid yn y Cynulliad, ynghyd â'r ymchwilwyr yno, a Helen Bradley, swyddog y wasg – a chyda thîm Jill Evans yn Senedd Ewrop drwy eu swyddog cyfathrebu, Steve Cornelius. Rwyf hefyd yn cael cymorth ysgrifenyddol rhan-amser gan Gwenda Williams a ofalai am fy swyddfa fel AS yng Nghaernarfon. Rydym ein dau 'yma o hyd'!

Gadael y Cynulliad

Pan oeddwn yn gorffen ysgrifennu'r gyfrol *Maen i'r Wal* yn Nhachwedd 2001, roeddwn yn aelod o'r Cynulliad Cenedlaethol ac yn dwys ystyried a allwn wneud unrhyw gyfraniad pellach o werth yn y fan honno. Tra oedd y penderfyniad i roi'r gorau i swydd arweinydd y Blaid yn 2000 yn deillio o bryderon am gyflwr fy nghalon, a sut y gallwn ymdopi â'r pwysau gwleidyddol, nid felly roedd hi yn achos y penderfyniad i adael y Cynulliad. Erbyn hynny roedd dwy flynedd wedi mynd heibio ers i mi gael llawdriniaeth ar y galon, ac roeddwn wedi dysgu 'newid gêr' a dygymod â rheolau newydd i osgoi tyndra, cadw'r pwysau i lawr, a cheisio cadw'n heini.

Ar ôl rhoi'r gorau i'r arweinyddiaeth roedd gen i hen ddigon o waith i'w wneud fel AC. Cefais foddhad arbennig o gadeirio Pwyllgor Archwilio'r Cynulliad, gan ddefnyddio fy nghefndir proffesiynol ym myd rheoli cyllid diwydiannol. Roedd aelodau profiadol ar y pwyllgor, fel Janet Davies (PC), cyn-arweinydd Cyngor Taf Elái; Alison Halford (Llafur), cyn-Brif Gwnstabl Cynorthwyol Glannau Mersi; Jocelyn Davies (PC) gyda'i chefndir yn y gyfraith ac un hynod alluog; a'r daeargi bach penderfynol Alun Cairns (Ceidwadwr). Roeddem yn gweithio'n effeithiol fel tîm ar draws ffiniau plaid, ac yn llwyddo i gael cydweithrediad allweddol gan yr Archwilydd Cyffredinol a'i staff. Credir i ni

23

ddangos y ffordd i arbed dros £100m drwy ein gwaith fel pwyllgor.

Cefais hefyd foddhad o weithredu ar Bwyllgor Datblygu'r Economi a Phwyllgor Diwylliant a Hamdden y Cynulliad. Ond, ar wahân i'r pethau hynny, doedd y cyfnod 2001–3 ddim yn un hapus nac adeiladol i mi. Roedd rhai o fewn Grŵp y Blaid yn y Cynulliad yn dal i bwyso'n drwm arnaf i ailgydio yn yr arweinyddiaeth, a'r mwyaf penderfynol o'u plith oedd y diweddar Athro Phil Williams. Ceisiodd fy mherswadio droeon, unwaith yn lled gyhoeddus mewn cinio wedi'i drefnu gan Gyngor Tref Caernarfon pan oeddwn yn ymddeol fel AS. Dywedodd, wrth grynhoi fy ngwaith gwleidyddol dros chwarter canrif, 'The best is yet to come.' Roedd hi'n amlwg i bawb yno beth oedd ganddo dan sylw, ac achosodd hynny ddrwgdeimlad o fewn y Grŵp.

Roeddwn yn gwerthfawrogi cefnogaeth Phil ond roedd ei ddyhead yn un cwbl anymarferol. Gwyddwn yn fy nghalon mai ffwlbri fyddai ystyried ailafael yn y llyw. Roedd y Blaid wedi ethol Ieuan Wyn Jones yn arweinydd newydd, a byddai'n creu delwedd hynod anffodus i'r etholwyr pe baem yn ceisio troi'r cloc yn ôl. Byddai hefyd yn creu hollt ddifrifol yn y Grŵp. Does dim modd nofio ddwywaith yn yr un afon. Ac wedi'r cyfan, y straen o ran y pwysau gwaith a'r tyndra a ddeilliai o'r croestynnu mewnol yn y Grŵp oedd wedi achosi afiechyd y galon yn y lle cyntaf.

Serch hynny, gan fod sibrydion wedi dechrau cyrraedd clustiau'r cyfryngau fod pwysau arnaf o hyd i 'ddod yn ôl', roedden nhw'n fy ngwylio'n barhaus gan chwilio am unrhyw arwydd fy mod yn dymuno ailafael yn yr arweinyddiaeth. Os na fyddwn i'n datgan hyd at syrffed fy mod yn cytuno gant-y-cant ag Ieuan bob tro y gwnâi sylwadau, byddai newyddiadurwyr yn craffu am arwyddocâd i hynny. Pe bawn yn lled awgrymu fy mod yn anghytuno ag Ieuan ar unrhyw fater, awgryment fy mod yn siglo'r cwch. Pe bawn yn dweud dim, byddent yn awgrymu nad oeddwn yn rhoi fy nghefnogaeth lawn i'r arweinydd newydd. Doedd dim modd ennill, ac roedd hi'n sefyllfa ddigon anodd i'r ddau ohonom.

I wneud pethau'n waeth, ac yn rhannol oherwydd y sefyllfa a ddisgrifiais, mae'n ymddangos nad oedd Ieuan yn teimlo y gallai droi ataf i drafod materion gwleidyddol oedd yn ei boeni. Ychydig iawn o sgwrsio gwleidyddol fu rhyngom yn y cyfnod 2000–3. Felly, erbyn diwedd 2001, roeddwn yn dechrau fy holi fy hun a oedd unrhyw werth i mi barhau yn y Cynulliad. Nid iechyd y galon a phwysau gwaith oedd y broblem bellach, ond y rhwystredigaeth o fod yn eistedd ar y cyrion. Ar adegau, teimlwn ein bod fel Plaid yn colli ffocws, ond doedd dim y gallwn ei wneud heb roi'r argraff fy mod yn troi'r drol.

Roedd fy nghyfaill Phil Williams yn dechrau amau a oedd unrhyw werth iddo yntau barhau yn y Cynulliad ar ôl etholiad 2003. Cyfarfu Phil a minnau dros sawl paned o goffi ar fore'r deuddegfed o Ragfyr 2001 yn Ystafell Aclodau'i Cynulliad. Roedd Phil erbyn hynny wedi derbyn nad oedd unrhyw bosibilrwydd y byddwn i'n dychwelyd i arwain y Blaid. Dywedodd fod hon yn un ffactor yn y penderfyniad yr oedd o'n prysur symud tuag ato, sef ymddeol o'r Cynulliad yn ystod 2003.

Teimlai Phil rwystredigaeth lwyr ynglŷn â'r ffordd roedd y Cynulliad yn datblygu, a'r modd roedd Grŵp y Blaid yn gweithredu. Roedd y pleser a gawsai wrth gyfrannu at sefydlu ein Senedd etholedig gyntaf ers dyddiau Owain Glyndŵr yn dechrau pylu. Câi lawer mwy o fwynhad o'r un diwrnod yr wythnos a dreuliai gyda'i waith gwyddonol yn Aberystwyth (lle roedd yn dal Cadair bersonol mewn Astroffiseg) nag a gâi wrth weithio yn y Cynulliad.

Dywedais wrtho, am y tro cyntaf, fy mod innau hefyd yn ystyried gadael y Cynulliad adeg etholiad 2003 – ond am resymau na allwn eu datgan yn gyhoeddus. Y ffactor newydd a barai ofid i mi oedd cyflwr iechyd fy rhieni. Roedd fy nhad yn 89 mlwydd oed ac yn dioddef o gancr ers tair blynedd; roedd Mam yn 88, a chanddi afiechyd y galon. Roedden nhw'n byw'r drws nesaf i ni, ac wedi rhoi cefnogaeth amhrisiadwy i Elinor a minnau pan gefais fy ethol yn AS yn 1974. Dyna pryd y cawsom wybod am gyflwr ein meibion Alun a Geraint, a fu farw yn ystod gaeaf 1984–5. Heb help ymarferol fy rhieni dros gyfnod o ddegawd, fyddai dim modd i mi fod wedi parhau fel AS, nac i Elinor gadw cysylltiad â'i gyrfa ym myd cerddoriaeth.

Bellach, roedd y ddau yn gwaelu. Cawsant gefnogaeth aruthrol gan staff cymorth cartref Cyngor Gwynedd, ac roedd hyn yn gweithio'n iawn os oedd Elinor neu fi gartref dros nos. Ond os byddem fel teulu i ffwrdd am noson neu fwy, roedd yn rhaid trefnu gofal i'm rhieni mewn cartref nyrsio. Roedden nhw'n mynd yno'n ddirwgnach, ond roedd hi'n amlwg nad oedden nhw'n hapus efo'r syniad o fyw'n barhaol mewn cartref o'r fath, er cystal y gofal a'r caredigrwydd.

Doeddwn innau ddim yn fodlon wynebu hynny chwaith. Fi oedd yr unig blentyn, ac os na allwn i eu helpu fyddai ganddyn nhw ddim dewis heblaw mynd i gartref. Roedden nhw wedi aberthu llawer, ac wedi dewis rhannu'r boen a gweld dau o'u hwyrion yn graddol farw yn y tŷ drws nesaf. Fy nhro i oedd hi bellach i dalu'n ôl. Efallai fod Rhagluniaeth wedi creu amgylchiadau a barai nad oedd y dewis yn un rhy anodd i mi.

Felly, erbyn Rhagfyr 2001, roeddwn wedi penderfynu peidio â sefyll yn Etholiad y Cynulliad yn 2003. Eglurais fy rhesymau i Phil, gan esbonio na allwn ddatgan y cefndir yn gyhoeddus gan y byddai'n loes calon i'm rhieni feddwl bod cyflwr eu hiechyd nhw'n rhan o'r rheswm pam roeddwn am ymddeol.

Pan ddatgelais fy mwriad i'm rhieni, roedd hi'n gwbl amlwg o'r olwg ar eu hwynebau fod hyn yn rhyddhad i'r ddau. Esboniais wrthyn nhw fy mod wedi cael hen lond bol ar y teithio 'nôl a blaen i Gaerdydd ar drên eithriadol o araf neu ar ffyrdd diarhebol o wael. Eglurais, tra byddwn yn chwilio am weithgareddau eraill rhan-amser i'm cadw'n ddiddig, na fyddai'n rhaid i mi fod oddi cartref hanner cymaint. O weld eu hwynebau, gwyddwn fy mod wedi gwneud y penderfyniad cywir.

Roedd Elinor yn bryderus fy mod yn gadael gwleidyddiaeth, a'r gwaith roeddwn wedi bod yn ei wneud am dros ddeng mlynedd ar hugain mlynedd, yn rhy gynnar. Teimlai fod gen i rai blynyddoedd eto i'w rhoi i ddatblygiad y Cynulliad. Ond roedd hithau'n deall na allem fel teulu ymdopi â'r posibilrwydd y byddai iechyd fy rhieni yn dirywio ymhellach, a'r dewis rhwng gofal dwys ar eu haelwyd neu orfod mynd i gartref nyrsio.

Cynhaliwyd cyfarfod o Aelodau Cynulliad Plaid Cymru ym mherfeddion Powys ar 7 Ionawr 2002 – cyfarfod i bawb ddatgan a oedden nhw'n bwriadu sefyll yn etholiad 2003 ai peidio, i ganiatáu i'r Blaid ddewis ymgeisyddion newydd lle byddai angen. Roedd rhai o fewn y Blaid yn gwybod fy mod yn ystyried rhoi'r gorau iddi, ond hwn oedd fy nghyfle cyntaf i ddatgan fy mwriad yn ffurfiol ac yn derfynol.

Aed o gwmpas y bwrdd â phob aelod yn amlinellu ei fwriad – y rhan fwyaf am ymladd yr etholiad, gan obeithio cadw'u sedd. Roedd ychydig, fel Phil Williams, Cynog Dafis a Pauline Jarman, yn dweud na fydden nhw'n sefyll. Hyd y funud olaf, bûm yn simsanu yn fy meddwl. Ond, gan gofio ymateb fy rhieni, cymerais anadl ddofn a chyhoeddi y byddwn yn ymddeol.

Roedd hyn yn sioc i ambell un yno. Er eu bod yn gwybod fy mod yn ystyried gadael, roedden nhw rywsut yn meddwl – neu'n gobeithio – nad dyna fyddwn i'n ei gyhoeddi. Pan sylwais ar un neu ddau ohonyn nhw'n brwydro yn erbyn dagrau, dechreuais innau simsanu unwaith eto. Ond nid penderfyniad mympwyol mohono: roeddwn wedi dwys ystyried y mater, a doedd dim troi'n ôl. Nid bod pawb yn siomedig! Sylwais ar ymarweddiad un neu ddau a oedd yn amlwg yn falch fy mod wedi dod â'r cyfnod hwn o ansicrwydd i ben, ac y gallen nhw symud ymlaen i gynllunio ar sail hynny. Popeth yn iawn: dyna natur gwleidyddiaeth!

Caed ymateb pur negyddol yn y wasg a'r cyfryngau i'r ffaith fod pedwar ohonom am ymddeol o'r Cynulliad. Awgrymodd un gohebydd ei fod yn adlewyrchu disgwyliad y Blaid na fyddem yn gallu arwain llywodraeth Cymru ar ôl etholiad 2003; mynnai eraill ei fod yn dangos diffyg hyder yn arweinyddiaeth Ieuan. Bu pedwar neu bump AC, a nifer oddi allan i'r Cynulliad, yn fy mhen ac yn pwyso arnaf i sefyll ar restr ranbarthol, gan nad yw ACau rhestr â'r un cyfrifoldebau etholaeth. Gwrthodais yn blwmp ac yn blaen yr awgrym y dylwn sefyll ar gyfer rhestr Canol De Cymru, gan y byddai hynny'n ymddangos fel pe bawn i fawr mwy na *carpetbagger*, yn sarhaus tuag at ymgeisyddion teilwng iawn o fewn y rhanbarth hwnnw. Byddai hefyd wedi cadarnhau'r argraff yn y gogledd fod popeth yn cael ei ddenu i'r de.

Gwyddwn, hefyd, na fyddai hynny o unrhyw help i mi allu rhoi mwy o amser i gynnal fy rhieni. Addewais y 'cysgwn dros y syniad' o gynnig fy hun i sefyll ar restr y Gogledd ar gyfer y Cynulliad, gan y gwyddwn fod y siawns o ennill ail sedd yn bur isel yn yr hinsawdd oedd ohoni, heb i ni fod wedi colli un neu ragor o'n ACau etholaethol. Ond daeth y neges yn ôl yn fuan iawn gan rai oedd yn agos at Ieuan y byddai hyn yn cael ei weld fel ymdrech bellach i'w danseilio fo, ac anghofiais am y peth.

Ar ôl gwneud y penderfyniad, roedd baich mawr wedi'i godi oddi ar fy ysgwyddau. Gallwn bellach gynllunio ar gyfer gweddill fy mywyd. Gobeithiwn y byddai hyn yn gwella'r awyrgylch o fewn Grŵp y Blaid yn y Cynulliad, ac y gallwn innau gyfrannu at waith y Blaid dros y flwyddyn oedd yn arwain at yr etholiad. Teimlwn elfen o euogrwydd – fy mod yn gadael y cwch ar adeg dyngedfennol, a phoenwn a fyddai fy ymddeoliad yn amharu ar ragolygon y Blaid yn yr etholiad.

O fod wedi clirio'r awyr, gobeithiwn y cawn gyfrannu at y paratoadau hynny, ond fe ddaeth hi'n amlwg yn weddol gynnar mai ar yr ymylon y byddwn i bellach. Gallaf ddeall y rheswm dros hynny, er ei fod yn siom ar y pryd.

Roedd hi'n hen bryd i mi ddechrau paratoi ar gyfer cyfnod newydd yn fy hanes.

Chwalfa

Nid peth hawdd i wleidyddion, yn enwedig aelodau o bleidiau llai, yw dod o hyd i swydd newydd ar ôl gadael y Senedd neu'r Cynulliad. Cafodd Dafydd Elis Thomas ei siomi ar ôl gadael Tŷ'r Cyffredin yn 1992, a gwyddwn am anawsterau rhai o Aelodau Seneddol yr SNP a'r Democratiaid Rhyddfrydol wedi iddyn nhw golli eu seddi. O gymharu â'r rhain, roeddwn i mewn sefyllfa ffodus. Ar ôl cyrraedd fy nhrigain oed yn Ebrill 2003, roedd gen i'r sicrwydd y cawn bensiwn seneddol o'r diwrnod y byddwn yn ymddeol o'r Cynulliad.

Fy ngobaith oedd cael rôl ran-amser mewn corff statudol – ym myd anabledd, er enghraifft – ond methu fu fy hanes innau hefyd. Roedd un achos yn arbennig o siomedig. Ar ôl cael cyfweliad ar gyfer swydd gyda'r Comisiwn Hawliau Anabledd, a chael ar ddeall y byddwn ar y rhestr fer, dyma gael gwybod na fyddwn yn cael fy ystyried. Soniais am hyn wrth Jack Ashley, Cadeirydd Grŵp Anabledd y Senedd, a weithredai fel canolwr imi yn fy nghais. Ymholodd yntau pam y bu i mi gael fy ngwrthod o'r rhestr fer, a darganfod mai rhesymau gwleidyddol oedd wedi fy rhwystro. Roedd Jack yn gandryll, ond yn ddi-rym i newid y sefyllfa.

Yn 2002, cyn i mi adael y Cynulliad, daeth swydd arbennig iawn yn wag, swydd y byddwn wedi bod wrth fy modd yn ei gwneud ac un y teimlwn fod gen i'r cefndir a'r sgiliau ar ei chyfer, sef cadeiryddiaeth Awdurdod Datblygu Cymru. Roedd y WDA yn agos iawn at fy nghalon. Fel rhan o'r 'Cynllun Economaidd i Gymru' a gyhoeddwyd yn enw Phil Williams a minnau ar ran Grŵp Ymchwil Plaid Cymru yn 1970, roeddem wedi galw am greu awdurdod cenedlaethol i sbarduno datblygiad yr economi ledled Cymru ac i greu gwaith i gymryd lle'r hen ddiwydiannau trwm. Mabwysiadwyd strategaeth o'r fath gan y Blaid Lafur yn 1974. Roedd rhai yn y byd academaidd, fel yr Athro Edward Nevin, hefyd yn galw am strategaeth gyffelyb yn sgil methiant y Llywodraeth Lafur (1966–70) i gael cynllun economaidd gwerth ei halen. Roedd eu polisi nhw, a gyflwynwyd yn 1968 – *Wales: the Way Ahead* – yn siomedig o ddisylwedd. Awgrymid yn ein cynllun ni y dylid sefydlu Awdurdod Datblygu Cenedlaethol fel prif arf i ddatblygu'r economi, a hynny'n fwriadol led braich oddi wrth y llywodraeth. Pan basiwyd Deddf y WDA yn Nhŷ'r Cyffredin yn 1975, a finnau bellach yn AS, roeddwn wrth fy modd yn gweld gwireddu ein polisi, er bod pwerau'r WDA yn wannach na'r hyn fydden ni wedi'i ddymuno.

Roeddwn wedi ymddiddori yng ngwaith y WDA ers diwrnod ei sefydlu. Yn 1989 cefais gais anffurfiol gan gwmni o 'helwyr pennau' (*headhunters*) yn holi a fyddwn yn fodlon ymddeol fel Aelod Seneddol pe bawn yn cael cynnig swydd fel Prif Weithredwr y corff. Roedd hynny'n demtasiwn wirioneddol ar adeg pan oedd datganoli wedi cilio dros orwel pell, a'r Blaid i'w gweld mewn limbo. Ond penderfynais ddal ati a pheidio â chefnu ar y prif nod sef ennill ein Senedd ein hunain. Doedd dim sicrwydd, beth bynnag, y byddwn wedi cael fy mhenodi i'r swydd.

Pan sefydlwyd y Cynulliad mynnais ddod yn aelod o Bwyllgor Datblygu'r Economi oedd yn goruchwylio gwaith y

WDA, a chefais fwynhad arbennig wrth gyfrannu at waith y pwyllgor. Dros y blynyddoedd cefais gydweithio â Gwyn Jones a David Rowe-Beddoe, cyn-gadeiryddion yr Awdurdod, a chyda David Waterstone tra oedd yntau'n Brif Weithredwr. Roedden nhwythau, fe dybiwn, yn falch o gael gwleidydd Cymreig oedd â chefndir mewn rheolaeth ddiwydiannol ac yn gyfarwydd â natur eu gwaith.

Pan ddeallais fod y gadeiryddiaeth yn cael ei hysbysebu, swydd heb faich gwaith y Prif Weithredwr, roeddwn yn bendant y dylwn geisio amdani. Golygai hynny orfod gadael y Cynulliad pe cawn fy mhenodi. Roedd Etholaeth Arfon eisoes yn chwilio am olynydd i mi, ac roeddwn yn gwbl hyderus y gallai'r Blaid gadw'r sedd mewn isetholiad. Gallai ymladd isetholiad llwyddiannus yn Arfon ysbrydoli'r Blaid ar adeg pan oedd angen aildanio'r mudiad yn sgil siomedigaeth colli Ynys Môn yn Etholiad Cyffredinol San Steffan, 2001. (Trwy gyd-ddigwyddiad, daeth isetholiad dan amgylchiadau cyffelyb ym Môn yn 2013: mwy am hynny yn y man!)

Cefais gefnogaeth arweinyddiaeth y Blaid i geisio am y swydd, a chyflwynais gais ffurfiol. Cefais fy hun ar restr fer o ddau: Roger Jones (Syr Roger, bellach) a finnau. Buasai Roger yn gyfaill cyfarwydd i mi yn y byd cyhoeddus yng Nghymru ers cryn amser. Roedd wedi profi llwyddiant diwydiannol fel cadeirydd Penn Pharmaceuticals, ac eisoes wedi'i brofi'i hun fel Cadeirydd Gwent-TEC, corff a wnaeth waith clodwiw yn hyrwyddo sgiliau i'r gweithlu yn ne-ddwyrain Cymru. Bu Roger hefyd yn gadeirydd Sefydliad y Cyfarwyddwyr, ac yn Llywodraethwr Cenedlaethol BBC Cymru. Roedd yn ymgeisydd o sylwedd.

Ond roedd gen innau rywbeth i'w gynnig i'r WDA. Bûm yn gweithio gyda chwmnïau diwydiannol rhyngwladol – ar ôl fy hyfforddi gyda chwmni Ford yn Dagenham, roeddwn wedi cael fy mhenodi'n Brif Gyfrifydd Costau cwmni Mars yn 26 oed, ac yn Bennaeth Cyllid a Gweinyddiaeth Hoover ym Merthyr Tudful yn 28 oed. Yn fy nghyfnod gyda Hoover cydweithiais â Chorfforaeth Stadau Diwydiannol Cymru (a ddaeth yn rhan o'r WDA) i ehangu Hoover ym Merthyr, gyda'r nod o greu 3,000 o swyddi newydd yno. Bûm hefyd yn cydweithio â'r Adran Ddiwydiant yn Llundain i sicrhau'r grantiau sylweddol i Hoover ar gyfer y prosiect. Yn ddiweddarach, cefais chwarae rhan yn sefydlu a datblygu cwmni bach Alpha-Dyffryn Cyf yng nghyffiniau Caernarfon, a gweithredu fel cadeirydd y cwmni am 11 mlynedd. Erbyn hynny roedd y cwmni'n cyflogi dros 200 o weithwyr yn Llanberis, ar ôl uno â chwmni DPC o Los Angeles i greu Euro-DPC. Yn y fenter honno cydweithiais â'r WDA i sicrhau'r ffatri newydd yng Nglyn Rhonwy, Llanberis.

Cefais fy nghyfweld ar gyfer Cadeiryddiaeth y WDA ar 27 Mehefin 2002. Ymhlith aelodau'r panel penodi roedd Edwina Hart, Gweinidog Cyllid y Cynulliad, un y gweithiais yn agos â hi ac un y gallwn ymddiried ynddi. Er syndod i mi, aelod arall o'r panel oedd Phil Williams. Roeddwn wedi tybio na fyddai awdurdodau'r Cynulliad wedi caniatáu i Phil eistedd ar y pwyllgor penodi oherwydd ein cyfeillgarwch personol a gwleidyddol. Ond gwn y byddai Phil wedi gwneud y gwaith yn gwbl broffesiynol. Roeddwn yn ddigon hapus i mi berfformio cystal ag y gallwn yn y cyfweliad, ond sylweddolwn hefyd y gallai'r dimensiwn gwleidyddol fod yn fy erbyn. Dim ond yn ddiweddarach y cefais ar ddeall bod ystyriaethau mwy cymhleth na'r dimensiwn gwleidyddol wedi bod yn rhwystr i mi.

Bu'n rhaid i mi ddisgwyl am sbel cyn cael clywed y

dyfarniad. Chwarae teg iddo, ffoniodd Rhodri Morgan fi yn fy nghartref i egluro eu bod wedi penodi Roger Jones, ac roeddwn yn ddiolchgar i Rhodri am fod mor ystyrlon â gwneud hyn. Roeddwn yn siomedig, ond ddim yn synnu.

Ychydig ar ôl i mi glywed nad oeddwn wedi cael y swydd, eglurodd Phil i mi, yn gwbl gyfrinachol, fod un ffactor arbennig wedi dod i'r wyneb cyn gwneud y penodiad – ond na fedrai o, am resymau na allai eu datgelu ar y pryd, egluro mwy na hynny. Addawodd y byddai'n esbonio'r cyfan pan fyddai'r amser yn briodol. Ond chafodd Phil druan fyth mo'r cyfle; bu farw ar 10 Mehefin 2003, bum wythnos ar ôl yr etholiad – a chyn i Rhodri Morgan wneud ei gyhoeddiad yng Ngorffennaf 2004 ei fod am chwalu'r WDA, gyda'r Cynulliad Cenedlaethol yn llyncu'i gyfrifoldebau.

Yn ddiweddarach cefais ar ddeall mai dyma un rheswm pam y teimlwyd na fyddai'n addas fy mhenodi i i'r swydd yn 2002 – swydd a fyddai, o bosib, yn dod i ben yn fuan. Pe bawn i'n ymddeol o'r Cynulliad er mwyn cadeirio'r WDA, a'r corff hwnnw'n cael ei ddiddymu o fewn dwy flynedd, byddai'r Llywodraeth yn agored i gryn feirniadaeth wleidyddol. Efallai fod pawb yn gwybod y byddwn yn ymladd i'r carn i rwystro chwalu'r WDA, corff yr oeddwn wedi ymdrechu mor galed i'w sefydlu. Gwn fod Roger Jones hefyd wedi brwydro'n galed i gadw'r WDA ond bu raid iddo fo deyrnasu dros ddiddymu corff oedd mor allweddol i ddyfodol economaidd Cymru. Efallai i mi gael dihangfa rhag y profiad hwnnw. Os oedd Rhodri'n tybio y byddwn wedi ymddiswyddo fel Cadeirydd yn hytrach na gweld chwalu'r WDA, byddai wedi bod yn llygad ei le!

Pan ddaeth y cyhoeddiad ar 14 Gorffennaf 2004 y byddai'r WDA yn dod i ben, allwn i ddim credu fy nghlustiau. Roeddwn wedi clywed si fod datganiad pwysig ar y gweill ac eisteddais o flaen y teledu, oedd bryd hynny'n darlledu'n fyw o'r Cynulliad ar S4C2. Clywais â'm clustiau fy hun ddatganiad Rhodri y byddai'n dirwyn i ben y WDA a Bwrdd Croeso Cymru, hefo'u dull gweithredu hyd braich, ac i bob pwrpas yn eu troi'n rhan o wasanaeth sifil y Cynulliad. Roedd wedi ymladd etholiad flwyddyn ynghynt heb unrhyw sôn am fwriad o'r fath. Roedd yn amlwg fod hyn wedi bod ar y gweill gan Lafur, ond doedd ganddyn nhw ddim mandad clir i chwalu'r WDA.

Er bod datganiad Rhodri Morgan yn sioc, canwaith mwy o syndod i mi oedd clywed arweinyddion y tair plaid arall – y Ceidwadwyr, y Democratiaid Rhyddfrydol ac, ie, Plaid Cymru hefyd – yn croesawu'r bwriad. Roeddwn yn argyhoeddedig eu bod yn colli arni! Yr esgus dros gefnogi chwalu'r WDA oedd fod hynny'n rhan o 'goelcerth y cwangos'. Roedd hynny'n naïf yn ogystal â chibddall.

Mae'n gwbl wir y bu dadleuon tanbaid yn ystod ymgyrch Refferendwm 1997 (yr un a arweiniodd at sefydlu'r Cynulliad) ynglŷn â gwneud cyrff enwebedig yng Nghymru yn fwy atebol. Bryd hynny roedden nhw'n gweithredu fel arf llywodraethol heb unrhyw atebolrwydd democrataidd: dan yr hen drefn, byddai'r Ysgrifennydd Gwladol yn penodi cadeirydd a bwrdd rheoli cyrff fel y WDA, y Bwrdd Croeso, Tai Cymru a nifer o gyrff yn ymwneud ag addysg, iechyd a hyfforddiant. Byddem yn edliw nad oedd y drefn o gael cadeirydd y cyrff hyn yn cyfarfod dros ginio gyda'r Ysgrifennydd Gwladol ddwywaith neu dair y flwyddyn yn rhoi atebolrwydd democrataidd. Ron Davies a fathodd y term 'coelcerth y cwangos', term a arhosodd yng nghof yr etholwyr wrth iddyn nhw bleidleisio dros sefydlu'r Cynulliad.

Ond unwaith y sefydlwyd y Cynulliad Cenedlaethol, roedd yna fframwaith newydd ar gyfer sicrhau y byddai'r cyrff cyhoeddus hyn yn atebol i etholwyr Cymru. Byddai prif swyddogion y WDA yn ymddangos gerbron Pwyllgor Economi'r Cynulliad – weithiau cyn amled â phob pythefnos – i esbonio'u gwaith ac i ateb cwestiynau. Roedden nhw'n gorfod gweithredu o fewn strategaeth a fabwysiadwyd gan y Cynulliad, ac yn atebol rhwng cyfarfodydd o'r pwyllgor i'r Gweinidog perthnasol – Rhodri Morgan, yna Mike German ac wedyn Andrew Davies. Roedd y sefyllfa'n gwbl wahanol i'r gwagle democrataidd a fodolai cyn 1999. Os rywbeth, roedd y pendil wedi symud yn rhy bell, gyda'r peryg y byddai'r Cynulliad yn meicro-reoli'r WDA.

Mae'n wir fod lle i feirniadu rhai agweddau ar strategaeth y WDA, fel y gorddibyniaeth ar ddenu cwmnïau rhyngwladol i Gymru ar draul buddsoddi mewn cwmnïau bach cynhenid. Pe bawn i wedi cael fy mhenodi'n Gadeirydd y WDA, byddwn wedi ymdrechu i newid y pwyslais hwnnw. Serch hynny, un peth oedd newid pwyslais o ran polisi o fewn y corff, mewn cydweithrediad â'r Cynulliad Cenedlaethol; mater cwbl wahanol oedd ei chwalu.

O ganlyniad, collodd Cymru nifer o swyddogion allweddol oedd wedi adeiladu'r WDA i fod yn un o'r cyrff datblygu mwyaf adnabyddus trwy'r byd. Roedd logo'r WDA yn hysbys ar bum cyfandir. Roedd y cysylltiadau personol a gweithredol rhwng y staff a ffigurau amlwg ym mywyd diwydiannol a masnachol gwledydd eraill yn amhrisiadwy. Holl bwynt bodolaeth y WDA oedd i'r corff fod hyd braich oddi wrth lywodraeth y dydd. Trwy hynny, roedd y staff yn gallu gwneud penderfyniadau'n llawer cyflymach nag y gallai'r gwasanaeth sifil, gan ddelio ag unigolion a chwmnïau o'r sector preifat yn effeithiol trwy 'siarad yr un iaith' â nhw.

Ar ôl i'r WDA gael ei lyncu gan y Cynulliad, gadawodd swyddogion allweddol, rhai ohonyn nhw i weithio mewn asiantaethau datblygu eraill. Yn eironig, yr union adeg pan oedd Llywodraeth Lafur y Cynulliad yn ymdrechu i ddiddymu'r WDA roedd rhanbarthau Lloegr, dan Lywodraeth Lafur Tony Blair, yn brysur yn creu asiantaethau cyffelyb, a hynny'n rhannol oherwydd iddyn nhw weld y llwyddiant a ddaeth i Gymru drwy'r WDA.

Yn fy marn i, gweithred gwbl anghyfrifol oedd diddymu'r WDA. Canlyniad hynny oedd i Gymru berfformio'n warthus yn economaidd dros y blynyddoedd diwethaf. Mae'n anhygoel ein bod ni'n dal ar waelod tabl incwm y pen ymhlith cenhedloedd a rhanbarthau Prydain, er gwaetha'r ffaith ein bod wedi manteisio ar gronfeydd strwythurol yr Undeb Ewropeaidd. Beth bynnag oedd cymhelliad Rhodri Morgan dros chwalu'r WDA roedd yn weithred anfaddeuol a gwrthgynhyrchiol, a bu'n eithriadol gostus i ragolygon economaidd Cymru.

Diddymwyd y WDA gwta flwyddyn ar ôl i mi ymddeol o'r Cynulliad. Pe bawn yn dal yno, byddwn wedi mynnu cael cythraul o frwydr yn erbyn y chwalfa. Wrth wrando ar y cyhoeddiad yn y Cynulliad, dechreuais amau am y tro cyntaf tybed a oeddwn wedi cymryd cam gwag wrth ymddeol o'r lle.

Ymddeol, nid ymneilltuo

Dywedodd fy nhad droeon, rhwng difrif a chwarae, mai'r peth gorau a ddigwyddodd iddo yn ei yrfa oedd gorfod ymddeol yn gynnar. Roedd yn drigain oed pan basiwyd Deddf Llywodraeth Leol Cymru, 1972. Wrth i gynghorau sir Caernarfon, Meirionnydd a Môn ddiflannu i greu'r Wynedd newydd, bu'n rhaid iddo ymddeol fel Trysorydd Cyngor Sir Gaernarfon.

Roedd o'n ffodus: roedd ganddo bensiwn digonol a diddordebau gydol oes, fel pysgota, garddio a gwaith coed. Y peth cyntaf a wnaeth ar ôl ymddeol oedd mynd i swyddfa'r dôl am yr unig dro yn ei fywyd, a chofrestru yno fel Trysorydd Sir di-waith: roedd hynny'n amod er mwyn derbyn ei dâl diswyddo! Roedd hyn yn atgoffa rhywun o'r stori am Wil Napoleon, un o gymeriadau mawr Caernarfon, oedd wedi cael rhan fel 'ecstra' mewn ffilm oedd yn cael ei gwneud yn yr ardal. Wrth arwyddo'r dôl wedyn, nododd ei waith fel 'film star'. Byddai fy nhad a Mr Napoleon fel ei gilydd wedi cael cythraul o sioc pe baen nhw wedi cael cynnig swydd!

Yn wahanol i Nhad, roeddwn eisoes wedi cefnu ar res o ddiddordebau – pêl-droed, tennis, gwyddbwyll, cerdded mynyddoedd, barddoniaeth, drama, cymdeithasu – wrth i wleidyddiaeth, fel bwystfil nad oedd modd ei ddigoni, lyncu mwy a mwy o'm hamser.

Wrth ymddeol o'r Cynulliad disgwyliwn allu atgyfodi hen ddiddordebau neu brofi rhai newydd. Es i holi am wersi hedfan, cyn cael fy rhybuddio am beryglon cael 'black-out'! Bûm ar dân eisiau dysgu hwylio – roeddwn yn byw ar lannau'r Fenai, ac roedd fy hen daid, Capten Humphreys, Pwllheli, yn arfer hwylio o gwmpas y byd. Cefais anrheg gan fy mhlant, Eluned a Hywel, sef tocyn i fynd ar gwrs hwylio ym Mhlas Menai gerllaw, ond rywsut ddigwyddodd hynny ddim. Yr un fu'r stori efo'r bwriad i ysgrifennu nofel: hel nodiadau ond methu ei weld fel blaenoriaeth. Yr unig hobi newydd a gydiodd oedd hel paentiadau, a chanfod diddordeb na wyddwn ei fod yn fy natur. Rywsut roedd y cyflyru a ddaethai yn sgil fy ngyrfa yn dal i'm caethiwo ar ôl ymddeol.

Gydag Alun Ffred wedi cadw'r sedd i'r Blaid a chael mwyafrif dros bawb arall gyda'i gilydd, ac wedi cymryd drosodd yn fy swyddfa yng Nghaernarfon, roeddwn bellach hefyd heb ysgrifenyddes. Gwae fi! Am dros hanner fy oes, roeddwn wedi dibynnu ar staff swyddfa i osod fframwaith i'm gwaith: ateb llythyrau, derbyn negeseuon ffôn, a threfnu dyddiadur a symudiadau. Dywedir mai'r peth cyntaf y bydd Gweinidog y Goron yn gweld ei golli wrth adael ei swydd ydi car swyddogol a *chauffeur*. Chefais i erioed fwynhau'r fath dendans, ond roedd colli swyddfa a staff yn llawer gwaeth i mi.

Y peth cyntaf a wnes ar ôl yr etholiad oedd mynd i Goleg Menai yng Nghaernarfon – safle y cefais y fraint o'i agor yn 2002 fel AC – i ymuno â chwrs cyfrifiadurol, fel y gallwn ddelio ag ebyst a defnyddio'r we yn fwy effeithiol. Roedd hyn bron yn ddatganiad nad oeddwn am encilio i balu'r ardd – er i mi lwyddo i adeiladu tŷ gwydr yn Hen Efail yn nes ymlaen. Llogais ystafell fel swyddfa yng Nghaernarfon, gan gyflogi'n rhan-amser Sara (Oliver, bellach) a fu'n fy helpu 'nôl yn 1974, ac yna Heulwen Jones, merch i ddau o hoelion wyth y Blaid yn Llanbedrog.

Wrth iddo ymddeol o San Steffan, soniodd Ted Rowlands, AS Merthyr, iddo gael cyngor i beidio â derbyn unrhyw benodiad neu waith rhan-amser am flwyddyn, er mwyn gallu pwyso a mesur bywyd ar ôl ymddeol. Gwrandewais yn gwrtais, ac anwybyddu ei gyngor yn llwyr. Ond fo oedd yn iawn!

Daeth nifer o wahoddiadau, ac roeddwn innau fel mwngrel Paflofaidd yn neidio at bob abwyd ac yn methu dweud 'Na' – rhag ofn na ddeuai ail gyfle! Cofiaf gyfrif, rhyw ddwy flynedd ar ôl ymddeol, a sylweddoli bod gennyf 37 o wahanol ymrwymiadau – fel pwyllgorddyn, cadeirydd neu lywydd amrywiol fudiadau, cymdeithasau a phaneli. At ei gilydd, roedden nhw'n hynod o ddifyr, a rhai'n dilyn yn naturiol o'm gwaith fel AC. Ond bois bach, mae 'na reswm ym mhopeth!

* * *

Cyn i'r inc sychu ar fy mhensiwn, cefais fy hun yn eistedd ar banel a benodwyd gan y Cynulliad, dan gadeiryddiaeth Simon Jones (cyn-bennaeth y Co-op), i asesu sut roedd y sector gwirfoddol yn ymdopi â datganoli. Dysgais, er syndod mawr i mi, fod mwy na 30,000 o fudiadau a chymdeithasau gwirfoddol yng Nghymru. Gwnaethom arolwg manwl o farn tua 1,500 o'r rhain, gan holi a oedden nhw'n ystyried dyfodiad y Cynulliad yn fantais neu'n anfantais iddyn nhw. Atebodd 92% eu bod yn hapusach gyda'r Cynulliad na'r hen Swyddfa Gymreig. Y rheswm, gan amlaf, oedd ei bod yn haws iddyn nhw drafod eu cynlluniau gyda gweinidogion y Cynulliad nag oedd hi o dan yr hen drefn. Gwych iawn!

Bu raid i ni wahaniaethu rhwng cyrff gwirfoddol traddodiadol a fyddai'n codi eu cyllid eu hunain, a sefydliadau dielw o'r trydydd sector oedd gan amlaf yn ddibynnol ar arian cyhoeddus i'w cynnal. Roedd peryg i'r rhain luosi allan o bob rheswm, gan dderbyn arian cyhoeddus ar y dechrau yn y gobaith y bydden nhw ymhen amser yn hunangynhaliol. Yn aml, roedd y gobeithion yn uwch na'r cyflawniad. Byddai'r Cynulliad, ar ôl derbyn canmoliaeth am helpu i'w sefydlu, yn cael ei feio am beidio â'u cynnal yn barhaol.

Aeth ein panel at galon hyn. Cyn cynnig arian cyhoeddus i gorff 'gwirfoddol' newydd, dylid cael sicrwydd trwy gynllun busnes credadwy sut y byddai'n cynhyrchu incwm parhaol o ffynonellau eraill ar ôl y tair blynedd gyntaf. Os na allai wneud hynny, roedd yn gwybod o'r dechrau y byddai'n dod i ben ar ddiwedd y cyfnod. Yn rhy aml ceir meddylfryd yng Nghymru sy'n gweld grant llywodraeth fel dechrau a diwedd pob menter.

Derbyniwyd ein hargymhellion, ond tybed faint o weithredu trwyadl fu arnyn nhw? Mae gwleidyddion yn rhy hoff o brynu poblogrwydd, a chreu dibyniaeth, trwy ymddwyn fel Siôn Corn. Pobl hynod hael – ar bwrs y wlad!

* * *

Yn ystod yr wyth mlynedd ar ôl i mi adael Bae Caerdydd, cefais gyfleon amrywiol i gyfrannu at waith oedd yn gysylltiedig â'r Cynulliad. Bûm ar baneli'n ymwneud ag anabledd a hosbisau, ac yn gweithredu fel ymddiriedolwr i gynllun pensiwn y Cynulliad. Cefais hefyd weithredu fel

Llywydd y Llyfrgell Genedlaethol rhwng 2007 a 2011. Dof yn ôl at hyn eto.

Felly, trwy garedigrwydd Gweinidogion Llafur, a Phlaid Cymru pan oeddem mewn clymblaid, cefais sawl cyfle ar ôl ymddeol i gadw mewn cysylltiad â'r sector cyhoeddus yng Nghymru, a gwerthfawrogais hynny. Yn ddigon eironig, ym meysydd polisi cymdeithasol neu ddiwylliannol yr oedd y rhain i gyd – nid gyda'r economi, lle byddai fy nghefndir wedi bod fwyaf perthnasol, hwyrach.

Cefais gyfle hefyd i weithredu ar raddfa Brydeinig fel aelod o banel arbennig a sefydlwyd gan y Comisiwn Hawliau Anabledd yn 2006. Gwaith y panel oedd ymchwilio i'r modd y mae pobl efo anabledd dysgu neu broblemau iechyd meddwl yn methu cael help meddygol addas ar gyfer cyflyrau iechyd sydd ddim yn ymwneud â'u hanabledd. Fe'm syfrdanwyd gan un ffigwr a gyflwynwyd i ni, o waith ymchwil Sheila Hollins: mae pobl ag anableddau meddwl yn 58 gwaith mwy tebygol o farw cyn cyrraedd eu hanner cant oed o gyflyrau nad oes a wnelon nhw ddim â'u hanabledd na'r patrwm ymhlith gweddill y boblogaeth. Roedd fel petai mur o ragfarn yn eu hatal rhag cael yr un lefel o wasanaeth ag y byddai person heb anabledd yn ei ddisgwyl gan ei feddyg, mewn clinigau ac ysbytai. Llwyddais i gael adroddiad ar wahân ar gyfer Cymru – mae polisi iechyd a gofal wedi'i ddatganoli. Da oedd cael ymateb mwy cadarnhaol gan Lywodraeth Cymru na'r hyn a gafwyd gan Lywodraeth San Steffan.

Roedd cyfrannu at waith y panel yn fy helpu i gadw mewn cysylltiad â'r byd anabledd yn Llundain. Manteisiais ar hynny ar ôl dychwelyd i San Steffan, a gelwais mewn dadl arbennig yn Nhŷ'r Arglwyddi ar i Lywodraeth Prydain newid ei meddylfryd gan nad oedd fawr ddim wedi gwella yn Lloegr ers i ni fel panel gyhoeddi'n hadroddiad yn 2007.[1]

* * *

Yn nes adref, cefais weithredu fel cadeirydd pwyllgor cyllid Eisteddfod Genedlaethol Eryri a'r Cyffiniau 2005, yn ogystal â llywyddu Cymdeithas Hanes Teuluoedd Gwynedd, a chael mwynhad arbennig o allu dychwelyd at fy ngwreiddiau gwleidyddol drwy gadeirio Cangen Bontnewydd a'r Cylch o Blaid Cymru.

Un cyfrifoldeb a roddodd lawer o foddhad i mi oedd ymgyrchu dros sefydlu oriel Kyffin Williams yn Llangefni, a gweithredu fel ymddiriedolwr yno. Bûm hefyd yn llywydd y pwyllgor sy'n trefnu dathliadau canrif a hanner sefydlu'r Wladfa yn 2015.

Cefais amser i ysgrifennu, gan gynnwys colofnau wythnosol i *Golwg* (2003–6), y *Daily Post* (o 2009 ymlaen), a cholofn ddeufisol i *Ninnau*, papur Cymry Gogledd America. Yn ogystal, dechreuais dderbyn gwahoddiadau i ddarlithio i gymdeithasau ac ati, ar destunau'n amrywio o 'Economi Cymru' i 'Gangstar yn y teulu'!

* * *

Yn 2008, yn sgil y sgandal dros gamddefnyddio treuliau seneddol gan rai ASau yn San Steffan, cyhoeddodd Llywydd y Cynulliad, Dafydd Elis Thomas, ei fwriad i sefydlu ymchwiliad i'r sefyllfa ymhlith ACau. Pan glywais am hyn cynigiais helpu gyda'r gwaith, gan y gwyddwn fod fy mhrofiad fel AS, AC a chadeirydd Pwyllgor Archwilio'r Cynulliad yn berthnasol, a bron yn unigryw.

Cefais wahoddiad i gyfweliad ar 7 Gorffennaf 2008 gan

bennaeth staff Adran y Llywydd. Gofynnwyd a fyddai gen i ddiddordeb mewn cadeirio'r panel, er i mi ddeall eu bod hefyd yn ystyried enw Syr Roger Jones. Dywedais y byddai'n ddoethach iddyn nhw beidio â rhoi gwleidydd pleidiol yn y gadair, ond y byddwn yn fodlon iawn gweithredu ar banel dan gadeiryddiaeth Roger.

Roedd pedwar ohonom ar y panel, ar ôl i'r pumed aelod dynnu allan ar y funud olaf pan welodd swmp y gwaith. Ar wahân i Roger a minnau, roedd Jackie Nickson o Gaerdydd (cyn-swyddog adnoddau dynol gyda Nwy Prydain yng Nghymru) a Nigel Rudd (cyn-brif swyddog Cynulliad Rhanbarthol Dwyrain Canolbarth Lloegr). Cawsom was sifil hynod effeithiol, Chris Reading, i'n cynorthwyo. Yn ystod y mis cyntaf cynhyrchais bapur cefndir ar natur gwaith AC ac AS, gan nad oedd gan fy nghyd-banelwyr brofiad uniongyrchol o hyn.

Dechreuwyd ar y gwaith yn Awst 2008 a chyhoeddwyd ein hadroddiad ar 13 Gorffennaf 2009, wythnos cyn i'r Cynulliad dorri am yr haf. Ddau ddiwrnod ar ôl cyhoeddi'r Adroddiad, pleidleisiodd yr ACau i dderbyn yr argymhellion yn eu cyfanrwydd, a hynny'n unfrydol.

Ymhlith y 108 o argymhellion roedd diddymu hawl AC i brynu fflat yng Nghaerdydd gyda chymorth arian cyhoeddus, a dim hawl i benodi perthnasau i swyddi cynorthwyol, nac i wario ar hysbysebu eu gwaith pleidiol-wleidyddol. Byddai codiad cyflog yn cael ei roi unwaith bob pedair blynedd. Corff annibynnol fyddai'n adolygu lefel cyflog, amodau gwaith a threuliau'r ACau. Lleihawyd taliadau diswyddo, ac argymhellwyd y dylai'r Cynulliad fod ar agor am o leiaf 36 wythnos y flwyddyn. Awgrymwyd hefyd sut i greu mwy o *capacity* strategol i'r Cynulliad.

Roedd yn becyn radical a phellgyrhaeddol, ond tybiem fel panel i ni gael cydbwysedd rhwng gofynion dilys ACau i gael adnoddau digonol i wneud eu gwaith, ond ar yr un pryd yn cydnabod anfodlonrwydd y cyhoedd oherwydd antics lleiafrif twp o ASau yn San Steffan.

Doedd pawb, wrth reswm, ddim yn hapus efo'r cyfyngiadau, ond roedden nhw'n ddigon doeth i weld bod raid ymateb i bryderon y cyhoedd. Roedd y modd yr ymdriniodd y Cynulliad â'r mater yn ganwaith gwell na'r straffîg a gafwyd yn San Steffan, ac roedd arweiniad y Llywydd yn batrwm y gallai Llefarydd Tŷ'r Cyffredin fod wedi dysgu llawer oddi wrtho.

Roeddwn yn hynod falch fy mod wedi gweithredu ar y panel, yn ddiolchgar i Syr Roger am ei arweiniad, a hefyd fod ACau o bob plaid yn fodlon cydweithio mewn dull mor aeddfed. Roedd ein Senedd wedi dod i ocd!

---

[1] 'Equal Treatment: Closing the Gap,' DRC [Disability Rights Commission], 2007.

Yn ôl i fyd busnes

Mae'r gred yn bodoli ymhlith rhai pobl 'wleidyddol gywir' na ddylai AS neu AC fyth ymgymryd ag unrhyw waith arall. Rwy'n deall y rhesymeg: mae aelodau'n derbyn cyflog teg ac fe ddylen nhw, felly, roi eu holl sylw i'r gwaith. Gallai diddordebau allanol liwio'u barn a'u blaenoriaethau, a'u denu oddi wrth wir anghenion yr etholaeth neu eu plaid – ac, mewn achosion eithafol, arwain at lygredd. Gallai dilyn diddordebau allanol hefyd roi pastwn i'ch gelynion eich curo am beidio â thynnu'ch pwysau.

Ia, ond . . . Go brin y byddai neb yn beirniadu bargyfreithiwr am ymgymryd ag ambell frîff yn ystod egwyl seneddol, i gadw'i big i mewn yn ei broffesiwn. A pha berson rhesymol fyddai'n beirniadu meddyg sy'n Aelod Seneddol am wneud ychydig oriau o waith locwm i gadw'i hawl i weithio fel meddyg? Wedi'r cyfan, gallai golli ei sedd mewn etholiad – digwyddodd hynny i'r Dr Dai Lloyd, un o aelodau mwyaf cydwybodol ac effeithiol y Cynulliad.

Cyfrifoldeb cyntaf unrhyw aelod etholedig yw gweithio'r holl oriau angenrheidiol i gyflawni ei ddyletswyddau yn y Senedd neu'r Cynulliad. Roeddwn i wedi asesu bod hyn yn golygu rhwng 60 a 70 awr yr wythnos. Pwy sydd i ddweud bod y modd y defnyddiwch wyth neu ddeg awr arall yr wythnos i'w reoli gan eich swydd fel aelod etholedig? Pwy all honni ei bod hi'n dderbyniol treulio'r oriau hyn yn cymdeithasu yn y dafarn, ond ddim yn iawn i ddarlithio mewn coleg neu helpu i redeg busnes? A phwy a ddywedai wrth athrawes na châi hi roi gwersi preifat ar benwythnos, neu swyddog llywodraeth leol na châi redeg tîm rygbi yn ei amser sbâr?

Tra oeddwn i'n AS ac yn AC, fe fu gen i rai 'diddordebau' oddi allan i wleidyddiaeth y llwyddais i'w cynnal dros y blynyddoedd, ar wahân i'r cyfnod pan oeddwn yn arwain y Blaid rhwng 1991 a 2000. Gwnes hynny'n gwbl agored, gan gofrestru'r buddiannau fel sy'n ofynnol. Rhoddodd hyn gyfle i mi gadw cysylltiad â byd diwydiant, gan y credwn fod hynny'n fanteisiol i'r etholaeth. Soniais yma eisoes (ac ym mhennod 14 fy nghyfrol *Dal Ati*) am y cwmni bach y bûm yn gadeirydd arno – ADC, sydd bellach yn rhan o gorfforaeth ryngwladol enfawr Siemens ac yn cyflogi 450 yn Llanberis. Cefais gyfle ar ôl ymddeol i gydweithio drachefn ag Osborn Jones, sefydlydd y cwmni, wrth iddo greu'r cwmni newydd Picosorb, ond efallai heb yr un llwyddiant ag a gafodd ADC.

Am bymtheng mlynedd mwynheais hefyd weithredu fel Llywydd Hufenfa De Arfon, ger Chwilog yn Eifionydd. Pan adawodd y prif weithredwr ardderchog Gareth Evans yn 2003 teimlwn ei bod hi'n amser i minnau symud ymlaen. Da yw gweld heddiw, er gwaethaf anawsterau'r sector, bod y cwmni'n dal i gyflogi dros gant o weithwyr, a'u cynnyrch yn ennill gwobrwyon cyson.

* * *

Roedd ymddeol o'r Cynulliad yn agor posibiliadau newydd. Yn 2003, cefais gyfle i helpu i sefydlu cwmni newydd a ffurfiwyd i wella cysylltiadau band eang i ddiwydiant ar hyd arfordir gogledd Cymru. Mae cysylltiadau da o'r math hwn mor hanfodol i'r economi gyfoes ag roedd rheilffyrdd yn y 19eg ganrif, a ffyrdd yn y ganrif ddiwethaf.

Daeth cyfaill o Glwyd, Geoff Andrews, ynghyd â Dafydd Davies o BIC-Eryri ataf efo'r syniad o rentu'r ddolen gyswllt ffibr optig a osodwyd gan y Swyddfa Gymreig ar hyd ochr yr A55 o gyffiniau Caer i Gaergybi. Ychydig o ddefnydd oedd wedi'i wneud ohoni hyd hynny: ein prosiect ni fyddai ei defnyddio i greu cyswllt band eang cyflym i gwmnïau masnachol ar hyd arfordir y gogledd.

Cawsom ein hannog i ddatblygu'r prosiect gan swyddogion Adran Datblygu'r Economi yn y Cynulliad. Awgrymwyd na ddylai fod yn anodd dod i ddealltwriaeth i allu rhentu'r llinell ffibr optig ganddyn nhw. Aethom ati i holi am gwsmeriaid i rentu'r llinellau, a chael gafael ar bum darpar gwsmer o sylwedd, digon i gyfiawnhau'r cynllun. Ffurfiwyd cwmni o'r enw i55 i wireddu'r prosiect, gan greu partneriaeth gyda chwmni mawr yn y sector a fyddai'n gofalu am yr ochr dechnegol. Roedd popeth yn ei le, a llwyddwyd i godi hanner miliwn o bunnoedd o gyfalaf mewn cyfranddaliadau i gyllido'r prosiect. Yr unig beth oedd yn ein dal yn ôl oedd cael cytundeb ffurfiol gyda'r Cynulliad i arwyddo les ar y ddolen gyswllt ffibr optig. Aeth mis heibio . . . yna fis arall . . . ac un arall. Roedd rhyw esgus byth a beunydd gan swyddogion y Cynulliad.

Ar ôl saith mis, doedden ni ddim nes i'r lan. Erbyn hynny roedd tri o'n darpar gwsmeriaid allweddol wedi hen ddiflasu, ac wedi troi i gyfeiriadau eraill i ateb eu problemau. O golli'n prif gwsmeriaid doedd gennym ddim digon o farchnad ar gyfer ein gwasanaeth. Bu raid dirwyn y cwmni i ben, a throsglwyddo'r £500,000 yn ôl i'r buddsoddwyr. Sôn am draed moch!

Ddwy flynedd yn ddiweddarach, pan oeddwn ar Fwrdd Ymgynghorol BT yng Nghymru, cefais oleuni ar y mater. Daeth y gwas sifil oedd wedi bod yn delio â chais i55 atom i egluro sut roedd y Cynulliad yn sbarduno datblygu economaidd. Amlinellais y saga a gawsom efo i55, gan ofyn ai dyma'r modd roedd Llywodraeth Cymru'n delio efo darpar ddatblygwyr o'r sector preifat? Roedd hyn yn amlwg yn embaras mawr iddo, gan ei fod yntau o gefndir sector preifat ac yn deall y rheidrwydd i gael penderfyniadau cadarn, cyflym. Eglurodd mai'r broblem oedd cyfreithwyr y Cynulliad: roedd yn rhaid cael sêl eu bendith ar bopeth, ac roedden nhw'n hynod ofalus ac yn cymryd oesoedd i ymateb. Rwy'n deall y rheidrwydd ar y sector cyhoeddus i fod yn ofalus gydag arian. Ond os na all Llywodraeth Cymru wneud yn well na hyn, bydd yn nos ar unrhyw obaith o gael twf economaidd sy'n dibynnu ar eu penderfyniadau nhw.

Clywais hanesyn am was sifil uchel yn y Cynulliad. Pan ofynnwyd iddo mewn fforwm busnes pam yr holl arafwch efo penderfyniadau gan y Cynulliad, dywedodd yn gwbl agored fod yn well ganddo beidio â gwneud penderfyniad o gwbwl na gwneud un anghywir. Dyna graidd y mater, sy'n awgrymu bod y gwendid hwn yn endemig o fewn y Cynulliad. Mae risg yn rhan o fywyd, ac mae asesu a rheoli risg yn rhan hanfodol o reoli effeithiol. O fethu dygymod â hyn, bydd Cymru bob amser yn 'chwarae'n saff' – ac, o ganlyniad, yn cyflawni dim.

Nid gweision sifil, gyda'u hamharodrwydd cynhenid i gymryd risg, ydi'r bobl gywir i ddelio â busnes a diwydiant. Clywais yn ddiweddarach fod pethau wedi gwella bellach yn yr adran honno. Gobeithio, wir – neu mae rhagolygon economaidd Cymru yn ddu iawn, ar sail ein profiad ni.

* * *

Ychydig wythnosau ar ôl ymddeol, cefais wahoddiad i ymuno â Bwrdd S4C. Bûm yn aelod am dair blynedd (2003–6), dan gadeiryddiaeth yr Athro Elan Closs Stephens, gyda Huw Jones yn Brif Weithredwr. Roedd Elan, Huw a finnau'n hen ffrindiau o'r chwedegau. Credaf mai'r prif reswm dros fy nghael i ar y Bwrdd oedd fy mhrofiad gyda chyllid diwydiannol. Roeddwn hefyd newydd ymddeol o Gadair Pwyllgor Archwilio'r Cynulliad – ac o fewn dim cefais fy mhenodi'n gadeirydd Pwyllgor Archwilio S4C!

Yn fy nghyfarfod cyntaf fel aelod o'r Bwrdd, gofynnais oni ddylai S4C fod â'i phencadlys yn y fro Gymraeg, ac nid yng Nghaerdydd – cwestiwn a gododd ei ben eto eleni. Bachgen newydd powld yn agor ei geg yn afresymol o fuan! Roedd rhywun wedi gweld hyn yn dod: esboniodd y Cadeirydd, yn gwrtais iawn, eu bod newydd drafod y cyfryw bwnc yn eu cyfarfod blaenorol, ac na ellid ailagor mater oedd wedi'i drafod eisoes!

Rwyf yn parhau i fod yn edmygydd mawr o Elan. Llwyddodd i bontio'r gagendor rhwng gwasanaeth darlledu cyhoeddus a gofynion gweithredu'n fasnachol, ar adeg pan achosodd y chwyldro digidol ffrwydrad yn nifer y sianeli. Roedd yn wyrthiol i S4C ddal ei thir – a'i chyllideb – cyhyd. Roeddem hefyd yn ffodus fod gan Huw Jones gefndir mewn busnes, a'i fod yn deall gofynion y byd masnachol. Un agwedd a'm synnodd oedd deall bod penaethiaid S4C dan bwysau sylweddol o'r Cynulliad ynglŷn â rhai agweddau o'u gwaith.

Gwelwyd rhai newidiadau a achosodd broblemau i'r sianel, i'r sector teledu annibynnol yng Nghymru ac i'r gwylwyr.

Un o'r gwersi i'w dysgu o hyn oll ydi'r pwysigrwydd fod darlledwyr yn gweithio hyd braich oddi wrth wleidyddion. Gwelwyd hynny pan benderfynodd Jeremy Hunt, Gweinidog Diwylliant Prydain, ailwampio S4C yn ôl ei fympwy, heb ystyried yr oblygiadau. Ond mae hefyd yn codi cwestiwn ynglŷn â'r peirianwaith angenrheidiol i gadw pellter rhwng ACau Cymru ac S4C. O'n profiad gyda Mr Hunt, mae pob dadl dros ddatganoli darlledu o Lundain i Gaerdydd. Ond, o brofiad S4C gyda Gweinidogion Llywodraeth Cymru, mae angen yr un diogelwch rhag i'r agenda wleidyddol gerdded dros yr unig sianel Gymraeg.

Gallaf glywed rhai'n gofyn, onid gwaith aelodau o Awdurdod neu Fwrdd yw gwarchod rhag ymyrraeth o'r fath? Mae hynny'n wir ar lefel strategol, ond rhaid cofio mai strategol ac nid rheoleiddiol yw rôl cyfarwyddwyr cwmni – hynny yw, y cyfarwyddwyr *anweithredol*. Nid gwaith cyfarwyddwr yw dweud wrth reolwr sut i wneud ei waith. Ei rôl yw gosod fframwaith ar gyfer y nod, a strategaeth i'w gyrraedd. Mater i'r rheolwyr yw gweithredu o ddydd i ddydd.

* * *

Roeddwn eisoes wedi bod â chysylltiadau ag Adran Economeg Prifysgol Bangor, ac wedi cydweithio â'r Athro Ted Gardener a'r Athro Ross MacKay dros gyfnod o flynyddoedd. Wrth ymddeol o'r Cynulliad cefais wahoddiad i gadeirio Bwrdd Ymgynghorol Ysgol Busnes Prifysgol Bangor, ac yn ddiweddarach i gadeirio bwrdd gweithredol Cwmni MDC Cyf, a sefydlwyd i redeg y Ganolfan Rheolaeth newydd yno. Dyma'r prosiect gwerth £14m a sicrhaodd weddnewidiad i hen adeiladau'r Coleg Normal ar Ffordd y Coleg ym Mangor. Llwyddwyd gyda'r prosiect, diolch i gyfraniad o dros £6m o gronfeydd Amcan Un Ewrop. Pan gwblhawyd y gwaith datblygu, gadewais swydd y cadeirydd. Rhywun â chefndir academaidd fyddai'n fwyaf priodol o hynny ymlaen.

Roeddwn yn dal i gadeirio'r Bwrdd Ymgynghorol, efo'r nod o gael arbenigwyr busnes rhyngwladol i eistedd ochr yn ochr â phobl fusnes gogledd-orllewin Cymru ac arweinyddion academaidd yr Ysgol Busnes. Y bwriad oedd cael persbectif eang ar waith yr adran, heb golli ffocws ar ei chyfrifoldeb i wasanaethu'r gymuned leol. Mewn ardal wledig â dim ond ychydig o fusnesau mawr, a'r rhan fwyaf yn feicro-fusnesau'n cyflogi llai na deg o bobl, doedd hi ddim yn hawdd cael y cyfuniad cywir. Yn aml, un person fyddai'n rheoli cwmni o'r fath. Byddai arno fo neu hi angen help i wella'i sgiliau proffesiynol – help efo'r marchnata, rheoli cyllid, neu dechnoleg gwybodaeth, efallai. Ond allai'r rheolwr ddim fforddio'r amser i fynychu cyrsiau sylweddol mewn canolfan fel Bangor. Y gamp gyntaf, felly, oedd creu cysylltiad â nhw. I'r diben hwnnw, o fewn y Ganolfan Rheolaeth sefydlwyd Clwb Busnes oedd yn agored i bawb yn yr ardal, i geisio ennyn eu diddordeb yn y cyfleoedd a gynigid gan y Ganolfan.

Llwyddwyd i gael rhai cyfeillion â phrofiad busnes rhyngwladol sylweddol i fod yn aelodau o Fwrdd Ymgynghorol yr Ysgol Busnes, gan gynnwys Mervyn Davies (Cymro Cymraeg, yr Arglwydd Davies o Abersoch erbyn hyn) oedd yn bennaeth Standard Chartered Bank trwy'r byd, Syr Peter Davis (brodor o Fae Colwyn a ddaeth yn brif weithredwr Sainsbury's), Dyfrig John (cyn-ddirprwy gadeirydd HSBC trwy'r byd), a Rachel Lomax, y Gymraes a fu'n ddirprwy-lywodraethwr Banc Lloegr ac yn brif was sifil y Swyddfa Gymreig. Daeth Mervyn Davies yn Weinidog yn y Llywodraeth Lafur gyda chyfrifoldeb dros fasnach, buddsoddi a busnesau bach, ac yna'n Gadeirydd Cyngor Prifysgol Bangor.

Am gyfnod cawsom wasanaeth Dr Colyn Gardner yn brif weithredwr y Ganolfan Rheolaeth, yntau'n Gymro o Gwm Cynon a ddatblygodd fusnes hyfforddi yn y sector bancio ar raddfa Ewropeaidd. Ymhlith y bobl fusnes o'r ardal leol fu'n aelodau o'r Bwrdd roedd Robin Llywelyn, Pennaeth Cwmni Portmeirion; David Lea-Wilson, sefydlydd Cwmni Halen Môn; Arnold Kammerling, Cyfarwyddwr Cwmni CK ym Mhwllheli; a'm hen gyfaill Osborn Jones, sefydlydd ADC. Daliais ati i gadeirio'r Bwrdd ymgynghorol nes i mi gael fy mhenodi i Dŷ'r Arglwyddi.

Bu Prifysgol Bangor yn garedig iawn wrthyf, yn fy mhenodi'n Athro er Anrhydedd am y gwaith a wnes dros ddatblygu astudiaethau busnes ym Mangor. Roeddwn yn falch o'r cyfle i ddefnyddio fy nghefndir ym myd diwydiant i gyfrannu rhyw gymaint i'r Brifysgol ac i'r fro. Roedd gwaith clodwiw yr Athro Ted Gardener hefyd yn haeddu cydnabyddiaeth, gan i'r Ysgol Busnes ennill graddfa bum seren yn ystod y cyfnod – un o ddwy adran (y llall oedd Seicoleg) ym Mangor bryd hynny i ennill y statws ymchwil uchaf hwn. Mae'r Ysgol Busnes bellach dan arweiniad yr Athro Phil Molyneux.

Cefais fwynhad mawr o'r cysylltiad hwn â Phrifysgol Bangor.

* * *

Prosiect arall y ceisiais ei hyrwyddo oedd creu diddordeb ymhlith plant ysgol mewn gwyddoniaeth. Yn groes i'r canfyddiad cyffredinol, gradd mewn Ffiseg, nid Economeg, a gefais i ym Mhrifysgol Manceinion. Credaf yn angerddol fod dyfodol peirianneg ac economi ein cymdeithas yn dibynnu'n helaeth ar ein gallu i ddenu pobl ifanc i ddilyn hyfforddiant mewn gwyddoniaeth – rhywbeth sydd ar drai ers blynyddoedd.

Tra oeddwn yn y Cynulliad, deuthum i gysylltiad â Chanolfan Techniquest, Caerdydd. Ceisiais eu darbwyllo i sefydlu cangen yng Nghaernarfon neu Fangor. Gwnaed ymdrechion tebyg gan gyfeillion NEWI yn Wrecsam – Prifysgol Glyndŵr, bellach. Roedd Techniquest yn derbyn cymhorthdal sylweddol gan y Cynulliad, a theimlwn y dylai nawdd o'r fath helpu disgyblion ledled Cymru. Gwyntyllais y syniad o sefydlu pedair neu bump o ganolfannau gwyddoniaeth yn strategol o gwmpas Cymru, gan gynnwys Gwynedd. Er mwyn hyrwyddo hyn, aethom ati i sefydlu cwmni dielw dan yr enw Ymddiriedolaeth Hybu Gwyddoniaeth Cyf., gyda nifer o gyfeillion o'r sector addysg ac o'r byd gwyddonol ar ein Bwrdd.[1]

Gwnaethom gryn waith ar ddatblygu safleoedd posib yng Ngwynedd. Buom yn cydweithio â chwmni First Hydro (sy'n rhedeg cynllun Trydan Dŵr Dinorwig), oedd hefyd yn pryderu nad oedd digon o bobl ifanc yn astudio gwyddoniaeth. Yn y diwedd, cytunodd Techniquest i sefydlu cangen ymestyn yng nghanolfan y Mynydd Gwefru yn Llanberis, datblygiad a fyddai'n rhoi cyfle i ddisgyblion Môn a Gwynedd ddysgu am wyddoniaeth.

Bu raid i ni fodloni ar hyn: roedd hanner torth yn fuan yn well na bustachu am flynyddoedd. Ond mae'n dal yn resyn nad oes darpariaeth gyffredinol i sbarduno diddordeb mewn gwyddoniaeth ledled Cymru.

* * *

Roedd yn hysbys fy mod, fel AS, wedi ymgyrchu ym myd anabledd. Tarddai hyn yn rhannol o'n profiad teuluol o golli dau fab, Alun a Geraint, oedd ag anabledd corfforol a meddyliol o ganlyniad i nam genetig. Yr unig hosbis ar gyfer plant bryd hynny oedd Helen House yn Rhydychen. Roeddwn yn eithriadol o gefnogol i sefydlu hosbis fechan i blant yn Nyffryn Conwy, sef Tŷ Gobaith – datblygiad y gwnaeth Bryn Terfel gymaint i'w ddwyn i sylw'r genedl. Ar ôl ymddeol cefais wahoddiad i ymuno â Bwrdd Ymddiriedolwyr Hope House, ger Croesoswallt, y fam elusen a hyrwyddodd hosbis Tŷ Gobaith. Bûm yn un o ymddiriedolwyr Hope House am saith mlynedd, nes dod yn aelod o Dŷ'r Arglwyddi.

Cefais gyfle i ddadlau achos hosbisau o'r fath pan oeddwn yn aelod o weithgor yn 2008 a sefydlwyd gan Edwina Hart, Gweinidog Iechyd Cymru, i ystyried pa gymorth pellach y dylai'r Cynulliad ei roi i hosbisau yng Nghymru. Wedi'r cyfan, maen nhw'n darparu gwasanaeth cyhoeddus y mae'r Gwasanaeth Iechyd Gwladol yn methu ei gyflawni. Roedd elusen Hope House yn cael ei rhedeg ar seiliau busnes cadarn, gan ddibynnu ar roddion gwirfoddol am 94% o'i hincwm. Llwyddwyd i gael rhyw gymaint o gyllid ychwanegol i hosbisau plant gan Lywodraeth Cymru, ond mae angen llawer mwy o help ar y sector hwn yn gyffredinol. Mae'n warthus fod y gwaith o ofalu am y rhai mwyaf bregus yn ein plith yn gorfod dibynnu ar ymdrechion gwirfoddol, tra mae rhyfela'n cael llyncu miliynau o bunnoedd o'n trethi.

* * *

Rhwng popeth cefais hen ddigon i'm cadw'n ddiddig yn yr wyth mlynedd ar ôl ymddeol. Eto, yn yr holl weithgareddau hyn, roedd dylanwad ac agwedd llywodraeth – yng Nghaerdydd a Llundain – yn allweddol bwysig. Roedd angen i lais gwleidyddol y Gymru wledig gael ei glywed yn effeithiol ar bob cyfle. Allwn i ddim dianc rhag gwleidyddiaeth!

---

[1] Ymhlith aelodau'r Bwrdd roedd yr Athro Roy Evans a'r Athro Merfyn Jones (cyn-brifathrawon Prifysgol Bangor), Dr Haydn Edwards (cyn-brifathro Coleg Menai), John Roberts (cyn-brifathro Ysgol Syr Hugh Owen, Caernarfon), Dr Helen Roberts, Gwynne Jones, Osborn Jones, Deri Tomos a Merfyn Jones-Evans.

Problemau Prifysgol

O fewn wythnosau i ymddeol o'r Cynulliad, cefais wahoddiad cwbl annisgwyl i weithredu fel Dirprwy Ganghellor Prifysgol Cymru. Allwn i ddim credu bod unrhyw un yn teimlo fy mod i'n berson addas ar gyfer y swydd – doedd gen i ddim cefndir academaidd o'r safon a ddylai fod yn hanfodol i swydd o'r fath, a doeddwn i ddim wedi delio â phortffolio addysg yn ystod fy ngyrfa yn y Senedd na'r Cynulliad, oherwydd bod gan y Blaid aelodau yn y ddau sefydliad oedd yn gwybod llawer mwy na fi am addysg. Ar ben hyn oll roedd gen i gryn amheuaeth a fyddai model Prifysgol ffederal Cymru'n goroesi ar ôl datganoli, gan fod y Cynulliad ei hun bellach yn darparu haen genedlaethol ar gyfer datblygu a chydasio addysg uwch yng Nghymru.

Yn olaf, ond nid yn lleiaf, roedd hi bron yn anghredadwy i mi gael cais i ddirprwyo dros Ganghellor y Brifysgol, sef y Tywysog Charles! Pwy fyddai'n credu y gallai, neu'n wir y dylai, cyn-Lywydd Plaid Cymru gynrychioli'r Tywysog yn y fath swyddogaeth! Mewn gwirionedd, delio â'r Tywysog a dirprwyo drosto fu'r rhan leiaf trafferthus o'm cyfrifoldebau. Roeddwn eisoes yn ei adnabod trwy fy ngwaith fel arweinydd plaid yng Nghymru, ac ymddengys ei fod yntau'n fodlon ymddiried ynof i.

P'run bynnag, deuthum dan y fath bwysau nes i mi, yn gwbl groes i'm greddf, ildio a derbyn y swydd gan ddechrau arni yn Rhagfyr 2003. Un o'm cyfrifoldebau oedd cadeirio'r Cyngor yn ei gyfarfodydd llawn chwarterol – corff o tua 50 o bobl yn cynrychioli'r awdurdodau lleol, y sefydliadau addysg uwch oedd bryd hynny'n aelodau o Brifysgol Cymru, Llys y Brifysgol, Urdd y Graddedigion, staff y Brifysgol a rhai aelodau cyfetholedig. Y Dirprwy Ganghellor oedd hefyd yn cadeirio cyfarfod blynyddol y Llys – sef corff o dri chant o aelodau a oedd, cyn dyfodiad y Cynulliad, yn arfer gweithredu fel senedd Gymreig, bron, gan drafod materion llosg y dydd.

Yn y cyfarfod cyntaf i mi ei gadeirio cafwyd cadarnhad fod Coleg Caerdydd yn gadael Prifysgol Cymru. Roedd hyn wedi bod yn ffrwtian ers dros ganrif, ac yn awr roedd yn digwydd. A minnau yn y 'sedd boeth', fy nghyfrifoldeb cyntaf fyddai rheoli chwalfa. Sôn am *hospital pass*!

Cefais ginio preifat gyda Dr David Grant, Is-ganghellor Coleg Caerdydd, i weld a oedd unrhyw ffordd o osgoi colli Caerdydd o'r Brifysgol ffederal, neu a oedd yn bosib cael unrhyw fodel newydd o gydweithio lled-ffederal dros Gymru a allai berswadio Caerdydd i ailystyried. Ond roedd hi'n gwbl amlwg fod penderfyniad di-droi'n-ôl wedi'i wneud fisoedd cyn i mi ddod i'r swydd. Yr unig abwyd i geisio'u cael i barhau mewn cysylltiad hyd braich â Phrifysgol Cymru oedd y ffaith nad oedd Ysgol Feddygol Cymru'n dymuno gadael, ac roedd Prifysgol Caerdydd eisiau cadw honno'n rhan o'i hymerodraeth.

Bellach, codai pwysau hefyd o Abertawe lle roedd llawer yn teimlo, os oedd Caerdydd yn troi'n brifysgol annibynnol, y dylai Abertawe hefyd wneud yr un peth. Roedd Is-ganghellor newydd Abertawe, yr Athro Richard Davies, yn hen ffrind i mi o ddyddiau Grŵp Ymchwil y Blaid yn y chwedegau, ac wedi sefyll etholiad seneddol dros Blaid Cymru yn etholaeth Penfro yn 1974. Cefais gefnogaeth ardderchog a chyngor praff gan Richard trwy gydol fy amser fel Dirprwy Ganghellor. Ond doedd dim modd iddo fo ddiystyru teimladau cryfion o fewn Coleg Abertawe – roedd yntau'n gorfod ennill ei blwyf fel Is-ganghellor newydd yno, a rhai yn y byd academaidd yn gwylio i weld a fyddai Richard yn gwneud yr un safiad â Chaerdydd.

Os oedd Abertawe am efelychu Caerdydd trwy ddod yn brifysgol annibynnol oddi allan i Brifysgol Cymru, byddai Bangor yn sicr o ddilyn. Roedd eu Llywydd, fy nghyngydaelod Dafydd Elis Thomas, yn ddiflewyn-ar-dafod wrth ddatgan mai dyna a ddylai ddigwydd, ac roedd Merfyn Jones, Is-ganghellor Bangor, yn cytuno. Byddai'r dominos yn disgyn un ar ôl y llall, ac os byddai tri o'r hen golegau gwreiddiol yn gadael, dim ond Aberystwyth fyddai ar ôl. Roedd is-ganghellor Aber, Derec Llwyd Morgan, hefyd yn Is-ganghellor Prifysgol Cymru, ac er ei fod yn gryf o blaid y drefn ffederal, byddai'n anodd iddo wrthsefyll y pwysau tuag at ymrannu. Y perygl gwirioneddol oedd y gwelem yr hen Brifysgol yn graddol chwalu blith-draphlith, gan achosi ansicrwydd i'w haelodau a'r myfyrwyr.

Bu Derec a Merfyn, fel Richard, yn ddigon caredig tuag ataf ac roeddent yn cydymdeimlo â'r sefyllfa amhosib yr oeddwn wedi'i hetifeddu. Roedd eraill ar y Cyngor, fel Hugh Thomas, y Barnwr Eifion Roberts a'r diweddar Michael Griffith, Trefnant, hefyd yn gefnogol imi. Y cwestiwn oedd: a allwn ddod o hyd i gyfaddawd a fyddai'n creu pwrpas newydd o unrhyw sylwedd i Brifysgol Cymru fwy datganoledig – fformiwla a fyddai'n dderbyniol i'r sefydliadau unigol?

Ceisiais dynnu'r gwynt o hwyliau'r ymranwyr trwy ddweud, yn fy nghyfarfod cyntaf, fod gen i bob cydymdeimlad â'u huchelgais. Wedi'r cyfan, roedden nhw eisiau gweld sefydliadau bach, annibynnol yn gallu torri'n rhydd o afael haearnaidd trefn ganolog – yn union fel roeddwn innau eisiau gweld Cymru'n rhydd o afael haearnaidd San Steffan! Ond ychwanegais fy mod yn sicr na fydden nhw eisiau torri eu hunain i ffwrdd yn llwyr o'r byd. Mi fydden nhw eisiau cydweithio â sefydliadau o gyffelyb anian, mewn trefn y gellid ei disgrifio'n well fel un gonffederal, yn hytrach na'r un ffederal a fodolai o fewn Prifysgol Cymru. Digon tebyg, meddwn, oedd fy uchelgais innau ar gyfer Cymru o fewn cyfundrefn Ewropeaidd gonffederal.

Gwelwn ar eu hwynebau fod rhai aelodau o'r Cyngor wedi'u taflu oddi ar eu hechel gan osodiad o'r fath. Doedden nhw ddim yn ystyried eu hunain am eiliad yn arwahanwyr, nac yn genedlaetholwyr y tyrau ifori, ac roedd cael eu darlunio felly'n sioc i'r system! Efallai, wedi'r cyfan, y dylen nhw ystyried rhyw ffurf newydd o gydweithio i osgoi cael eu portreadu fel creaduriaid ynysig a mewnblyg? Roeddwn o leiaf wedi'u cael i ystyried fframwaith newydd ar gyfer y dadlau, a rhoi cyfle iddyn nhw dorri'n rhydd o rych meddwl oedd wedi'u caethiwo – ar y ddwy ochr – am ganrif a mwy!

A dyna oedd gwirionedd y sefyllfa. Petai'r Brifysgol ffederal wedi gweld, gyda threigl amser, y newidiadau oedd yn digwydd i addysg uwch gyda'r cynnydd syfrdanol yn niferoedd y myfyrwyr, esblygiad sefydliadau newydd a newid yn y dull cyllido, mae'n bosib y gallai'r hen drefn fod wedi addasu digon i oroesi. Ond doedd dim modd anwybyddu realiti'r sefyllfa. Roedd problem yn bodoli, ac roedd raid rywsut gael ffordd allan o'r twll.

Prif asgwrn y gynnen oedd fod rhai o athrawon y colegau hŷn yn teimlo bod y newidiadau a gafwyd yn ystod chwarter olaf y ganrif ddiwethaf wedi creu sefydliadau oedd yn galw'u hunain yn brifysgolion, heb unrhyw gyfiawnhad dros hynny. Yn eu tyb nhw doedd y sefydliadau hyn fawr mwy na 'jumped-up polytechnics' o ran eu staff, eu myfyrwyr ac ansawdd yr addysg. Cefais weld â'm llygaid fy hun yr hyn y rhybuddiwyd fi amdano cyn derbyn y swydd – nad oes snobyddiaeth ar wyneb y ddaear i'w gymharu â snobyddiaeth acadcmaidd!

Yn yr ail le, roedd dyfarnu graddau yn enw Prifysgol Cymru yn lled awgrymu bod gradd dosbarth cyntaf a enillid gan, dywedcr, fyfyriwr yn Athrofa Addysg Uwch Abertawe o'r un safon, ansawdd a gwerth â gradd gyffelyb yn Aberystwyth. Yn sicr, cafwyd ymdrechion dilys a diffuant i geisio cyflawni hynny, ond nid felly y gwelid pethau yn y byd mawr. Doedd rhai o bobl Prifysgol Caerdydd ddim yn hoffi'r awgrym nad oedd eu graddau nhw ddim gwell na graddau Coleg y Drindod.

Yn drydydd, roedd graddau Prifysgol Cymru'n cael eu dyfarnu i fyfyrwyr mewn sefydliadau addysg dramor ym mhedwar ban y byd. Roedd natur y sefydliadau hyn, a'r addysg roedden nhw'n ei chynnig, yn amrywio'n aruthrol. Ond roedden nhw'n hawlio bod eu haddysg yn gyfwerth â'r hyn oedd yn cael ei darparu yng Nghymru, ac wrth gwrs roedd Prifysgol Cymru'n gwneud arian sylweddol wrth awdurdodi graddau o'r fath. Dibynnai Prifysgol Cymru ar gyfundrefn annibynnol i wirio'r graddau hyn, ond daeth hynny'n ôl i'w brathu ychydig flynyddoedd yn ddiweddarach.

Yn bedwerydd, roedd gan rai ymhlith yr elfen Seisnig oedd wedi cael swyddi o fewn sefydliadau addysg uwch yng

Nghymru ddirmyg llwyr tuag at unrhyw syniad o brifysgol genedlaethol. Ym marn rhai, roedd ymhlith y garfan honno academyddion eilradd oedd wedi dod i Gymru dros dro, ac yna canfod nad oedden nhw'n ddigon disglair i hawlio swyddi'n ôl yn Lloegr. Yn hytrach na chydnabod eu gwendid eu hunain, roedd yn haws beio'r sefydliad oedd yn eu cyflogi am eu hanallu i gael uchel swyddi dros y ffin. Roedd rhai ymhlith y rhain yn sarrug eu hagwedd tuag at Gymru a'i phrifysgol.

Yn bumed, ac yn gynyddol bwysicach wrth i'r cyllid ddechrau gwasgu, roedd dicter fod Prifysgol Cymru'n gallu codi ffi ar golegau unigol, fel tâl aelodaeth, ac nad oedd y colegau'n cael gwerth eu harian gan y brifysgol ffederal.

* * *

O fynd at wraidd yr hyn oedd yn corddi rhai academyddion, roedd hi'n bur amlwg mai eisiau'r hawl i ddarparu eu graddau eu hunain, yn annibynnol ar Brifysgol Cymru, yr oedd yr hen sefydliadau. A'r broblem oedd hon: y diffiniad o brifysgol sy'n cael ei gydnabod ym Mhrydain ydi corff sy'n awdurdodi ei raddau ei hun. Felly, os oedd sefydliadau addysg uwch yng Nghymru am ddarparu eu graddau eu hunain, roedd yn rhaid iddyn nhw fod yn brifysgolion cydnabyddedig, annibynnol. Ac yn ôl dehongliad yr Adran Addysg yn Whitehall, doedd dim modd i brifysgol oedd yn dyfarnu ei graddau ei hun fod yn rhan o brifysgol oedd yn darparu graddau gwahanol.

Roedd y broblem a wynebai Brifysgol Cymru hefyd yn bodoli ym Mhrifysgol Llundain. Corff ffederal oedd hwnnw hefyd, efo deunaw o sefydliadau'n perthyn iddo ac yn defnyddio'i raddau. Teimlwn y gallai fod tir cyffredin rhwng

Prifysgol Cymru a Phrifysgol Llundain, felly es draw i drafod hyn efo'r Is-ganghellor, yr Athro Syr Graeme Davies. Ond er inni gytuno ar natur y broblem, ni lwyddwyd i ddod o hyd i ateb. Ceisiais hefyd berswadio ASau o Gymru i gyflwyno mesur preifat yn y Senedd a fyddai'n caniatáu i brifysgol gydnabyddedig fod yn aelod hefyd o brifysgol ffederal. Llwyddais i ganfod un AS Cymreig oedd wedi ennill lle yn y balot ar gyfer mesurau preifat, ac a fyddai'n fodlon cyflwyno'r mesur. Ond ymhen fawr o dro daeth pwysau arno gan Adran Addysg Lloegr a Gweinidogion Addysg San Steffan, a newidiodd ei feddwl.

Fel sy'n digwydd mor aml yng Nghymru pan fydd problem, penderfynodd Prifysgol Cymru sefydlu comisiwn i ymchwilio i'r mater, ac fe gefais innau'r fraint o'i gadeirio. Derbyniwyd tystiolaeth gan bawb dan haul – pawb *ond* ambell un a fu wedyn yn achwyn am ganlyniad yr ymchwiliad! Doeddwn i ddim yn disgwyl unfrydedd o ran tystiolaeth, a chefais i mo fy siomi.

Ar ôl dwys ystyried y dewisiadau, deuthum i'r casgliad fod rhai agweddau o waith prifysgol y gellid eu gwneud ar y cyd rhwng, neu ar ran, y sefydliadau unigol – gan gynnwys dilysu graddau. Byddai hyn yn cyfiawnhau cyfundrefn gydweithredol addysg uwch ar raddfa genedlaethol Gymreig – ond na ddylid cyfyngu'r meddylfryd i batrwm ffederal yn unig.

Roedd Prifysgol Cymru bryd hynny'n darparu rhai gwasanaethau ar wahân i raddau i'r colegau unigol. Roedd Gwasg Prifysgol Cymru'n cyhoeddi cyfrolau gwerthfawr, na fuasent o reidrwydd yn gweld golau dydd heb fodolaeth y wasg. Roedd Canolfan Gregynog yn adnodd o werth sylweddol, er yn ddrud i'w chynnal. Gwneid gwaith allweddol gan y Bwrdd Gwybodau Celtaidd a'r Ganolfan Uwchefrydiau Cymreig a Cheltaidd yn Aberystwyth, ac roedd potensial sylweddol ar gyfer helaethu gwaith y Bwrdd ym maes dysgu trwy gyfrwng y Gymraeg, a'r Uned Datblygu Addysg Cyfrwng Cymraeg. Roedd Urdd y Graddedigion yn gorff yr oedd miloedd o gyn-fyfyrwyr Prifysgol Cymru yn uniaethu â fo. Beth bynnag oedd ateb y Comisiwn i broblemau'r brifysgol, byddai'n rhaid ystyried sut i gynnal gwasanaethau o'r fath.

Teimlwn mai dim ond trwy ddiffinio swyddogaethau unrhyw gorff canolog y gellid wedyn ystyried ffurf a chyfansoddiad y corff. Mae'r dywediad 'form follows function' yn un sylfaenol bwysig – a dyna oedd hanfod gweledigaeth y Comisiwn.

Rhagwelai'r Comisiwn hefyd y gellid darparu gwasanaethau eraill, newydd, gan gorff canolog, a'u cynnig neu eu gwerthu i'r sefydliadau unigol yn y sector – er enghraifft, cynnal presenoldeb effeithiol ym Mrwsel i sicrhau gwybodaeth gynnar a chywir o ddatblygiadau a chyfleoedd a fyddai'n deillio o'r Comisiwn Ewropeaidd. Un arall fyddai gwasanaeth canolog llawer mwy cynhwysfawr ar gyfer dysgu trwy gyfrwng yr iaith Gymraeg, sef y syniad a ddatblygodd fel coleg ffederal. Teimlwn ar adegau fod rhai oedd eisiau gweld tranc Prifysgol Cymru yn ddigon hapus i weld coleg ffederal yn darparu neu gydlynu rhan o'r addysg uwch trwy gyfrwng y Gymraeg – ond fod arnynt ofn am eu bywydau y gallai rhai ddefnyddio hyn fel dadl dros barhad yr hen brifysgol. Y gwir oedd y dylai Prifysgol Cymru fod wedi gafael yn yr her o greu coleg ffederal ddegawdau'n ôl, yn hytrach na phalfalu tuag at y nod, a dod i'w gyflawni ar yr unfed awr ar ddeg.

Yn y diwedd, ar 24 Mehefin 2005, cytunwyd ar adroddiad

a ddiffiniai gyfrifoldebau Prifysgol Cymru ar ei newydd wedd, yn cynnwys:

- darparu a dilysu graddau i unrhyw sefydliad addysg uwch yng Nghymru, Prydain a gweddill y byd a ddymunai eu defnyddio

- hyrwyddo addysg ac ymchwil trwy gyfrwng y Gymraeg

- cynnal a datblygu gwasanaethau canolog i'r sector addysg uwch.

Rhagwelid y byddai'r strwythur newydd yn cael ei gyllido trwy werthu gwasanaeth i gwsmeriaid o fewn y sector addysg uwch, ac y dylid datblygu cynllun busnes i'r perwyl hwnnw. Byddai'r sefydliadau unigol yn rhydd i ddarparu eu graddau eu hunain (a thrwy hynny'n cael dal i alw'u hunain yn brifysgolion), neu barhau i ddefnyddio graddau Prifysgol Cymru, neu gymysgedd o'r ddau. Felly, er enghraifft, gallai Prifysgol Caerdydd ddefnyddio gradd Prifysgol Cymru ar gyfer y Gymraeg, a'u gradd eu hunain ar gyfer, dywedcr, Seicoleg.

Cafwyd lled unoliaeth, yn arwynebol, ynglŷn â'r argymhellion. Ond prin y gellid dweud bod yna frwdfrydedd. I'r rhai oedd eisiau i'r hen brifysgol barhau, roedd hyn yn eu gorfodi i wynebu'r tristwch nad oedd y *status quo* yn ddewis. Byddai'r drefn newydd, er yn ei gwneud yn bosib i Brifysgol Cymru barhau i ddarparu rhai gwasanaethau ar raddfa genedlaethol (gan gynnwys graddau i'r sefydliadau a ddymunai hynny), mewn gwirionedd yn agor y drws i'r colegau gwreiddiol adael y brifysgol yn ffurfiol.

I rai yn yr hen golegau – Abertawe, Aberystwyth a Bangor

– roedd hyn yn llai na delfrydol. Byddai graddau Prifysgol Cymru'n parhau, ac o bosib yn eu rhwystro rhag denu busnes newydd o dramor, mewn gwledydd lle bu parch mawr i enw Prifysgol Cymru. Byddai'n cymryd oes o ymdrech a buddsoddi anferthol i greu 'brand' Bangor, dyweder, a fyddai'n uwch ei barch yn y gwledydd hynny na'r canfyddiad o werth brand Prifysgol Cymru.

A byddai'r sefydliadau newydd – Glyndŵr, UWIC, y Drindod ac ati – yn colli'r statws oedd yn perthyn tan hynny i raddau Prifysgol Cymru, oherwydd na fyddai'r hen golegau bellach yn eu harddel. A phe bai'r colegau hynny'n ceisio parhau â phrifysgol ffederal, gyda llawer llai o aelodau, byddai'r gost o gynnal fframwaith cenedlaethol yn disgyn ar ysgwyddau llai o sefydliadau.

Roedd fy nghyfnod fel Dirprwy Ganghellor yn dirwyn i ben yn 2007. Gan mod i'n sefyll etholiad ym Mai y flwyddyn honno gyda'r posibilrwydd o ddychwelyd i'r Cynulliad, roeddwn yn teimlo y dylwn adael y swydd cyn yr etholiad. Byddai hynny'n osgoi llusgo'r dadleuon ynglŷn â dyfodol y Brifysgol i'r llwyfan pleidiol-wleidyddol.

Roedd rhai'n pwyso'n drwm arnaf i ddal ati. Roedden nhw eisiau i mi arwain y gwaith o geisio cael sefydliad cenedlaethol i wasanaethu'r sector addysg uwch yng Nghymru, ac i ddarparu gwasanaethau a allai apelio at brifysgolion annibynnol fel Caerdydd a Morgannwg. Ond teimlwn fy mod wedi gwneud y gwaith budr oedd angen ei wneud, ac mai mater i eraill â mwy o statws academaidd na fi oedd datblygu'r model a luniwyd gennym.

Roeddwn erbyn hynny'n llawn ddeall gosodiad R. A. Butler yn 1978, pan oedd yn rhoi'r gorau i weithredu fel Meistr Coleg y Drindod, Caergrawnt. Dywedodd ei fod yn dychwelyd i San Steffan i ddianc rhag gwleidyddiaeth affwysol y byd academaidd. Gallwn innau'n hawdd amenio hynny!

Mwy na llyfrgell

Ddiwedd haf 2007 cefais wahoddiad i ymgeisio am Lywyddiaeth y Llyfrgell Genedlaethol. Roedd hyn eto'n sioc, gan na fûm erioed yn ymwneud llawer â llyfrgelloedd, ar wahân i'w mynychu'n achlysurol i dyrchu am wybodaeth – a gwnes rhy ychydig o hynny pan o'n i'n fyfyriwr!

Roeddwn yn hen gyfarwydd, serch hynny, â'r Llyfrgell Genedlaethol: bûm am gyfnod ar bwyllgor yr archif wleidyddol yno. Fel AS Cymreig roeddwn yn aelod 'ex officio' o Lys y Llywodraethwyr yno, ond anaml y byddai ASau yn mynychu'r cyfarfodydd. Cafodd y Llyfrgell siarter newydd yn 2006; roedd bellach yn atebol i Fwrdd o Ymddiriedolwyr, ac yn dod dan adran Gweinidog Treftadaeth Cymru, a than oruchwyliaeth Pwyllgor Cymunedau'r Cynulliad ynghyd â'r Comisiwn Elusennau. Fel AC bûm yn aelod o bwyllgor cyffelyb, gan gymryd llawer mwy o ddiddordeb yng ngwaith y Llyfrgell nag a wnawn fel AS. Yn ddi-os, mae goruchwyliaeth y Cynulliad a CyMAL (yr adran o Lywodraeth Cymru sy'n cynorthwyo amgueddfeydd, archifau a llyfrgelloedd) yn llawer iawn mwy effeithiol nag oedd goruchwyliaeth San Steffan.

Pan gefais gyfweliad am y swydd, dywedais yn blaen na wyddwn fawr ddim am lyfrgelloedd. Roeddwn am iddyn nhw dderbyn hynny o'r dechrau fel na fyddai unrhyw gamddeall. 'Ardderchog!' meddai cadeirydd y panel. 'Dyna'n union beth rydyn ni ei angen!'

Gallwn feddwl fod tri rheswm am hyn. Yn gyntaf, roedd gan fy rhagflaenydd, yr annwyl Ddr R. Brinley Jones, wybodaeth eang am lyfrgelloedd yn gyffredinol. Roedd yn uchel ei barch gan bawb. Doedd dim pwynt chwilio am olynydd o'r un anian; fyddai dim modd llenwi ei esgidiau. Mae'n debyg iddyn nhw deimlo mai'r peth gorau fyddai chwilio am wrthgyferbyniad llwyr, a chael Llywydd efo profiad gwleidyddol a masnachol i gydweithio efo'r Llyfrgellydd, Andrew Green.

Hefyd, yn yr oes sydd ohoni, roedd yn rhaid i'r Llyfrgell edrych y tu hwnt i arian craidd y Cynulliad, a chwilio am ffynonellau cyllidol ychwanegol. A dyma fi – unwaith eto – y dyn codi arian!

Yn drydydd, yn sgil etholiad 2007, roedd Plaid Cymru mewn clymblaid lywodraethol â Llafur. Y Gweinidog Treftadaeth newydd oedd Rhodri Glyn Thomas AC. Efallai fod rhai o'r farn mai buddiol fyddai cael Llywydd oedd o'r un stabl wleidyddol â'r Gweinidog!

Felly, yn Nhachwedd 2007, er syndod i mi, cefais fy mhenodi'n Llywydd am gyfnod o bedair blynedd. Swydd ddigyflog yw Llywyddiaeth y Llyfrgell Genedlaethol. Roedd disgwyl i mi roi dau ddiwrnod yr wythnos i'r gwaith. Yn wahanol i'm rhagflaenydd, oedd yn mynychu'r Llyfrgell sawl diwrnod bob wythnos, fy mwriad i oedd gweithio hyd y gallwn o'm cartref, heb ymyrryd gormod â gwaith bob dydd y staff. Roedd hynny'n dderbyniol i'r Llyfrgellydd hefyd!

Fel rhan o ddathliad ei chanmlwyddiant yn 2007 cyflwynodd y Llyfrgell Genedlaethol ei hun fel un o 'lyfrgelloedd mawr y byd': ond hefyd yn 'Llyfrgell a mwy'.

Rhyfeddais at wirionedd y gosodiad wrth ddarganfod cymaint o wahanol agweddau sydd yna i waith ein Llyfrgell Genedlaethol.

Mae'n cynnwys, wrth reswm, drysorfa o lyfrau. Fel un o chwe llyfrgell gydnabyddedig yr ynysoedd hyn, mae ganddi hawl adnau cyfreithiol, sef derbyn copi o bob llyfr, pamffledyn a phapur newydd a gyhoeddir ym Mhrydain, gyda mân eithriadau.

Erbyn hyn gwelir llyfrau mewn ffurf electronig, a chyda mynediad digidol trwy'r we daeth chwyldro i fyd technoleg gwybodaeth a roddai gyfle a her i'r Llyfrgell. Roedd Andrew Green wedi hen ddeall, yn ôl yn y nawdegau, y byddai gwybodaeth ar-lein yn gweddnewid dulliau'r Llyfrgell o wasanaethu'r cyhoedd. Yn y gorffennol ystyrid y lleoliad yn Aberystwyth yn anghyfleus i drwch trigolion Cymru; gyda dyfodiad y we, gallai popeth fod ar gael i bawb yn eu cartrefi.

Nod strategol y Llyfrgell oedd darparu'r holl wybodaeth oedd oddi mewn i'w muriau yn ddigidol i'r byd, a hynny'n rhad ac am ddim. O'm diwrnod cyntaf fel Llywydd gwnaeth Andrew'n glir mai dyna oedd ei uchelgais, ac roeddwn innau'n uniaethu'n frwd â hynny. Gwelwn mai fy ngorchwyl fel Llywydd fyddai dod o hyd i gyllid i gynnal y gwaith o ddigido holl gyfoeth printiedig, ysgrifenedig a gweledol y Llyfrgell.

Mae'r term 'Llyfrgell a mwy' yn hynod addas. Mae'r Llyfrgell Genedlaethol yn gartref i lawer o archifau Cymru, ac yn cynnwys casgliadau o ddogfennau o bwys hanesyddol a chenedlaethol. Mae hefyd yn gartref i Archif Genedlaethol Sgrin a Sain Cymru, ac mae ynddi bron filiwn o ffotograffau a channoedd o fapiau. Yn niffyg oriel gelf genedlaethol, y

Llyfrgell – ynghyd â'r Amgueddfa Genedlaethol – yw cartref casgliadau o baentiadau, dros ddwy fil ohonyn nhw, gan gynnwys casgliad Kyffin Williams. Ac mae'r uned hanes teulu'n ymateb i'r diddordeb cynyddol mewn olrhain achau, gydag ymholiadau'n cyrraedd o bedwar ban byd.

Y Llyfrgell yw un o'r ychydig sefydliadau yng Nghymru sy'n cael eu gweinyddu'n bennaf trwy gyfrwng y Gymraeg. Mynnodd Andrew Green (o gefndir di-Gymraeg, a ddysgodd yr iaith yn drwyadl) gynnal yr arferiad mai trwy'r Gymraeg, i'r graddau mwyaf posib, y câi popeth ei drafod. Rhoddai hyn anogaeth ymarferol i'r lleiafrif di-Gymraeg ymhlith y staff o 320 i ddysgu'r iaith. Os byddwn i'n dal i siarad Saesneg am eiliad yn hwy na'r angen wrth gadeirio cyfarfodydd, byddai Andrew yn ddieithriad yn troi'r drafodaeth yn ôl i'r Gymraeg. Roedd patrwm o'r fath wrth fodd gweinidogion y Cynulliad – Rhodri Glyn ac wedyn Alun Ffred Jones. Cafodd Alun Ffred y pleser o gadeirio cyfarfod gweinidogol gyda chynrychiolwyr y Llyfrgell lle roedd pob un o'r gweision sifil o'r Cynulliad a CyMAL yn Gymraeg eu hiaith hefyd – un o'r ychydig gyfarfodydd ffurfiol yn y Cynulliad a gynhaliwyd yn llwyr yn yr iaith, heb angen cyfieithu.

Ymhlith fy nghyfrifoldebau fel Llywydd roedd sicrhau bod y Llyfrgell yn gweithredu'n unol â strategaeth a pholisïau'r Cynulliad ac o fewn rheolau'r Comisiwn Elusennau a chyfraith gwlad, sicrhau penodiadau priodol i'r Bwrdd ac fel penaethiaid adrannau, a gofalu (ar y cyd â'r Llyfrgellydd fel y swyddog cyfrifo) bod y Llyfrgell yn gweithredu o fewn ei chyllideb. Mewn cyfnod o doriadau ariannol, roedd hyn yn anodd. Chafodd y Llyfrgell Genedlaethol ddim cynnydd o gwbl yn ei harian mewn termau real rhwng 2005 a 2011.

Dyma effaith y wasgfa ariannol a lesteiriai gymaint ar sector cyhoeddus Cymru ar y pryd, ac sy'n dal i wneud hynny.

Teimlwn yn gryf, er mwyn cynnal y gwasanaethau a gwarchod sefyllfa'r staff, fod rhaid osgoi diswyddo. Dilynais strategaeth o ddenu arian cyfalaf at brosiectau penodol, a alluogai'r Llyfrgellydd i symud unigolion o'u gwaith arferol i ymgymryd â gwaith prosiect. Chwiliais yn benodol am gyllid i weithredu'r prosiectau digido, yn unol â dyhead Andrew.

Un ffynhonnell cyfalaf oedd cronfa SCIF (Strategic Capital Investment Fund) y Cynulliad. Bu'r gronfa honno'n casglu'r arian oedd yn weddill ar ddiwedd blwyddyn gyllidol a thrwy hynny'n creu cronfa swmpus – cymaint â £400m dros gyfnod o dair blynedd – i'w defnyddio ar gyfer prosiectau allweddol fel ysbytai ac ysgolion newydd. Roeddwn wedi awgrymu sefydlu cronfa o'r fath pan oeddwn i'n aelod o'r Cynulliad. Yn anhygoel, ar ôl etholiad 2010, mynnodd clymblaid Cameron fod Llywodraeth Cymru'n atal cronfa SCIF ac yn talu'r arian oedd heb ei wario ar ddiwedd y flwyddyn yn ôl i'r Trysorlys. Bu'r Llyfrgell yn ddigon ffodus i gael £2m o Gronfa SCIF tuag at ddigido, ynghyd â miliwn y llwyddodd Alun Ffred i'w ganfod inni o gronfa arall. Llwyddwyd hefyd i gael arian strwythurol Ewrop i'n cynorthwyo.

Ond allen ni ddim datrys ein cyfyngiadau ariannol trwy gronfeydd arbennig yn unig. Roedd yn rhaid dangos i'r Cynulliad a'r cyhoedd fod pris i'w dalu am y cwtogi cyllidol. Yn anorfod, ar ôl carthu pob gwastraff, byddai'r gwasanaeth i'r cyhoedd yn dioddef. Cefais gyfle i danlinellu hyn pan sylweddolwyd fod diffyg o £4m yn y gronfa bensiwn. Penderfynwyd cau'r Llyfrgell ar ddyddiau Sadwrn. Bu ymateb cyhoeddus ffyrnig (fel roeddwn wedi gobeithio!), a daeth pwysau ar Lywodraeth Cymru o ganlyniad. Roedd gennym gynllun o'r dechrau i ailagor ar foreau Sadwrn ond hefo gwasanaeth cyfyngedig, a fyddai'n arbed cryn gostau. A dyna ddigwyddodd.

Llwyddais, felly, i oroesi pedair blynedd fy Llywyddiaeth heb ormod o niwed i'r Llyfrgell. Ond o fethu codi cyflogau yn unol â chwyddiant, roedd y staff yn dioddef. Nhw oedd yn aberthu er mwyn cynnal y gwasanaeth i'r cyhoedd pan fethodd y Llywodraeth ddarparu cyllid digonol. Dros y cyfnod dan sylw golygodd hyn ostyngiad cyflog mewn termau real o 10% i staff y Llyfrgell. Adlewyrchiad o'u teyrngarwch i'r sefydliad ac i'w cyd-weithwyr oedd eu bod wedi derbyn hyn er mwyn osgoi diswyddo a chwtogi ar wasanaethau. Roedd penaethiaid adrannau'r Llyfrgell hefyd yn rhannu'r boen; wrth i dri ohonyn nhw ymddeol, rhannwyd eu gwaith mewn modd fyddai'n arbed un swydd.

Wrth gwrs, mae'n afresymol disgwyl i weithiwr mewn unrhyw swydd orfod dioddef yn y fath fodd. Dyma'r pris am fethiannau'r gyfundrefn Brydeinig i ddarparu setliad ariannol teg i Gymru. Teimlwn i'r byw nad oedd llawer y gallwn ei wneud i warchod rhag hyn. Roedd ymddygiad undebau'r Llyfrgell yn gyfrifol dros ben, ac ymfalchïwn eu bod hwythau hefyd yn parchu'r rhesymau dros benderfyniadau'r Bwrdd i osgoi diswyddo gorfodol. Roeddwn yn ddiolchgar i'r undebau am eu cefnogaeth trwy gydol fy nghyfnod yno.

* * *

Gosodais hanner dwsin a mwy o dargedau i mi fy hun fel Llywydd, a da gennyf ddweud i nifer ohonynt gael eu cyflawni.

Un a roddodd foddhad arbennig i mi oedd hwnnw'n ymwneud â gwaith y ffoto-newyddiadurwr Cymreig, y diweddar Philip Jones Griffiths. Brodor o Ruddlan oedd Philip, ac yn gefnder i'r ffotograffydd Gerallt Llewelyn. Daeth Philip yn un o ffoto-newyddiadurwyr mwyaf llwyddiannus yr ugeinfed ganrif. Mae llawer o'r farn fod ei luniau du a gwyn eiconig o'r dioddefaint yn Fietnam wedi cyfrannu at ddirwyn y rhyfel i ben. Clywais ddarlith ganddo yn Galeri Caernarfon ym Medi 2007. Roedd yn dioddef o gancr ac yn gwybod na fyddai byw lawer hwy. Mewn sgwrs ar ôl y ddarlith mynegodd wrthyf ei ddymuniad i'w waith gael cartref parhaol yng ngogledd-orllewin Cymru.

Deuthum i adnabod ei ddwy ferch, Katherine a Fanella, oedd yn gweithredu fel ymddiriedolwyr i'r elusen a sefydlodd. Ceisiais ennyn eu diddordeb mewn cael canolfan arddangos a darlithio yn gysylltiedig â Phrifysgol Bangor, lle roedd yr Athro Merfyn Jones wedi datblygu cwrs astudiaethau heddwch. Ond roeddwn i'n edrych ar y Llyfrgell Genedlaethol fel cartref naturiol i'r lluniau gwreiddiol, lle gellid eu gwarchod mewn safle diogel efo rheolaeth ar wres a lleithder. Yno fe fydden nhw'n cael eu parchu a byddai modd eu cyflwyno i'r byd trwy ddulliau digidol.

Cefais beth anhawster i argyhoeddi'r ddwy ferch, oherwydd bod Philip yn ofni y byddai 'claddu' ei waith mewn sefydliad academaidd yn golygu y bydden nhw'n diflannu o olwg y cyhoedd. Ond trwy ymdrechion dygn staff y Llyfrgell a chydweithrediad Alun Ffred a Rhodri Morgan (a gyfarfu â Katherine yn Aberystwyth), llwyddwyd i gael y maen i'r wal.

Daeth Katherine a Fanella yn edmygwyr mawr o'r

Llyfrgell. Arwyddwyd cytundeb ffurfiol gyda nhw, a bu pennaeth yr Adran Gwasanaethau Casgliadau, Avril Jones, yn cydweithio â'r merched i gael holl gasgliad ffotograffau Philip i'r Llyfrgell – 259,000 o sleidiau a 7,700 o brintiau; bydd yn her enfawr ceisio adnabod pob llun, creu'r meta-data ar eu cyfer, eu digido a'u harchifo. Ond trwy hyn roedd yr Ymddiriedolaeth yn gallu diogelu'r gwaith, a'i ddatblygu yn unol â dymuniadau Philip Jones Griffiths, a'r Llyfrgell ar ei hennill o fod yn gallu eu harddangos (gyda chytundeb yr ymddiriedolwyr) i ymwelwyr â'r llyfrgell neu dros y we.

Roedd llwythi o waith Philip i'w symud i Aberystwyth o'i fflatiau yn Llundain ac Efrog Newydd. Ar ddiwrnod fy seremoni ffarwelio â'r Llyfrgell, 2 Rhagfyr 2011, cyrhaeddodd y bocsys olaf o America. Roedd Elinor a finnau yno pan agorwyd nhw a gweld pinacl y prosiect cynhyrfus hwn.

Doedd pethau ddim mor esmwyth wrth geisio cael safle dan fantell Prifysgol Bangor i fod yn gartref parhaol i Ymddiriedolaeth Philip Jones Griffiths. Er nad oes gen i bellach unrhyw lais yn y mater, rwyf yn dal i geisio pontio rhwng merched Philip, awdurdodau Prifysgol Bangor a Chyngor Gwynedd i ddod o hyd i gartref pwrpasol i'r Ymddiriedolaeth, er cof a pharch i un o Gymry mawr yr ugeinfed ganrif.

Llwyddiant arall yn ystod tymor fy Llywyddiaeth oedd diogelu casgliad o raglenni teledu annibynnol yng Nghymru (TWW, HTV ac ITV Wales) – rhaglenni oedd bryd hynny'n dirywio mewn stordy yng Nghroes Cwrlwys ac mewn peryg o gael eu symud o Gymru. Roeddwn yn ffodus iawn mai Is-lywydd y Llyfrgell bryd hynny oedd Arwel Ellis Owen, fu'n gyfaill i mi ers deugain mlynedd ac yn gyn-Bennaeth Rhaglenni BBC Cymru. Allwn i ddim dymuno Is-lywydd mwy effeithiol nag Arwel o ran ei gefnogaeth, ei barodrwydd i rannu'r gwaith a'i deyrngarwch i'r Llyfrgell.

Arwel a welodd y cyfle i holi ITV am drosglwyddo'r archif ffilm i'r Llyfrgell Genedlaethol. Mae'r archif hon yn bwysig gan fod cymaint o archifau'r BBC wedi'u chwalu. Bu Arwel, Andrew a minnau mewn sawl cyfarfod gyda phenaethiaid ITV yng Nghymru, Mike Blair a Phil Henfrey. Wedi hir drafod sicrhawyd cytundeb drafft. Cafwyd hefyd gefnogaeth frwd y Gweinidog ar y pryd, Alun Ffred: fel un o gyn-benaethiaid cwmni Ffilmiau'r Nant, sylweddolai bwysigrwydd diogelu'r archif, a chafwyd grant o dros £1m gan Lywodraeth Cymru. Ychydig wythnosau ar ôl trosglwyddo'r awenau i'm holynydd fel Llywydd, Syr Deian Hopkin, cefais wahoddiad i seremoni yng Nghaerdydd i ddathlu'r ffaith fod y prosiect wedi'i wireddu, a 200,000 o eitemau'n cael eu trosglwyddo i'r Llyfrgell.

Roedd Arwel Ellis Owen hefyd yn allweddol pan ddarparodd y Llyfrgell – am y tro cyntaf – gadair prifysgol mewn 'Casgliadau Digidol'. Roedd Arwel ar Gyngor Prifysgol Cymru ar ei newydd wedd, a'r Brifysgol yn fodlon noddi cadair yn y Llyfrgell. Penodwyd yr Athro Lorna Hughes i'r swydd a gwnaeth waith blaengar yn y maes.

Y broblem anoddaf a wynebais fel Llywydd y Llyfrgell oedd delio â chymynrodd gwerth tua £300,000 a adawyd i'r Llyfrgell trwy ewyllys Louis Feutren, Llydawr oedd yn byw yn Iwerddon. Gadawodd ei bapurau hefyd i'r Llyfrgell. Nid dyma'r tro cyntaf i'r Llyfrgell dderbyn archifau sy'n berthnasol i Lydaw. Gan nad oes gan Lydaw ei llyfrgell genedlaethol ei hun, cymerodd Llyfrgell Genedlaethol Cymru o'r dyddiau cynnar gyfrifoldeb dros fuddiannau Llydewig, i'r graddau roedd hynny'n ymarferol.

Dylai rhodd o'r fath fod yn destun llawenydd, ac felly y bu – hyd nes i fwy ddod yn hysbys am gefndir ein cymwynaswr. Roedd Louis Feutren, yn ystod yr Ail Ryfel Byd, wedi cydweithio â'r Natsïaid. Roedd hanes am nifer o genedlaetholwyr yn Llydaw yn ochri gyda'r Almaenwyr yn y gobaith o gael mwy o ryddid cenedlaethol a statws i'w hiaith – camgymeriad trychinebus o bob safbwynt. Ond roedd hanes llawer mwy difrifol na hynny i Feutren. Roedd wedi bod yn aelod o'r SS yn Llydaw, mewn uned a fu'n gyfrifol am ladd nifer o Lydawyr yn y *Resistánce*.

Doedd dim problem derbyn ei bapurau – pe bai dogfennau Hitler ar gael, fyddai dim un archif yn y byd yn eu gwrthod. Yr anhawster oedd yr arian. Roedd gwahaniaeth barn ar Fwrdd y Llyfrgell. Roedd rhai ohonom, gan gynnwys Andrew Green a'r Athro Aled Gruffydd Jones, yn amheus o dderbyn yr arian oherwydd y niwed posib a wnâi i enw da'r Llyfrgell, a dyna fy ngreddf innau hefyd. Teimlai eraill yn wahanol. Doedd yr arian ddim wedi deillio o ddrwgweithredu Feutren gyda'r Natsïaid, ond o'i waith fel athro yn Iwerddon.

Yn y diwedd, cawsom gyngor cyfreithiol a ddywedai'n ddigamsyniol nad oedd gennym hawl, fel Ymddiriedolwyr elusen, i wrthod y rhodd, oni allem brofi'n ddigwestiwn y byddai hynny'n arwain at golled ariannol fwy sylweddol i'r Llyfrgell na gwerth y gymynrodd. Cytunwyd i dderbyn y rhodd, ac i wneud hynny'n agored fel na fyddai papurau tabloid Llundain yn tyrchu am sgandal. Roedd y Gweinidog, Huw Lewis AC, yn anhapus iawn gyda'r sefyllfa, ac roedd hynny'n ddealladwy. Ond lliniarwyd rhywfaint ar ei ddicter pan gynigiodd y Llyfrgell ddefnyddio'r arian i gyllido prosiect i addysgu plant Cymru sut roedd y Rhyfel Mawr wedi arwain at gyfnod melltigedig y Natsïaid.

Roedd yn benderfyniad anodd, ond credaf i ni drin y mater mewn modd cyfrifol, cytbwys ac agored.

* * *

Na, chafodd *pob* uchelgais oedd gen i fel Llywydd mo'i chyflawni! Methais wireddu'r amcan o godi arian o'r Unol Daleithiau, er fy mod yn argyhoeddedig y gallem gyflawni hynny pe bai gennym gytundeb oedd yn cydymffurfio â'r gyfundrefn drethiannol yno. Roedd y Llyfrgell, cyn fy nghyfnod i, wedi lansio Prosiect Ohio i ddigido popeth ac iddo ddimensiwn Cymreig yn ymwneud â'r dalaith honno. Noddwyd y gwaith gan un o dras Gymreig, Evan Davis, Oak Hill, Ohio. Cefais gyfle i'w gyfarfod o a'i wraig, Elizabeth, sy'n enedigol o Geredigion, i ddiolch iddyn nhw am eu haelioni. Gobeithiwn y gallem hyrwyddo cynlluniau cyffelyb yn Pennsylvania, Wisconsin a Minnesota, ond ni wireddwyd y dyhead hwnnw.

Yn ogystal, methais ddarbwyllo'r Llyfrgell Brydeinig i drosglwyddo i Aberystwyth 'Ysgrifau Ap Huw' – sef rhai o gofnodion cerddorol mwyaf gwerthfawr ein cenedl sydd yn y Llyfrgell Brydeinig yn Llundain, lle nad oes fawr ddiddordeb ynddyn nhw. Roeddwn yn credu fy mod ar fin llwyddo pan ymddeolodd y Llyfrgellydd, Lynne Brindley – a doedd dim cyfle i drosglwyddo'r mater i'w holynydd cyn i minnau hefyd ymddeol.

Methais hefyd gael unrhyw synnwyr gan Lysgenhadaeth Ffrainc wrth geisio agor trafodaeth i gael Llythyr Pennal Owain Glyndŵr yn ôl yma ar 'fenthyciad parhaol'.

Roedd rhai heriau o ran polisi cyhoeddus yr hoffwn fod

wedi eu datrys – fel ailstrwythuro cronfa bensiwn staff y Llyfrgell. Mae'n hurt bost fod gan gorff bach o weithwyr gronfa bensiwn annibynnol: dylai fod yn rhan o gyfundrefn pensiwn y sector cyhoeddus Cymreig. Problem arall yw'r modd yr ymdrinnir ag yswiriant cyrff fel y Llyfrgell Genedlaethol. Gan fod y Llyfrgell yn eiddo cyhoeddus, does dim cynllun yswiriant fel y cyfryw yn bodoli – disgwylir i'r Goron ei digolledu pe bai difrod o ganlyniad i lifogydd neu dân. Holais am hyn, a dywedwyd na fyddai'r Trysorlys yn digolledu corff os byddai hwnnw'n berchen asedau digonol i dalu am y niwed. Ond ffwlbri noeth yw meddwl y gellid defnyddio 'asedau' y Llyfrgell i dalu am golledion. Os felly, byddai'n rhaid i'r Llyfrgell, yn y sefyllfa fwyaf eithafol, werthu eitemau eiconig o'r casgliadau i dalu am unrhyw golled – y gyfrol o gyfraith Hywel Dda, er enghraifft. Codais hyn gyda Gweinidogion y Cynulliad, a deallaf iddynt drafod y mater gyda'r Trysorlys ond doedd dim yn tycio. Daeth peryglon polisi o'r fath yn ddramatig o amlwg yn dilyn y tân a ddifrododd ran o do'r Llyfrgell ddiwedd Ebrill 2013. Dyma fater sydd ar fy agenda yn Llundain, bellach.

* * *

Er gwaetha'r rhwystredigaethau, roedd digon o lwyddiannau i mi deimlo fy mod wedi cyfrannu rhywbeth i'r sefydliad yn ystod fy nghyfnod fel Llywydd. Gobeithio'u bod hwythau'n teimlo felly hefyd! Cefais gynnig ail dymor, ond bu raid i mi wrthod oherwydd bod fy ngwaith yn Nhŷ'r Arglwyddi yn cyfyngu ar fy amser.

Wrth i mi adael, trefnodd y Llyfrgell, fel sy'n draddodiadol, i ddarlun gael ei beintio ohonof. Roeddwn yn eithriadol o falch y bu modd trefnu i'r arlunydd galluog David Griffiths, gynt o Bwllheli ond bellach o Gaerdydd, gyflawni'r comisiwn. Roedd hyn yn addas gan i minnau ei gomisiynu i beintio lluniau o Mam a Nhad adeg eu priodas arian yn 1965, lluniau sydd gennym gartref. Mae'r portread ohonof innau i'w weld ar un o furiau'r Llyfrgell, yn ogystal ag ar glawr y gyfrol hon.

Bu'r Llyfrgell Genedlaethol yn ffodus yn ansawdd ei staff. Yn ystod fy nghyfnod i fel Llywydd gwelwyd tri o hoelion wyth y Llyfrgell yn ymddeol, sef Rhidian Griffiths, Gwyn Jenkins a Mark Mainwaring. Ond fe ddaeth cenhedlaeth newydd i'w harwain – David Michael (Cyllid), Arwel 'Rocet' Jones (Gwasanaethau Cyhoeddus), ac Avril Jones (Gwasanaethau Casgliadau). Pedr ap Llwyd, Clerc y Bwrdd, yw'r ddolen gyswllt rhwng y ddau gyfnod. Gyda'r Athro Aled Gruffydd Jones bellach yn olynydd i Andrew Green, mae'r cyfrifoldeb dros y sefydliad hynod hwn mewn dwylo newydd, ond rhai cwbl tebol i warchod yr etifeddiaeth.

Deuthum yn Llywydd y Llyfrgell Genedlaethol gyda chryn amheuaeth a allwn gyflawni'r gorchwyl; ymddeolais yn 2011 gyda thristwch mawr. Roeddwn wedi gwirioneddol fwynhau fy amser yn cydweithio â chriw mor ardderchog o bobl, ar agenda sydd mor ganolog i'n hunaniaeth Gymreig. Efallai y daw cyfle eto i helpu'r Llyfrgell mewn gwahanol ffyrdd. Yn y cyfamser ni allaf ond diolch i bawb yno – yn arbennig fy nghyd-aelodau o'r Cyngor a'r cyn-Lyfrgellydd, Andrew Green, a'i staff a fu mor garedig wrthyf.

Ar drywydd gangstar

O fod wedi ymddeol, cefais amser – am y tro cyntaf mewn deugain mlynedd – i ddilyn ambell ddiddordeb personol, ac un o'r rhain oedd olrhain achau fy nheulu. Mae 'na ddywediad y gellwch ddewis eich ffrindiau ond nid eich perthnasau – rhaid derbyn y rheiny, y da a'r drwg, y gwych a'r gwachul. Ac mae gen i un cysylltiad teuluol gwachul iawn, iawn!

Rydan ni'n ffodus fel teulu, ar ochr fy nhad, cin bod wedi etifeddu achau manwl a gwblhawyd yn 1925 gan Richard Bennett, awdurdod ar hanes teuluoedd Sir Drefaldwyn. Y Wigley cyntaf i ymddangos oedd fy hen, hen daid, Joshua Wigley, a anwyd yn 1768 ac a fu'n ffermio Hirnant, Llanbryn-mair, lle ganwyd fy nhad. Mae disgynyddion y Joshua Wigley hwnnw wedi'u gwasgaru i bedwar ban byd, llawer ohonynt yn yr Unol Daleithiau. Yn 1974 deuthum o hyd i berthynas ym Minnesota oedd yn wleidydd fel finnau. Mae'r Seneddwr Richard Wigley bellach wedi marw, ond rydym mewn cysylltiad cyson â'i deulu.

Wyddwn i ddim bryd hynny am fodolaeth Llewelyn 'Murray' Humphreys. Cawsom fel teulu wybod am hwnnw mewn modd eitha cyhoeddus!

Yn 1977, i ddathlu daucanmlwyddiant annibyniaeth America, darlledwyd cyfres o raglenni gan HTV dan y teitl *Y Baradwys Bell*. Datgelwyd y cyfan ar raglen yn seiliedig ar waith ymchwil Huw Davies, brodor o Faldwyn a ddaeth wedyn yn bennaeth HTV Cymru. Cyhoeddwyd i'r byd a'r betws mai Cymro oedd un o gangstars mwyaf Chicago yn ystod yr ugeinfed ganrif, a'i fod ymhlith y bobl fwyaf dylanwadol yn America ar y pryd. Roedd yn fab i Bryan Humphreys o Garno ac Ann Wigley a anwyd yn Rhosgoch, Penfforddlas, led cae o Hirnant, cartref fy nhad. Sôn am sioc i'r teulu!

Aed ati i chwilio beth yn union oedd y cysylltiad. Roedd tad Ann Wigley yn gefnder llawn i'm taid, felly roedd Ann Wigley yn gyfyrderes i Nhad, a Llewelyn yn gaifn (*third cousin*) i minnau! Ers darlledu'r rhaglen, a chyhoeddi cyfrol am Humphreys gan John Morgan dan y teitl *No Gangster More Bold*, mae llawer mwy o wybodaeth wedi dod i'r fei a chyfeiriadau di-rif at y cymeriad amheus hwn mewn llu o lyfrau. Mae'r rhain yn cyfeirio ato bron yn ddieithriad fel 'the Welshman Murray Humphreys'.

Priododd ei rieni, Bryan Humphreys ac Ann Wigley, yn 1888 yn Llanidloes, ac ymfudo i Racine, Wisconsin. Yn 1870, allan o'r 15,000 o drigolion Racine, roedd 2,500 yn siarad Cymraeg. Yn eu plith roedd David Paynter Wigley, cefnder i Ann a dyn busnes llwyddiannus iawn. Mae'r felin flawd lle sefydlodd ei fusnes i'w gweld hyd heddiw yn Racine, efo 'D. P. Wigley' mewn llythrennau enfawr ar dalcen yr adeilad.

Bûm mewn derbyniad yno dair blynedd yn ôl, a gweld llyfrgell D. P. Wigley ac ynddi lu o lyfrau Cymraeg. Yn eu plith roedd cyfrol a gyflwynwyd i Bryan Humphreys gan ddosbarth ysgol Sul Carno cyn iddo ymfudo i America. Cefais y gyfrol ganddyn nhw'n anrheg.

Am gwta ddeunaw mis yr arhosodd Bryan ac Ann Humphreys yn Racine. Mae'n debyg fod y gymuned

Gymraeg yn rhy barchus i Bryan. Roedd yn hoff o'i ddiod ac o gamblo, a byddai Ann yn teimlo'n bur anesmwyth am hyn yng ngŵydd ei chefnder parchus, David Paynter. Yn 1891 aeth Bryan ac Ann i fyw i Chicago, lle ganwyd Llewelyn yn 1899. Yn blant bach, roedd o a'i frawd Ernest a'i chwaer Katie yn mynychu un o ysgolion elitaidd y ddinas.

Ond yn 1906 collodd Bryan ei swydd o ganlyniad i'r yfed. Prin y bu iddo gadw swydd am unrhyw gyfnod sylweddol wedyn, a symudodd y teulu i fyw mewn rhan dlawd o'r ddinas. Gadawodd Llewelyn yr ysgol yn saith oed i werthu papurau newydd ar strydoedd Chicago, ac ymunodd â gangiau i warchod ei diriogaeth, gan ddod i gysylltiad ag elfennau gwaetha'r ddinas.

Tyfodd Llewelyn i fod yn gangstar o fri. Bu'n cyd-droseddu efo cyfrifydd llwgr o'r un oed â fo o'r enw Fred Evans. Dysgodd Evans iddo sut i guddio ffynhonnell arian oedd wedi'i ddwyn. Arbenigedd Llewelyn oedd herwgipio pobl a nwyddau, a mynnu pridwerth amdanyn nhw.

Y dauddegau oedd cyfnod y 'Prohibition' – y gwaharddiad mawr ar alcohol yn America. Aeth Humphreys ati i gipio lorïau oedd yn carlo alcohol anghyfreithlon. Un diwrnod, cipiodd lori o eiddo syndicet Al Capone. Yn anffodus, roedd y gyrrwr wedi'i nabod. Daliwyd Humphreys a'i lusgo gerbron Capone. Y gosb arferol am wneud rhywbeth fel hyn fyddai cael ei saethu ond gwelodd Capone fod Humphreys yn wahanol i'r dihiryn cyffredin. Cynigiodd swydd iddo fel gyrrwr lorïau. Doedd dim troi'n ôl wedyn!

Beth, felly, oedd y gweithgareddau a ddyrchafodd Llewelyn Humphreys i'r brig ymhlith gangstars Chicago? Dyma rai pwyntiau sy'n crynhoi ei 'yrfa':

– Ar ôl carcharu Capone, trosglwyddodd heddlu Chicago y teitl 'Public Enemy No. 1' i Llewelyn Humphreys yn 1933, ac yntau'n 34 oed.

– Daeth Humphreys yn arbenigwr ar lwgrwobrwyo barnwyr. Dysgodd am y drefn gyfreithiol gan farnwr cyfeillgar o'r enw Murray, ac o barch i hwnnw dewisodd gael ei alw'n Murray Humphreys.

– Humphreys a gynlluniodd y St Valentine's Day Massacre pan saethwyd pump gangstar o'r North Side Gang a dau o'u cydweithredwyr mewn garej yn Chicago ar ddydd Sant Ffolant, 1929.

– Creodd Humphreys gyfundrefn i 'wyngalchu' arian – *money laundering* – trwy sefydlu 'golchfeydd' fyddai'n derbyn arian parod. Byddai arian budr y gymdeithas gudd o ddihirod a elwid 'y Mob' yn cael ei droi'n arian 'glân'.

– Dull Humphreys o sugno arian o'r corfforaethau busnes oedd rheoli'r undebau llafur. Plannodd ei bobl lwgr mewn swyddi allweddol gyda'r undebau. Yn ei anterth, roedd gan Humphreys reolaeth dros gynifer â 62 o undebau ledled America.

– Defnyddiodd yr undebau i lygru sectorau sylweddol o'r economi. Yn eu plith roedd Hollywood; gorfodid cwmnïau ffilm i wneud 'taliadau gwarchod' neu wynebu streiciau.

– Humphreys oedd yn rhannol gyfrifol am greu Las Vegas fel prifddinas gamblo America. Llwgrwobrwyodd aelodau o senedd Nevada i newid deddfau i ganiatáu gamblo.

84

- Lluniodd y 'Fifth Amendment Plea', sef 'I refuse to answer that question on the grounds that it might tend to incriminate me.' Trwy droi at eu hawliau cyfansoddiadol yn y llysoedd, llwyddodd dwsinau o'r gangstars i osgoi cosb.

- Dyfeisiodd Humphreys ddull o ddileu cyhuddiadau llys trwy ddefnyddio'r rheol erlyniad dwbl (*double jeopardy*), a hynny'n gwbl ddigywilydd.

- Trefnodd Humphreys i'w bobl gael eu penodi i swyddi allweddol yn yr heddlu a'r llysoedd. Gwnaeth hyn drwy reoli nifer o wleidyddion yn Chicago a Washington.

- Humphreys oedd prif strategydd y Mob yn Chicago. Cydweithiodd efo gangstars ledled America i sefydlu rhwydwaith troseddol trwy'r wlad.

- Cafodd Humphreys ei ddisgrifio fel 'the brains behind the Mob' am chwarter canrif. Pan benodwyd Bobby Kennedy yn ymgynghorydd cyfreithiol Senedd Unol Daleithiau America yn 1958, enwodd bump roedd yn awyddus i'w herlyn fel arweinyddion troseddu cyfundrefnol drwy'r wlad. Humphreys oedd ar ben y rhestr.

Cyn cyrraedd ei ddeg ar hugain, roedd Murray Humphreys wedi dringo i safle bwerus iawn o fewn syndicet Al Capone, fel y gwelir o'r hanesyn dilynol am ei berthynas â Joe Kennedy, tad John a Bobby. Roedd gan Joe Kennedy fonopoli ar fewnforio wisgi Haig i America – yn gwbl anghyfreithlon, wrth gwrs. Dioddefodd golled enbyd pan gipiwyd cyflenwad o'r wisgi yn Boston yn 1927. Ceisiodd symud ei fusnes i Detroit, gan anwybyddu'r ffaith fod y Mob (trwy'r Purple Gang)[1] eisoes yn rheoli'r 'bootlegging' yno. Gosodwyd contract i ladd Joe Kennedy. Cafodd yntau ar ddeall mai Murray Humphreys oedd yr unig un hefo digon o ddylanwad i ddileu'r contract ac arbed ei fywyd, felly trodd at Humphreys am help. Daeth y ddau i gytundeb a diddymwyd y contract. Ond chadwodd Kennedy mo'i air, a bu pethau'n ddrwg rhwng y ddau byth wedyn.

Threuliodd Humphreys fawr ddim amser yn y carchar, er ei holl weithredoedd amheus. Bu i mewn am gyfnod byr yn ei arddegau, yna yn 1933 fe'i cyhuddwyd o beidio â thalu digon o dreth incwm – cyhuddiad oedd wedi baglu Al Capone ddwy flynedd ynghynt.

Diflannodd Humphreys hefo'i wraig, Clemmie, i Mecsico am flwyddyn. Dyna pryd y creodd strategaeth i drawsnewid syndicet Capone – strategaeth a alluogodd y syndicet i oroesi wedi i'r Prohibition ddod i ben.

Pan oedd Murray'n barod i ddychwelyd i'r Unol Daleithiau, gwnaeth gynnig i'r awdurdodau: pe bai'n cael dod yn ôl, byddai'n pledio'n euog i gyhuddiadau llai difrifol. Felly, am ryw flwyddyn bu yn y carchar. Cyn mynd yno, roedd wedi trefnu i gael hyfforddiant tra byddai dan glo gan diwtoriaid Saesneg i wella'i sgiliau cyfathrebu – a mathemateg!

Roedd o hefyd yn gweld carchar fel cyfle i gilio o olwg y cyhoedd. Roedd yn gas ganddo'r teitl 'Public Enemy No. 1'. Daeth Frank Nitti i gymryd ei le fel wyneb cyhoeddus yr Outfit (fel y gelwid y Mob yn Chicago), ac aeth Humphreys i'r sedd gefn fel un o'r saith oedd ar y prif fwrdd. Ei gyfrifoldeb oedd strategaeth, rheoli'r undebau, buddsoddi arian a 'gofalu' am y llysoedd, yr heddlu a gwleidyddion.

Dywedir fod gweithgareddau'r Outfit yn dod â $600m y flwyddyn i Chicago erbyn y pumdegau. Dylanwad Humphreys oedd yn gyfrifol am hyn. Dywedir fod y cymeriad Tom Hagen, y *consigliere* yn ffilm *The Godfather*, yn seiliedig ar rôl Humphreys fel y grym tu ôl i'r Mob.

Ceisiodd yr awdurdodau droeon ddwyn Murray Humphreys i gyfrif am ei ddrwgweithredoedd. Yn y pumdegau sefydlwyd Grand Jury yn Chicago i ymchwilio i dorcyfraith cyfundrefnol, a pherswadiwyd Humphreys i ymddangos fel tyst. Cyrhaeddodd yno heb siafio, yn gwisgo hen gôt fudr ac yn cerdded efo ffon; patsh dros un llygad, a'i ddwylo'n crynu'n afreolus. Wrth ateb cwestiynau ni wnâi ond mwmian yn annealladwy. Argyhoeddwyd y rheithwyr na allai'r fath rwdlyn truenus byth fod yn rheoli gangstars y ddinas. Yn lle barrau carchar, cafodd ddathlu ei lwyddiant ym mariau Chicago!

Mewn achos gerbron pwyllgor o'r Gyngres yn Washington, trefnodd Humphreys i amddiffyn hanner cant o'i gyd-droseddwyr. Llwyddodd i gael pob un ond tri yn rhydd. Pan ddaeth ei dro fo ei hun i ymddangos, bu'n chwarae mig efo'r Seneddwyr gan eu gadael yn gegrwth.

Ceisiodd pwyllgor arall o'r Gyngres gael gafael ar Humphreys a'i gyd-ddihirod. Bu raid i bob un o'r gweddill ymddangos mewn gwrandawiad, ond nid Humphreys. Doedd ei enw ddim i lawr er ei fod ar ben y rhestr wreiddiol. Tystiodd nifer o blismyn fod Humphreys wedi marw. Celwydd rhonc – ond roedd Humphreys wedi llwgrwobrwyo plismyn a gohebwyr i ledaenu'r si am ei farwolaeth!

Disgrifiwyd Murray Humphreys fel 'the Einstein of the Mob' a 'the Gentleman Gangster'. Roedd o frid gwahanol i'r rhan fwyaf o'i gyd-ddihirod. Ceisiai gynnal rhyw fath o safonau moesol ynghanol ei anfoesoldeb. Er ei fod yn ddigon bodlon lladd gangstars eraill fyddai'n ymyrryd â'i diriogaeth, os oedd dewis roedd hi'n well ganddo gael ei ffordd trwy ddulliau eraill.

Gwrthodai ddelio â rhai mathau o lygredd, fel puteindra a chyffuriau. Rhybuddiai'r gangstars rhag brolio'u cyfoeth. Roedd yn byw mewn tŷ digon cyffredin yn un o faestrefi Chicago. Bûm yno wrth ffilmio ar gyfer S4C yn 2011: tŷ digon parchus o ran maint, ond heb fod yn fawreddog.

Pan 'gytunodd' i gael ei garcharu yn 1934 (flwyddyn ar ôl ei ddedfrydu), gosododd un amod: na fyddai cyhuddiadau cyffelyb yn cael eu gwneud yn erbyn ei gyd-gangstars. Enynnodd hyn barch tuag ato ymhlith y frawdoliaeth; 'a real stand-up guy' oedd un disgrifiad ohono. Byddai hefyd yn mynd o'i ffordd i helpu aelodau cyffredin yr Outfit pan fyddent yn dod allan o'r carchar. Byddai'n sicrhau tŷ a gwaith iddyn nhw – yn gyfreithlon neu fel arall! Sefydlai drefn i ofalu am deuluoedd y gangstars oedd dan glo, a gweddwon y rhai a leddid. Sicrhaodd bensiwn o $30,000 y flwyddyn i weddw un gangstar, a gweithredu fel ymddiriedolwr iddi. Dyma pam nad oedd fawr neb o'r gangstars eisiau ei ladd na thystio yn ei erbyn: efallai y bydden nhw angen ei help ryw ddiwrnod!

Wrth ffilmio yn Oklahoma clywais fod ei haelioni'n ddihareb. Bob Diolchgarwch a Nadolig byddai'n llwytho lori â thyrcwn ac yn eu rhannu ymhlith tlodion y ddinas. Byddai'n cario llond ei bocedi o ddoleri i'w rhannu ag unrhyw dlotyn y digwyddai ei weld.

Un oedd yn ei adnabod yn dda oedd William Roemer, asiant yr FBI a benodwyd i dorri crib y Mob yn Chicago. Treuliodd Roemer ugain mlynedd yn ceisio rhoi Humphreys dan glo. Yn ei lyfr *Man Against the Mob* mae'n cyfeirio at ffordd 'egwyddorol' Murray o weithredu! Yn gynnar yn eu sgarmesau, trefnodd Humphreys i gyfarfod Roemer i sefydlu dealltwriaeth rhwng yr heddlu a'r gangstars, fel na fyddai'r naill na'r llall yn bygwth neu'n dial ar wragedd, cariadon na phlant ei gilydd.

Ar ôl angladd Humphreys yn 1965 cydymdeimlodd Roemer â'i weddw, Clemmie, ei ferch Llewella a'i mab ifanc George. Yn ei lyfr, dywed Roemer:

> I told them how much I respected their husband, father and grandfather, and that I deeply regretted what had happened. Then I put my hand on Georgie's shoulder and told him that he could always remember his grandfather with respect. He was a fine man . . . There was a style about the way he conducted himself. His word was his bond. I surely was to miss him.

Pa mor ymwybodol oedd Humphreys o'i gefndir Cymreig? Y Gymraeg oedd iaith aelwyd ei rieni, ac fel 'Nain a Taid' y byddai'n cyfeirio atyn nhw wrth ei ferch, Llewella. Soniodd hithau am ei ddywediadau Cymraeg, fel 'mochyn budr'!

Mynnodd fod Llewella'n cael addysg gerddorol yng Ngholeg Cerdd Rhufain. Yn ei pharti graddio, un o'r gwesteion oedd Frank Sinatra. Gŵr cyntaf Llewella oedd yr actor Rossano Brazzi, seren y ffilm *South Pacific*. Ar ôl marw Humphreys yn 1965, teithiai Llewella bob blwyddyn i'r Swistir i gasglu miliwn o ddoleri, ei lwfans blynyddol, oedd wedi'i drosglwyddo i fanc yn y wlad honno.

Cred rhai mai mabwysiadu Llewella wnaeth Humphreys. Does dim lluniau ohoni yn iau na thair oed. Awgrymwyd wrthyf gan berthynas i'w wraig mai plentyn gangstar arall a garcharwyd oedd Llewella – efallai, hyd yn oed, Al Capone ei hun!

Roedd Murray Humphreys yn ysu am gael dod draw i Gymru, ond pryderai na châi ddychwelyd i America. Mentrodd un tro tua 1963 pan ymwelodd â hen gartref ei dad, fferm y Castell yng Ngharno, gyda'i wraig gyntaf a Llewella.

Dywedir iddo gyfarfod bryd hynny â phedwar perthynas oedd yn ffarmio ger Carno ac yn rhentu eu ffermydd. Anogodd nhw i brynu eu ffermydd, a chael yr ateb nad oedd ganddyn nhw ddigon o arian. Ddeufis yn ddiweddarach, pan aethon nhw i dalu eu rhent i dwrnai'r perchennog, cyflwynwyd rhydd-ddaliad y ffermydd iddyn nhw am ddim. Mae'n debyg mai Humphreys oedd eu perchennog erbyn hynny, a'i fod wedi eu rhoi i'r tenantiaid yn anrheg.

Bu farw Llewelyn 'Murray' Humphreys ar 23 Tachwedd 1965 yn 66 oed. Y diwrnod hwnnw galwodd tri asiant o'r FBI heibio'i fflat i'w arestio ar gyhuddiad o ddirmyg llys. Yn gwbl annodweddiadol, gwrthododd Humphreys fynediad iddyn nhw. Bu raid i'r FBI fygwth torri'r drws, ond agorodd Humphreys y drws â dryll yn ei law – eto yn groes i'w ymddygiad arferol. Roedd fel petai'n credu nad yr FBI fyddai yno, a'i fod yn disgwyl rhywun arall.

Llwyddodd y tri i gael y dryll oddi arno a'i hebrwng i swyddfa'r heddlu, lle gwnaed cyhuddiad yn ei erbyn a'i ryddhau ar fechnïaeth. Y noson honno galwodd ei frawd Ernest heibio'i fflat. Daeth o hyd i Humphreys yn farw, yn amlwg ar ganol hwfro'r llawr. Yn ôl y *post mortem* bu farw o drawiad ar y galon, ond yn ôl adroddiad arall roedd twll bach y tu cefn i'w glust, oedd yn gydnaws â phigiad nodwydd – efallai i chwistrellu aer i'w wythiennau. Os oedd yn enigma yn ei fywyd, felly hefyd wrth farw.

Trengodd ddwy flynedd a diwrnod ar ôl i John F. Kennedy gael ei saethu yn Dallas. Y cwestiwn sydd heb ei ateb yw hwn: a wyddai Humphreys ymlaen llaw am gynllwyn i ladd yr arlywydd?

Yn ôl ei ail wraig, Jeanne, mewn cyfweliad yn 2001 ychydig cyn iddi farw, roedd Murray wedi dweud wrthi cyn y llofruddiaeth, 'Mooney [sef Sam Giancano] is going to get even with Kennedy.' Disgrifir Giancano yn llyfr John Morgan fel *protégé* i Murray Humphreys. Gallai hyn, wrth gwrs, fod yn ffantasi llwyr. Gallai'r ail wraig fod yn rhamanteiddio. Gallai Murray Humphreys fod yn palu celwyddau. Ar y llaw arall . . .

Na, mae'n well gen i beidio â meddwl am hynna. Mae'n ddigon drwg cael arch-gangstar yn y teulu: byddai perthyn i gynllwyniwr llofruddiaeth JFK un cam yn ormod!

*   *   *

Beth, felly, a barodd i Llewelyn Morris Humphreys, er gwaetha'i allu aruthrol, ddod yn bensaer y torcyfraith cyfundrefnol mwyaf a welodd y byd? I ddeall yn well, dair blynedd yn ôl penderfynais fynd i chwilio am William Roemer, asiant yr FBI, ond roedd wedi marw. Cysylltais ag asiant arall a fu'n cydweithio â Roemer i gael Humphreys dan glo. Dywedodd hwnnw wrthyf yn ffilosoffaidd iawn nad oedd hi'n hawdd – nac efallai hyd yn oed yn briodol – i ni yn yr oes hon geisio pwyso a mesur pobl fel Murray Humphreys. Ffrwyth ei gyfnod a'i amgylchiadau oedd Murray, meddai, a digon o fechgyn eraill Chicago wedi dilyn

91

yr un llwybr ag o. Efallai, wir – ond llwyddodd y mwyafrif mawr o blant y ddinas i osgoi'r demtasiwn.

Y cwestiwn difyr ydi hwn: petai Bryan ac Ann Humphreys wedi aros yn Racine, a'r gymuned Gymreig yn rhoi strwythur i'w bywyd, a fyddai eu mab wedi mynd i'r fath drybini? A beth petaen nhw wedi aros ym Maldwyn? Roedd y Llewelyn arall, brawd Bryan, yn ŵr parchus iawn yng Ngharno – yn gynghorydd lleol, yn flaenor ac yn ustus heddwch. Petai Bryan wedi aros yng Nghymru, a fyddai yntau wedi bod yn biler yn ei gymdeithas, a'i fab yn un o hoelion wyth Cymru?

Dim ond heddiw, hanner canrif ar ôl ei farw, yr ydan ni'n dod i ddeall yn llawnach arwyddocâd bywyd y gangstar Cymreig rhyfedd ac ofnadwy hwn oedd yn ein teulu – a go brin ein bod eto'n gwybod yr hanes yn llawn.

---

[1] Cyfeirir at y Purple Gang yng nghân Elvis Presley, 'Jailhouse Rock'.

Cofio Phil (1939–2003)

Bu farw'r Athro Phil Williams, fy ffrind gorau ym myd gwleidyddiaeth, ar y 10fed o Fehefin, 2003, gwta chwe wythnos ar ôl iddo ymddeol fel aelod o'r Cynulliad Cenedlaethol. Cefais yr anrhydedd a'r cyfrifoldeb o draddodi'r deyrnged iddo yn ei angladd yng Nghapel y Morfa, Aberystwyth. Talfyriad o'r deyrnged honno yw'r bennod hon, gyda'r rhannau a draddodais yn Saesneg wedi'u trosi i'r Gymraeg.

Fe roddwn y byd am beidio â bod yma heddiw – ond fynnwn i mo'r byd, chwaith, am *beidio* â bod yma i dalu'r deyrnged olaf i Phil – un o'm ffrindiau agosaf, fy nghyfaill gwleidyddol agosaf un, a'r disgleiriaf oll o'n cenhedlaeth ni yng Nghymru.

Bydd y golled i Gymru ac i fyd gwyddoniaeth yn gwbl amhosib ei mesur. Mae ei farw yn gadael gwacter ynof i na allaf ddychmygu y caiff fyth ei lenwi – ac mae hynny'n wir am lawer sydd yma heddiw oedd mor agos ato.

Pwy a ŵyr faint ein colled, gan fod ei waith heb ei orffen, ei weledigaeth heb bylu, ei frwdfrydedd heintus heb ei wanio gan sinigiaeth y byd gwleidyddol. Edrychai ymlaen yn awchus at gyfnod newydd o gyfrannu i'r byd gwyddonol a gwleidyddol gyda chymaint o brosiectau newydd yn byrlymu trwy ei ben.

Yn Sir Gaerfyrddin yr oedd gwreiddiau Phil. Roedd yn perthyn ar ochr ei dad i feddygon Myddfai ac i Williams

Pantycelyn, ac ar ochr ei fam i Evan a James James, Pontypridd, cyfansoddwyr 'Hen Wlad fy Nhadau'.

Un o feibion y Cymoedd oedd Phil ei hun. Cafodd ei eni yn Nhredegar yn nhiriogaeth ei eilun, Aneurin Bevan, a'i fagu yn y dref oedd mor annwyl iddo, Bargoed, lle roedd ei dad yn brifathro'r ysgol gynradd a'i fam hefyd yn athrawes. Addysgwyd Phil yn Ysgol Lewis Pengam, flwyddyn neu ddwy o flaen Neil Kinnock. Difyr fyddai cymharu cyfraniadau'r ddeuddyn hyn i les y genedl Gymreig!

Graddiodd yng Ngholeg Clare, Caergrawnt, gyda gradd dosbarth cyntaf, a chwblhaodd ei PhD yn Labordai Cavendish. Cafodd ei benodi i Adran Ffiseg Coleg Prifysgol Cymru, Aberystwyth, yn 1967, a dyfarnwyd iddo Gadair Bersonol mewn Ffiseg yn 1991. Roedd yn athro disglair ac effaith ei ddarlithio yn heintus ar ei fyfyrwyr, â'i frwdfrydedd diffuant ac ysgubol dros ei bwnc. Am flynyddoedd lawer bu'n gadeirydd Pwyllgor Gwyddoniaeth EISCAT, ac yn ystod y cyfnod hwn bu'n gweithio am ran o'r amser yn Kiruna yng ngogledd Sweden, lle dysgodd gymaint am Sweden fel gwlad – gwersi nad oedd byth yn blino ein hatgoffa amdanynt.

Yn ystod ei yrfa, cynhyrchodd gant a hanner o bapurau ymchwil i'w cyhoeddi – nifer cwbl anhygoel. Roedd ugain o'r rhain wedi'u hysgrifennu yn ei amser hamdden, tra oedd yn aelod o'r Cynulliad Cenedlaethol.

Bu Phil yn Gadeirydd Cenedlaethol Plaid Cymru am chwe blynedd, yn Is-lywydd am gyfnod, ac mewn amrywiol swyddogaethau ar ein Pwyllgor Gwaith. Safodd etholiad seneddol dros Gaerffili bum gwaith, gan gynnwys isetholiad cofiadwy 1968. Safodd ddwywaith am Senedd Ewrop a hefyd ar gyfer y Cyngor Sir. Roedd yn fodlon sefyll dros y Blaid a thros achos Cymru lle bynnag a phryd bynnag byddai angen. Ac, o'r diwedd, enillodd sedd yn y Cynulliad Cenedlaethol dros Ranbarth De-ddwyrain Cymru, yn 1999.

Mae rhai digwyddiadau mewn bywyd sy'n aros efo chi pan fydd digwyddiadau eraill wedi hen ddiflannu. Roedd fy nghyfarfod cyntaf â Phil yn un o'r rheiny. Yn nhafarn y Black Boy yng Nghaernarfon roedd hyn, yn 1962. Roedd Phil yno gyda chriw o'i gyd-fyfyrwyr o Brifysgol Caergrawnt, yn teithio o amgylch Cymru i sbarduno diddordeb ym Mhlaid Cymru. Gwyddwn ar unwaith fod y cyfarfod yn un hynod arwyddocaol i mi'n bersonol, a than ei farwolaeth parhaodd ein cyfeillgarwch yn ddi-fwlch.

Roedd gan y ddau ohonom ddiddordeb dwfn mewn economeg, a byddem yn dilyn gwaith yr Athro Edward Nevin yn Aberystwyth. Yn y chwedegau wynebai Cymru broblemau economaidd sylweddol wrth i'r pyllau glo gau, gyda sgil effeithiau dwfn ar gymunedau Morgannwg a Gwent, a'r un modd wrth i'r chwareli llechi ddirywio a chrebachu yng Ngwynedd. I weddnewid rhagolygon y cymunedau hyn roedd angen strategaeth economaidd. Er mwyn sicrhau a gweithredu strategaeth o'r fath a fyddai'n berthnasol i Gymru, roeddem ein dau'n gwbl argyhoeddedig y byddai'n rhaid i Gymru feddu ar rym gwleidyddol fel cenedl. Roeddem hefyd yn argyhoeddedig na ellid cyflawni hyn oni bai fod yr ystadegau perthnasol i fywyd economaidd Cymru ar gael yn rhwydd. Dyna a arweiniodd at sefydlu Grŵp Ymchwil Plaid Cymru yn 1966, ac at gyhoeddi *Cynllun Economaidd i Gymru* yn 1970, gyda Phil yn arwain yr ymchwil. Phil wnaeth y gwaith meddwl a finnau'r gwaith ysgrifennu!

Yn ei wleidyddiaeth, ei economeg a'i wyddoniaeth, ymrwymo i ganfod y gwirionedd wnaeth Phil – a gorau oll os oedd y gwirionedd hwnnw'n un y gellid ei ddiffinio'n ystadegol. Droeon dros y blynyddoedd y clywais ef yn dweud, 'Figures don't lie.' Wel, o leiaf dydi ffigurau *cywir* ddim yn palu celwyddau!

Mynnai Phil bob amser gael sicrwydd fod yr ystadegau'n gywir. Roedd ganddo ddirmyg llwyr tuag at y duedd o fewn Plaid Cymru ar un adeg i ddyfynnu ffeithiau di-sail. Enghraifft o hynny oedd pamffledyn gan y Blaid yn nodi faint o ddŵr oedd yn cael ei allforio o Gymru'n flynyddol – a Phil yn dangos bod hynny'n fwy na holl swm y glaw sy'n disgyn ar Gymru mewn blwyddyn! Roedd rhywbeth fel hyn yn waeth na bod yn amhroffesiynol – roedd y nesaf peth at frad cenedlaethol! Os oedden ni'n ein camarwain ein hunain, sut gallen ni fyth arwain ein gwlad?

Nid rhyw agwedd academaidd sarhaus oedd hyn: roedd yn fater o barchu gwyddoniaeth – ac, yn wir, o hunan-barch. A'r peth olaf y gallai neb gyhuddo Phil ohono oedd ei fod yn sarhaus. Roedd yn greadur cwbl ddiymhongar fyddai'n hapus iawn i egluro – waeth faint o amser a gymerai hynny – i unrhyw un oedd eisiau dysgu ganddo, ym mha un bynnag o'i amrywiol feysydd o arbenigedd.

Byddai aelodau o bob plaid yn y Cynulliad Cenedlaethol yn canfod drws agored i swyddfa Phil. Os oedden nhw eisiau help ganddo i ddeall rhyw agwedd ar bwnc dan sylw, fe *wnâi* Phil amser i'w helpu. Roedd hyd yn oed rhai gweision sifil yn dod yno'n ddistaw bach i ddysgu ganddo. Credai ei fod yn allweddol bwysig i bawb weld a deall y ffeithiau a'r ffigurau. Dim ond wedyn y byddai modd cael dadl wleidyddol aeddfed ynglŷn ag oblygiadau'r ffigurau hynny.

Portread yr arlunydd David Griffiths ohonof a gomisiynwyd gan Lyfrgell Genedlaethol Cymru ar achlysur fy ymddeoliad fel ei Llywydd yn 2011

Portread David Griffiths
o Elfyn Wigley, fy nhad . . .

. . . a Myfanwy Wigley, fy mam, ar
achlysur eu priodas arian yn 1965

Efo Gwynfor

Ar achlysur fy mharti ymddeol o'r Cynulliad yn 2003, efo'r teulu.
O'r chwith: Eluned, Elinor, fi a Hywel

Efo Cynog Dafis a Phil Williams
ar yr un achlysur – hwythau hefyd yn ymddeol

Portread rhyfeddol Jocelyn Davies
o'm ffrind, Phil Williams

Efo'm cyfaill,
Alex Salmond

Y Blaid yn rhagori yn etholiadau cynta'r Cynulliad yn 1999.
Cartŵn gan Tegwyn Jones

Ieuan Wyn Jones yn cyhoeddi penderfyniad hanesyddol Cyngor Plaid Cymru
i awdurdodi Aelau'r Cynulliad i gymbleidio â Llafur

*Llewelyn Morris Humphreys
yn ŵr ifanc
yn Chicago*

*Llewelyn Humphreys – 'Murray the
Hump' – yn edrych yn debycach
i flaenor nag i gangstar!*

Wrth fedd Murray Humphreys yn Oklahoma

Efo John Dickert, maer dinas Racine, Wisconsin,
a Dick Myers, llywydd Cymdeithas Dewi Sant Racine, ym Mawrth 2010

Cael cwmni Kyffin Williams yn Hen Efail efo'r teulu.
Cefais lawer o foddhad yn ymgyrchu dros sefydlu Oriel Kyffin
yn Llangefni, a gweithredu fel ymddiriedolwr yno

Ymweld â chwmni Siemens yn Llanberis yn 2013. O'r chwith: Osborn Jones, Alun Ffred Jones AC, fi, y Cynghorydd Siân Gwenllian, Dr Fraser Logue (pennaeth Siemens Llanberis) a Hywel Williams AS

Rhai o griw Cangen y Blaid, Bontnewydd a'r Cylch, ym Meddgelert ar ein taith i Nantmor i ddysgu am fadarch gan Cynan Jones (yn y cefn, efo'r het)

Tîm seneddol Plaid Cymru y tu allan i Dŷ'r Cyffredin yn Hydref 2013.
O'r chwith: Jonathan Edwards, Elfyn Llwyd, fi a Hywel Williams

Efo tîm cynorthwyol y Blaid seneddol. O'r chwith: Emyr Williams,
Rhian Medi Roberts, Elin Roberts, Delyth Jewell a finnau

Tîm y Blaid yn y Cynulliad, Medi 2013. Cefn, o'r chwith: Bethan Jenkins,
Rhodri Glyn Thomas, Dafydd Elis Thomas, Rhun ap Iorwerth.
Blaen: Elin Jones, Alun Ffred Jones, Leanne Wood, Simon Thomas,
Llyr Huws Gruffydd, Lindsay Whittle a Jocelyn Davies

Ymgyrchu efo Rhun ap Iorwerth yn isetholiad Môn yn 2013

Rhuanedd Richards,
Prif Weithredwr y Blaid

Rhun a Leanne adeg yr isetholiad
ym Môn, haf 2013

Gwaed ifanc y Blaid. O'r chwith: Rhun ap Iorwerth,
Leanne Wood, Rhuanedd Richards ac Adam Price

*Agor Canolfan Rheolaeth Prifysgol Bangor ym Mai 2008. O'r chwith:
y Prifathro Merfyn Jones, Hywel Williams AS, fi a Dr Colyn Gardner*

*Yr Athro Ted Gardener, fu'n
bennaeth Ysgol Busnes Bangor*

*Dathlu canmlwyddiant dechrau codi
adeilad y Llyfrgell Genedlaethol yng
Ngorffennaf 2011 – gyda'r Llyfrgellydd
Andrew Green, a darllenydd hynaf y
Llyfrgell, Dafydd Jenkins, yn gant oed*

Ray Gravell a finnau gyda Medwin Hughes, prifathro Coleg y Drindod, pan gawsom ein hanrhydeddu gan y coleg

Dal i wenu yn 70 oed!

Chwaer Elinor – Menna (Bennett Joynson) – a finnau efo Elinor pan dderbyniodd radd FRAM er anrhydedd gan yr Academi Gerdd Frenhinol

Priodas Hywel a Catrin yn 2003

Priodas Eluned a Dai yn 2005

Pegi ac Ana efo Catrin, eu mam

Cai a Jac efo Adam Jones

Pegi Wyn

Ana Gwen

Cai Dafydd

Jac Ben

Y teulu ynghyd ar fy mhen-blwydd yn 70

Byddai rhai o areithiau gwleidyddol Phil bron fel seminarau academaidd – seminarau cynhyrfus, goleuedig a gafaelgar. Dyna'r hyn a wnaeth gymaint o argraff yn y cyfarfodydd yn ystod ymgyrch isetholiad Caerffili. Roedd wrth ei fodd yn dadansoddi ac yn ateb cwestiynau.

Roedd y Cynulliad Cenedlaethol yn lle mor wahanol i brofiad Phil mewn gwyddoniaeth. Dywedodd wrthyf fwy nag unwaith, pe baech yn tynnu sylw at gamgymeriad mewn gwaith gwyddonol byddai pobl yn hynod ddiolchgar ichi, ond os oeddech yn gwneud hynny hefo gwleidyddion, roedden nhw'n gandryll.

Phil oedd y person cyntaf i mi ei gyfarfod y gallwn ei ddisgrifio, yng ngwir ystyr y gair, fel polymath. Roedd ehangder ei wybodaeth bron yn ddiderfyn, yn ymestyn o ffiseg i *jazz*, o economeg i hanes Rwsia, o fathemateg i'r celfyddydau cain. Yr unig faes lle cafodd anhawster oedd defnyddio'r iaith Gymraeg ar lafar, er iddo'i dysgu'n rhugl. Roedd hyn, mae'n debyg, oherwydd ei swildod cynhenid a'i barch tuag at iaith na ddymunai ei sarhau trwy gamddefnydd neu gamynganu. Ac eto, roedd un o'i areithiau olaf yn y Cynulliad Cenedlaethol yn gyfan gwbl yn Gymraeg. Ac fe wnaeth gyfraniad sylweddol i'r iaith, gan hyrwyddo lle Cymru a'r Gymraeg mewn gwyddoniaeth. Phil oedd awdur yr adrannau ar wyddoniaeth yn y *Gwyddoniadur*.[1]

Roedd Phil yn rhywun oedd yn gymeradwy mewn cynifer o wahanol gylchoedd – y de a'r gogledd, y Gymru wledig a diwydiannol, y Gymru Gymraeg a di-Gymraeg fel ei gilydd. Fe'i hanrhydeddwyd â gwisg wen yr Orsedd ddeufis ar ôl ei farwolaeth. Cafodd wybod bod hyn ar y gweill, a rhoddodd lawer iawn o bleser iddo.

Gyda'i bersonoliaeth ddymunol a chwbl ddiymhongar, y

ffaith yw fod Phil yn ddyn rhy hoffus i fod yn wleidydd, ond roedd ganddo ormod o ymroddiad i ddyfodol ei gymuned a'i genedl i beidio â gwleidydda.

Roedd ei weledigaeth wleidyddol yn un gwbl ddiamwys. Credai y dylai Cymru fod yn wlad annibynnol yn ystyr llawn y gair – yn wir, credai y dylai'r Blaid fabwysiadu 'annibyniaeth o fewn Ewrop unedig' fel nod. Doedd ganddo ddim amynedd efo'r rhai o fewn y Blaid oedd eisiau cyfaddawdu ar ein hamcanion – cyfaddawdu o ran ein sosialaeth, neu o ran ein nod cyfansoddiadol. Os oedd annibyniaeth yn ddigon da i Iwerddon ac i Sweden, gwledydd bach ffyniannus, roedd yn ddigon da i Gymru hefyd.

Beirniadodd Phil yn llym y rhai o fewn Plaid Cymru a ruthrodd i gefnogi argymhellion gwantan llywodraeth Harold Wilson ar gyfer datganoli yn y saithdegau. Bu dadansoddiad Phil yn allweddol i newid y modd yr ymdriniodd y Blaid â refferendwm 1997 mewn cymhariaeth â'r un blaenorol yn 1979. Roedd Ron Davies yn deall yn iawn pam y penderfynodd y Blaid gadw pellter oddi wrth argymhellion y Llywodraeth Lafur.

Er bod Phil yn deall y rheidrwydd i ennill ymreolaeth fesul cam yn hytrach nag mewn un digwyddiad chwyldroadol, teimlai'n angerddol na ddylem i gyd fod yn gefnogwyr prosesau graddol. Byddai'n dweud bod y gwleidydd graddol yn debyg i berson oedd â phunt yn ddyledus iddo ond heb ofyn i'w ddyledwr roi mwy na swllt iddo fel ad-daliad; pan gafodd gynnig ceiniog, disgrifiodd hynny fel buddugoliaeth enfawr.

Bu Phil am gyfnod yn aelod o'r Blaid Lafur. Gadawodd y blaid honno tua 1960 ar ôl cyfarfod â'r arweinydd Llafur,

Hugh Gaitskell. Daeth Phil i'r casgliad nad oedd Llafur bellach yn blaid sosialaidd, a'i bod ar lethr llithrig a fyddai'n arwain at y math o gyfaddawdu a ddibrisiai ei gwleidyddiaeth. Doedd Phil yn hidio dim am argyhoeddiadau gwantan o gymedrol. Fel y dywedodd droeon, roedd argyhoeddiad o'r math hwnnw mor apelgar â wisgi di-alcohol – a'r un mor ddibwrpas! Ond sylweddolai hefyd fod chwyldro, gan amlaf, yn boenus ac weithiau'n ddigynnyrch. Fel un a barchai ddadansoddi Marcsaidd, gofidiai i gomiwnyddiaeth fod mor anffodus â chael ei gweithredu'n eang am y tro cyntaf yn Rwsia, a olygai ei bod yn rhwym o fethu!

Dymuniad Phil oedd gweld Cymru sosialaidd o fewn cyfundrefn ryngwladol. Credai mai dim ond trwy ymyrraeth y wladwriaeth y gellid sicrhau'r math o gydraddoldeb a ddarparai ryddid gwirioneddol a chyfleoedd teg i bobl ifanc Cymru. Dim ond trwy drosglwyddo adnoddau ariannol o'r cyfoethogion i'r tlodion, fel unigolion ac fel cymunedau, y gellid sicrhau cyfiawnder, gorchfygu tlodi, darparu gwasanaethau addysg ac iechyd yn rhad i bawb, a gofalu bod ymchwil yn cael ei chyllido'n ddigonol. Roedd tlodi yn ei gythruddo, boed hynny yng Nghwm Rhymni neu yn y Trydydd Byd. A'r tlodi mwyaf dinistriol, meddai, oedd tlodi uchelgais. Gwelai addysg fel yr allwedd i oresgyn hyn, ac roedd brwdfrydedd Phil dros addysg yn llwyr, fel roedd ei ymrwymiad i'r Brifysgol yn Aberystwyth.

All neb oedd yn adnabod Phil feddwl amdano heb gofio'i hiwmor – bron na ddywedwn ei hiwmor bachgennaidd. Weithiau byddai'n dechrau chwerthin yn afreolus ar ganol brawddeg, wrth iddo weld agwedd ddoniol i'r hyn a ddywedai. Gallai ei hiwmor fod yn hunanddirmygus. Roedd y ffordd y clywodd iddo ennill ei sedd yn y Cynulliad – hanes a adroddais yn *Maen i'r Wal* – mor nodweddiadol ohono.[2]

Ymhyfrydai Phil iddo gael bod yn aelod etholedig o senedd ddemocrataidd gyntaf Cymru. Ni phylodd y balchder hwn, er gwaetha'i rwystredigaethau cynyddol gyda'r sefydliad a'r gwleidyddion oedd yn ei arwain.

Safodd ar gyfer y Cynulliad yn 1999. Gwnaeth hynny ar ôl ugain mlynedd o beidio â sefyll mewn etholiadau seneddol. Daeth yn ôl at wleidyddiaeth etholiadol am reswm oedd yn syml a sylfaenol iddo: roedd yn argyhoeddedig fod yn rhaid dilyn polisïau economaidd oedd yn amgylcheddol gynaliadwy. Gwelai beryglon enfawr y newid yn yr hinsawdd, oedd yn bygwth dinistrio bioamrywiaeth y ddaear. Gwelai hon fel yr her fwyaf a wynebai ddynoliaeth. Edrychai ar Gynulliad Cenedlaethol Cymru fel fforwm a allai wneud gwahaniaeth. Roedd gan y Cynulliad y potensial i arddel agenda economaidd gynaliadwy, petai'n dewis gweithredu'n effeithiol o fewn ei bwerau cyfyngedig. Un o uchelfannau'r Cynulliad cyntaf (1999–2003) oedd arweiniad Phil wrth lunio Cynllun Ynni i Gymru, a fabwysiadwyd gan y Cynulliad. Os ydym am wneud cyfiawnder â choffadwriaeth Phil, y ffordd fwyaf priodol fyddai gweithredu'r cynllun pellgyrhaeddol hwnnw yn llawn a chydag arddeliad – cynllun a gafodd gefnogaeth pob plaid, ac a welai Phil fel uchafbwynt ei yrfa wleidyddol.

Gwnaeth gyfraniadau pwysig eraill fel AC. Phil, ynghyd â Ron Davies, yn ystod blwyddyn gynta'r Cynulliad, a welodd y gwendid affwysol yn y modd y dosberthid cyllid ar gyfer prosiectau Cronfa Strwythurol Ewrop. Profodd na allai Cymru, o dan y gyfundrefn a fodolai bryd hynny, gael unrhyw fantais ariannol o'r rhaglen Amcan Un oherwydd bod y Trysorlys yn Llundain yn ailfeddiannu pob ceiniog o grant a ddôi i Gymru. Canlyniad hyn oedd i Gordon Brown, fel Canghellor, ddarparu £442m ychwanegol i Gymru[3] – yn fwy na dim oherwydd gwaith Phil. Cydnabuwyd ei waith yn y flwyddyn gyntaf honno gan ei gyd-ACau o bob plaid pan gafodd ei ddewis yn AC y Flwyddyn gan y *Western Mail*, a hefyd gan Channel 4.

Er gwaethaf ei ddicter tuag at fethiannau llywodraeth, allai Phil ddim gweithredu'n bersonol ymosodol tuag at unrhyw wrthwynebydd gwleidyddol. Roedd o'n llawer rhy hynaws i hynny. Ar ei ddiwrnod olaf yn y Cynulliad, daeth un AC Llafur ato gyda cherdyn 'Ymddeoliad Hapus'. Wedi'i sgrifennu'r tu mewn roedd, 'To a true Welsh Great'.

Y tro olaf i mi siarad â Phil oedd deuddydd cyn ei farw. Bu'n trafod, dros y ffôn, y gwaith roedd o'n edrych ymlaen at ei wneud ar ran Alun Ffred yn y Cynulliad, ar sefyllfa gyllidol Cymru. Gorffennodd trwy fy atgoffa nad oeddem ein dau byth wedi cydgerdded Clawdd Offa, fel roeddem wedi cynllunio i'w wneud lawer tro. 'We both have time to do it now,' meddai.

Roedd llawer o eitemau anorffenedig ar agenda Phil, gan gynnwys datblygu technoleg band eang cyflym ledled Cymru – ac, wrth gwrs, sicrhau annibyniaeth i'w wlad. Prosiect arall oedd cwblhau llyfr ar wyddonwyr enwog o Gymru, testun darlith ganddo ychydig cyn ei farw.

Gyda marwolaeth Phil mae rhan ohonof innau wedi marw – a rhan, mi dybiaf, o bob un ohonom. Mae rhan amhrisiadwy o Gymru wedi trengi, rhan na allwn ei hailgreu. Rydym oll gymaint â hynny'n dlotach: ond rydym hefyd, bob un ohonom, gymaint cyfoethocach oherwydd ei fywyd.

Pan ddaw'r amser i ysgrifennu hanes Cymru am y cyfnod sydd ohoni, bydd gan Phil Williams le teilwng iawn.

Diolch amdano a heddwch i'w lwch.

---

[1] *Gwyddoniadur Cymru yr Academi Gymreig.*
[2] *Maen i'r Wal*, t.140.
[3] *Maen i'r Wal*, pennod 12.

Gweledigaeth Gwynfor: Cymru Rydd

Mae rhannau o'r bennod hon yn seiliedig ar ddarlith goffa Gwynfor a draddodwyd gennyf yng Nghynhadledd y Blaid ym Medi 2012, a hithau'n ganmlwyddiant ei eni.

Ar y 27ain o Ebrill, 2005 – diwrnod angladd Gwynfor Evans – cynhaliwyd gwasanaeth cyhoeddus er cof amdano yng Nghapel Seion, Aberystwyth, a chefais innau'r fraint o fod ymysg y rhai a dalodd deyrnged iddo yn y gwasanaeth dwys ond bythgofiadwy hwnnw. Yn fy nheyrnged, dywedais mai 'Gwynfor Evans oedd gwleidydd mwyaf Cymru yn yr ugeinfed ganrif. Pe na bai Gwynfor wedi credu â'r fath angerdd, y fath benderfyniad diwyro, y fath ddyfalbarhad anhygoel, ni fyddai Cymru heddiw yr hyn ydyw. Fo greodd y dyhead ynom.'

Saith mlynedd yn ddiweddarach, roedd fy narlith goffa'n un amserol. Roedd Leanne Wood newydd gael ei hethol ym Mawrth 2012 i fod yn arweinydd newydd y Blaid, a ninnau felly'n cael trosglwyddo'r awenau i genhedlaeth newydd. Doedd Leanne ddim wedi'i geni pan enillodd Gwynfor isetholiad Caerfyrddin, a chawsai olynydd teilwng Gwynfor yn yr etholaeth, Jonathan Edwards AS, erioed mo'i gyfarfod. Felly, *ni* bellach oedd â'r cyfrifoldeb o sicrhau bod cenhedlaeth newydd yn gwybod am Gwynfor a'i weledigaeth, a thrwy hynny'n gallu deall yn well sut mae Cymru wedi cyrraedd lle mae hi heddiw.

Yn ein Cynhadledd Wanwyn y flwyddyn honno roeddwn eisoes wedi sôn am y gwerthoedd cyffredin a rennid gan Gwynfor a Leanne. Cyfeiriais at galon neges Gwynfor, sef ei bwyslais ar 'Ryddid i Gymru', ac ar hynny y canolbwyntiais hefyd yn fy narlith goffa.

Dyna oedd ei thema y tro cyntaf i mi ei glywed yn siarad, yn Hen Golwyn yn 1960. Roeddwn wedi fy nghyfareddu. Dyma wleidydd oedd yn siarad yn dawel ond yn benderfynol. Nid demagog ar ei focs sebon yn taranu; yn hytrach, rhywun oedd yn adrodd, yn rhesymol ac yn rhesymegol, ac yn arwain ei gynulleidfa i dderbyn mai rhyddid i'n gwlad oedd yr unig ffordd ymlaen.

Mewn darlith fer ni allwn fwy na chyffwrdd â nifer cyfyngedig o'r meysydd perthnasol i weledigaeth Gwynfor. Roedd eraill, mewn cyfrolau ar Gwynfor, wedi ymdrin â meysydd gwahanol i'r hyn a wnawn i yn y ddarlith, megis Rhys Evans a gyflawnodd gampwaith gyda'i gofiant iddo – er na chytunwn yn llwyr â phob dehongliad;[1] Pennar Davies, wedyn, yn ei gyfrol yntau ar Gwynfor yn sôn amdano fel Cristion yn ei gymdeithas, ac fel heddychwr.[2] Roedd ei grefydd a'i heddychiaeth yr un mor bwysig iddo â'i genedlaetholdeb – ac efallai'n fwy sylfaenol. Cyfeiria Pennar hefyd at y 'pethau bychain', a chydymdeimlad Gwynfor â'r genedl fechan, y fferm deuluol fechan a'r dyn bach mewn masnach. Mae'r gwrthgyferbyniad rhwng y mawr a'r bychan yn nodweddu cymaint o weledigaeth Gwynfor.

Cynhadledd gyntaf Plaid Cymru i mi ei mynychu oedd un Pontarddulais yn 1962, pan ffurfiwyd Cymdeithas yr Iaith. Roedd hynny'n galluogi rhai i ymgyrchu trwy dorcyfraith, trywydd gwahanol i'r llwybr cyfansoddiadol roedd Gwynfor yn mynnu ei ddilyn.

Mae'n bwysig i ni sylweddoli arwyddocâd ymlyniad Gwynfor at y llwybr di-drais. Adeg boddi Tryweryn roedd yna lawer o fewn y Blaid, a rhai oddi allan iddi, yn teimlo os na allai dulliau cyfansoddiadol rwystro boddi cymoedd, pa obaith oedd 'na i'r fath ddulliau arwain at ymreolaeth? Roedd digon o bobl yn fodlon beirniadu Gwynfor fel heddychwr delfrydol a naïf. Mae'n ddifyr nodi geiriau Yann Fouéré – cenedlaetholwr y bu'n rhaid iddo ffoi o Lydaw ar ddiwedd yr Ail Ryfel Byd gan ddod i fyw am gyfnod gyda Gwynfor. Ysgrifennodd, fel un a garcharwyd ar gamgyhuddiad o helpu mudiad milwriaethus yr FLB yn Llydaw yn y saithdegau: 'Dyw hi ddim yn bosib, o fewn un mudiad gwleidyddol, amrywio rhwng dulliau trais a dulliau cyfreithlon yn ôl gofynion y dydd. Daeth llwyddiant i Blaid Cymru o ganlyniad i'w hymlyniad diwyro wrth bolisi o weithredu'n gyfansoddiadol dros 30 mlynedd.'[3]

Roedd Gwynfor wedi croesawu sefydlu Cymdeithas yr Iaith yn frwd, er mwyn galluogi'r Blaid i gadw at ddulliau cyfansoddiadol ond gan ryddhau rhai oedd yn dymuno ymgyrchu trwy dorcyfraith di-drais i weithredu dan fantell y mudiad newydd. Ymunodd Gwynfor â'r Gymdeithas, ond erbyn 1967, ac yntau wedi'i ethol dros Gaerfyrddin, daeth i sylweddoli nad oedd yn ymarferol cadw coes ar gefn dau geffyl a fyddai weithiau'n carlamu ar hyd llwybrau gwahanol. Ond er na fu iddo adnewyddu ei aelodaeth o'r Gymdeithas, ni feirniadodd hi'n gyhoeddus ar unrhyw adeg, hyd y gwn.

Un o'r pethau allweddol a ddysgodd Gwynfor i mi oedd pwysigrwydd 'y mudiad'. Mor allweddol iddo oedd y gamp o greu cenedlaetholwyr – a does yr un ohonom a dyfodd yn ei gysgod wedi dod yn agos at lwyddo yn hynny o beth fel ag y gwnaeth o. Pwysleisiai beunydd yr angen i warchod unoliaeth y Blaid – i osgoi rhaniadau o'r math a lesteiriodd gynifer o fudiadau cenedlaethol yn y gwledydd Celtaidd. Ac roedd yn wir ofid iddo nad oedd y Blaid yn gallu denu menywod i fod yn ASau.

Beth oedd gweledigaeth Gwynfor ar gyfer dyfodol cyfansoddiadol Cymru, a pha mor bell ydym ni, heddiw, o'i gwireddu? Rydym bellach yn cymryd yn ganiatol fod Plaid Cymru yn sefyll dros annibyniaeth i Gymru. Ond nid dyna'r term a ddefnyddiai Gwynfor trwy gydol ei yrfa. Yn un o'i lyfrynnau cynnar fel Llywydd, *Plaid Cymru and Wales* (1950), ysgrifennodd: 'Freedom for Wales is the aim of Plaid Cymru. Freedom, not independence.'[4]

Ac mae'n dyfynnu Saunders Lewis yn Ysgol Haf 1926, pan ddywedodd Saunders: 'Peidiwn â gofyn am annibyniaeth i Gymru. Nid oherwydd nad yw'n ymarferol ond oblegid nad yw'n werth ei chael . . . Mynnwn, felly, nid annibyniaeth, eithr rhyddid. Ac ystyr rhyddid yn y mater hwn yw cyfrifoldeb. Yr ydym ni sy'n Gymry yn hawlio ein bod yn gyfrifol am wareiddiad a dulliau bywyd cymdeithasol yn ein rhan ni o Ewrop.'[5]

Ychwanega Gwynfor y geiriau hyn gan Saunders: 'Plaid Cymru has never stood for absolute sovereignty: its ambition is to see Wales as a responsible member of the international community.'[6]

Roedd Gwynfor yn cydnabod cyd-ddibyniaeth y cenhedloedd. Gwelai Gymru fel gwlad rydd o fewn fframwaith rhyngwladol. Roedd eisiau gweld Cymru'n aelod o'r Cenhedloedd Unedig, nid i brofi ein hannibyniaeth, ond er mwyn cyfrannu at gydweithrediad rhyngwladol.

Teitl cyfrol Gwynfor yn 1964 oedd *Rhagom i Ryddid*.[7] Dyma'r term a ddefnyddiai'n gyson ar gyfer ei uchelgais dros Gymru – rhyddid. Mae rhyddid, wrth gwrs, yn cynnwys yr hawl i fod yn annibynnol, ond mae'n rhoi'r dewis i bobl Cymru pa mor bell y dymunant deithio ar hyd y siwrnai. Crynhodd ei weledigaeth fel hyn: 'Rhaid i bob gwlad, boed fach neu fawr, feddwl drosti ei hun, yn gyfrifol ac yn feiddgar . . . Lles cymdeithas genedlaethol a ddylai benderfynu ar yr economi, yn hytrach na gadael i'r economi benderfynu tynged y genedl.'[8]

Pwysleisiai Gwynfor y gwahaniaeth sylfaenol rhwng gwladwriaeth a chenedl, a'r rheidrwydd i'r wladwriaeth fod yn atebol i'r genedl, nid yn feistr arni. Yn y bennod 'Cymru Rydd' mae'n disgrifio'r wladwriaeth fel 'anghenfil angenrheidiol' sy'n 'ymhél â bywyd dyn a'i deulu o'r crud i'r bedd'. Mae perygl i'r meddylfryd gwrthwladwriaethol arwain at y math o ddadleuon a glywn gan y Gweriniaethwyr yn America dros 'wladwriaeth fechan'. Ffordd arall yw hynny o ddweud na ddylai'r wladwriaeth dderbyn cyfrifoldeb am faterion sylfaenol megis iechyd ac addysg – yn groes i ddaliadau fu'n ganolog i wleidyddiaeth Cymru, ac yn groes i weledigaeth Gwynfor a'r Blaid.

Erbyn cyhoeddi *A National Future for Wales* yn 1975,[9] mae Gwynfor yn cydnabod y rheidrwydd i raglen Plaid Cymru fabwysiadu elfennau sosialaidd o rymuso'r bobl, ond mae'n wynebu paradocs yn hyn o beth. Dywed:

Little Wales can pioneer an ambitious programme for decentralising power and therefore abolishing the all-powerful state. Nor should it be forgotten that ensuring power for the people requires more than distributing democratic rights; the distribution of property is also necessary to enable people to stand up to whatever state power there is. The sharing of property and power is the mark of a just and responsible democracy.[10]

Roedd y Blaid yn arfer dyfynnu, rai blynyddoedd yn gynharach, eiriau J. B. Priestley: 'Decentralisation by central direction is a contradiction.'

Ac eto, heb ymyrraeth y wladwriaeth i ailgyfeirio adnoddau economaidd o ddwylo'r cyfoethogion i ddwylo unigolion a chymunedau tlawd, sut mae cyflawni'r 'ambitious programme' y cyfeiria Gwynfor ati?

Mae Gwynfor hefyd yn dadlau bod amgylchiadau newydd yn galw am 'ddatganoli gallu, ac am greu unedau bychain sy'n cynhyrchu eu bywyd egnïol eu hunain' yn hytrach na 'dulliau marwaidd o ganoli mewn unedau mawr'.[11] Yn hyn o beth mae'n dadlau fel y gwna'r Athro Leopold Kohr yn ei gyfrol *The Breakdown of Nations*, ac E. F. Schumacher yn ei gyfrol enwog, *Small is Beautiful*.

Ond tra pwysleisia Gwynfor hyn fel delfryd, nid yw'n manylu ar beirianwaith gwleidyddol sy'n cynhyrchu'r math hwn o newid, ar wahân i ddatgan: 'Chwyldroad mawr ein hoes yw bod egni ysbrydol cenedlaetholdeb wedi ffrwydro'r hen ymerodraethau, gan ryddhau ysbryd a meddwl cannoedd o filiynau o bobl.'[12] Gwir y gair, ond fel y canfu llawer o'r gwledydd hynny, er bod ennill eu rhyddid yn gwbl hanfodol, doedd hynny ddim yn ddigon ynddo'i hun.

Petai rhywun yn gofyn sut y byddai Gwynfor yn diffinio 'hunanlywodraeth gyflawn', tybiaf y caem ateb a fyddai'n weddol agos at yr hyn a alwn ni heddiw yn 'annibyniaeth'. Rhan o'r rheswm am hynny yw fod ein dealltwriaeth o'r term 'annibyniaeth' wedi newid yn ystod yr ugeinfed ganrif, wrth i rymoedd economaidd weithredu ar raddfa oedd yn fwy o faint na'r rhan fwyaf o wledydd.

Er bod Gwynfor yn gwrthwynebu gwladwriaethau mawr, mae'n derbyn fod rhaid cydnabod unedau economaidd sy'n fwy na'r genedl. Dywed: 'Mae datblygiad marchnadoedd rhydd rhwng grwpiau o wledydd yn dra arwyddocaol. Gellir ystyried marchnad rydd fel dyfais i ddiogelu hunaniaeth cenhedloedd. Sicrha iddynt fanteision marchnad fawr heb anfanteision llethol bod heb hunanlywodraeth.'[13]

Ysgrifennodd bamffledyn yn 1959 dan y teitl *Self-government for Wales and a Common Market for the nations of Britain*.[14] Ynddo mae'n dadlau dros *common fiscal policy*, *common commercial policy* a *joint administration*. Byddai llywodraethau tair gwlad Prydain yn trosglwyddo awdurdod dros y meysydd hyn i gyrff a weithredai ar y cyd rhyngddynt. Mae Gwynfor yn crynhoi hyn ar ddiwedd *Rhagom i Ryddid*:

Rhyddid cenedlaethol yw'r gallu i weithredu fel cenedl gyfrifol; a'r sefydliadau a rydd y gallu hwn i genedl werinol yw llywodraeth a senedd. Gan hynny, mae'n rheidrwydd ar blaid pobl Cymru osod hunanlywodraeth seneddol ar flaen eu rhaglen. Wedi ennill hyn bydd gan genedl y Cymry allu i weithredu drosti ei hun a thros eraill.[15]

Yn 1981 ysgrifennodd lyfryn – doedd dim pall ar ei egni a'i allu i gynhyrchu llyfrau a phamffledi – o'r enw *Diwedd Prydeindod*.[16] O gofio'r holl chwifio baneri Jac yr Undeb yn ystod y Gemau Olympaidd yn 2012, efallai fod y teitl braidd yn optimistaidd! Yn y pamffledyn hwn mae'n galw am strwythur newydd conffederal i Gymru, yr Alban a Lloegr, ac yn datgan ei obaith y byddai Iwerddon hefyd yn rhan o gonffederaliaeth o'r fath.

Mae Prydeindod heddiw'n cynrychioli rhywbeth tra gwahanol i'r hyn a gynrychiolai genhedlaeth yn ôl. Mae'r rhedwr Mo Farah, ffoadur o Somalia, yn gallu uniaethu â Phrydeindod, ond go brin y byddai'n galw'i hun yn Sais. Mae'r Gymanwlad yn fan cysylltiol i dri dwsin o wledydd ag ieithoedd, hanes a thraddodiadau gwahanol. Yn bendant iawn, dydi'r rhain ddim yn Seisnig eu naws ond maen nhw ar eu hennill wrth gysylltu â'r dimensiwn Prydeinig ehangach.

Tra oedd Gwynfor yn awchu am weld tranc yr hen Brydeindod imperialaidd, roedd yn frwd ei gefnogaeth i waith y Cyngor Prydeinig, ac yn hapus iawn i arddel statws i Gymru a fyddai'n parchu'r cysylltiad rhyngwladol a ddeuai drwy'r Gymanwlad.

Yn ei bamffledyn *Commonwealth Status for Wales* (1965), mae'n dweud: 'The bonds uniting members of the Commonwealth, including the Crown, are voluntarily accepted, so that each is fully free.'[17]

Rhaid i ninnau gofio, er nad yw Cymru'n genedl gydnabyddedig o fewn y mudiad Olympaidd, ein bod yn genedl gyflawn o fewn Gemau'r Gymanwlad. Mae Gwynfor yn ei lyfr *A National Future for Wales* yn cyfeirio'n ôl at nod Plaid Cymru yn y tridegau, sef statws dominiwn, gan ei ddiffinio fel hyn:

> The dominions of the British Empire were 'free and equal nations in no way subordinate one to the other in any aspect of their domestic or external affairs'. Plaid Cymru's aspiration

110

for Wales was to be one of these 'free and equal nations'. It still is ... As the Commonwealth fades, especially with Britain's entry into the European Economic Community, Plaid Cymru still seeks for Wales the status of freedom; our aim continues to be full national status.[18]

Mae'n cyfiawnhau safiad Plaid Cymru yn y saithdegau yn erbyn aelodaeth o'r Gymuned Ewropeaidd, trwy ddweud: 'Plaid Cymru has always been strongly European in outlook, seeing Wales as a part of European civilisation. The kind of order we want for Europe does not involve creating an European state. A loose confederation of all European nations and regions . . . is needed.'[19]

Mae Gwynfor yn gwrthgyferbynnu safle israddol Cymru mewn perthynas â'r Gymuned Ewropeaidd efo sefyllfa gwledydd bychain fel Denmarc, Iwerddon a Lwcsembwrg, sydd â chynrychiolaeth uniongyrchol a pharhaol 'at the seat of power in the EEC, because they enjoy full national status. *Only free nations are allowed representation there.*'[20]

Yn hyn o beth mae Gwynfor yn defnyddio'r ymadrodd 'free nations' yn y modd mae'r Undeb Ewropeaidd heddiw'n defnyddio 'independent nations'. Ar y pwynt yma mae Gwynfor yn symud ei dir drwy gydnabod y gall rhyddid cenedlaethol weithredu o fewn fframwaith cydweithredol Ewropeaidd, yn ogystal ag oddi mewn i'r farchnad gyffredin a awgrymodd ar gyfer gwledydd Prydain.

Gyda'r Alban heddiw'n ystyried annibyniaeth – 'Independence in Europe' – mae'r cwestiwn a gododd Gwynfor yn un allweddol bwysig, sef pa berthynas weithredol a ddylai fod rhwng gwledydd Prydain – cenhedloedd sy'n rhannu'r un ynys ac yn rhannu'r un frenhiniaeth? Mae'r

dadleuon a gyflwynodd Gwynfor yn y chwedegau a'r
saithdegau'n berthnasol iawn heddiw, yn arbennig felly pan
ysgrifennodd:

> The Party has always recognised that the advance to full
> national status must be one step at a time, and that the extent
> of the advance depends on the will of the Welsh people. If the
> people of Wales, having achieved a Parliament in control of
> their home affairs, decide they want to go no further, it is up
> to them . . . Every move depends on the proven strength of the
> Welsh demand.[21]

I'r graddau hynny mae Gwynfor unwaith eto'n pwysleisio'r
elfen o ryddid, sef yr *hawl* i gael pa statws cyfansoddiadol
bynnag a wêl pobl Cymru fel un hanfodol i warchod eu
bywyd a'u rhagolygon.

Ydi hyn oll yn berthnasol i ni yn y Gymru sydd ohoni?
Gosodiad canolog Gwynfor oedd fod rhyddid cenedlaethol
yn golygu ymddiried yn ewyllys pobl Cymru ynghylch
pa mor bell y dymunant deithio o'r *status quo* tuag
at annibyniaeth. Seiliodd ei ddadl ar hawliau pobl a
chenhedloedd, nid ar rym gwladwriaeth. Mae'n adlewyrchu
gwerthoedd y tu hwnt i uchelgais wleidyddol yn unig.

Fel plaid a chenedl, byddwn ar ein colled os anghofiwn,
neu os anwybyddwn, y weledigaeth waraidd hon.

---

[1] Rhys Evans, *Gwynfor: Rhag Pob Brad* (Y Lolfa, 2005).

[2] Pennar Davies, *Gwynfor Evans* (Gwasg John Penry, 1976).

[3] Yann Fouéré, *La Maison du Connemara* (1995). Hefyd yr argraffiad Saesneg,
La Maison – The History of a Breton (Oldchapel Press, 2011), t. 27.

[4] Gwynfor Evans, *Plaid Cymru and Wales* (Llyfrau'r Dryw, 1949), t. 43.

[5] Saunders Lewis, *Egwyddorion Cenedlaetholdeb* (Machynlleth, 1926).
Ailargraffiad gan Blaid Cymru, 1975, tt. 8–10.

[6] Saunders Lewis, *Egwyddorion Cenedlaetholdeb,* op. cit.

[7] Gwynfor Evans, *Rhagom i Ryddid (*Plaid Cymru, 1964).

[8] Gwynfor Evans, *Rhagom i Ryddid,* op. cit., t.132.

[9] Gwynfor Evans, *A National Future for Wales* (Plaid Cymru, 1975).

[10] Gwynfor Evans, *A National Future for Wales*, op. cit., t.116.

[11] Gwynfor Evans, *Rhagom i Ryddid*, op. cit., t.134.

[12] Gwynfor Evans, *Rhagom i Ryddid*, op. cit., t.134.

[13] Gwynfor Evans, *Rhagom i Ryddid*, op. cit., t.136.

[14] Pamffledyn a gyhoeddwyd gan Blaid Cymru.

[15] Gwynfor Evans, *Rhagom i Ryddid*, op. cit., tt.136 – 137.

[16] Cyhoeddwyd gan Blaid Cymru yn 1981. Seiliedig ar araith yn erbyn diweithdra gan Gwynfor yn Rali'r Blaid ym Mhorth Talbot.

[17] Gwynfor Evans, *Commonwealth Status for Wales* (Plaid Cymru, 1965), t.17. Pamffledyn yn seiliedig ar erthyglau a ymddangosodd yn y *Western Mail.*

[18] Gwynfor Evans, *A National Future for Wales*, op. cit., t.97.

[19] Gwynfor Evans, *A National Future for Wales*, op. cit., t.101.

[20] Gwynfor Evans, *A National Future for Wales*, op. cit., t.102. Fi piau'r italeiddio!

[21] Gwynfor Evans, *A National Future for Wales*, op. cit., t.97.

Creu dewis

Doeddwn i ddim yn disgwyl cael chwarae rhan ganolog yn yr ymgyrch i ethol yr Ail Gynulliad Cenedlaethol ar 1 Mai 2003, a finnau wedi ymadael â'r Cynulliad yn rhannol er mwyn gadael y llwyfan yn glir i'r arweinyddiaeth newydd. Ac felly y bu: cymerais 'sedd gefn' dros y cyfnod. Canolbwyntiais ar gefnogi fy olynydd, Alun Ffred Jones, i gadw Arfon dros y Blaid. Wedi'r cwbl, i etholwyr Arfon a'r Pleidwyr ymroddedig yno yr oeddwn yn ddyledus am y cyfle i fod wedi chwarae rhan yn natblygiad gwleidyddiaeth Cymru ar adeg mor dyngedfennol i'n gwlad.

Byddwn wedi torri fy nghalon pe baem wedi colli'r sedd. Doedd dim raid i mi boeni; enillodd Alun Ffred yr etholiad yn gyfforddus, gan sicrhau 55% o'r bleidlais – diolch yn rhannol i waith rhyfeddol Richard Thomas, Trefnydd y Blaid yn Arfon.

Roedd canlyniad yr etholiad ledled Cymru, fodd bynnag, yn siomedig. Roeddem fel Plaid wedi llithro'n ôl o'n huchafbwynt yn 1999. Collwyd 5 o'r 17 sedd, ac roedd ein pleidlais ranbarthol wedi disgyn o 312,048 i 167,653 – gostyngiad o 46%. Colli Conwy i Lafur trwy fwyafrif o 72 o bleidleisiau, gan amddifadu'r Cynulliad o gyfraniad sylweddol Gareth Jones ar faterion addysg. Oherwydd lleihad ym mhleidlais Plaid Cymru dros y Gogledd, methwyd â chipio ail sedd ar restr y Gogledd. Collwyd y tair sedd ddiwydiannol – Islwyn, Rhondda a Llanelli – er i Helen Mary Jones ddychwelyd i'r Cynulliad fel aelod rhanbarthol.

Teimlwn gymysgedd o rwystredigaeth ac euogrwydd nad oeddwn wedi gwneud mwy i gynnal y llwyddiant a gawsom yn 1999. Yn anrhydeddus iawn, cynigiodd Ieuan Wyn Jones ymddiswyddo fel arweinydd y Blaid yn sgil y canlyniadau trychinebus, yn tybio nad oedd ganddo gefnogaeth y Grŵp. Ond fe'i perswadiwyd i ddal ati, a da hynny gan nad oedd consensws o fewn y Grŵp ynglŷn ag unrhyw un i gymryd ei le. Ar un wedd roeddwn yn ddiolchgar nad oeddwn yno, gan y gwn y byddwn wedi dod dan bwysau i ailafael yn yr awenau. Ar wahân i'r amgylchiadau teuluol yn ymwneud â'm rhieni, byddai hynny wedi esgor ar rwygiadau dyfnach yn y Grŵp na'r rhai digon annifyr a brofwyd dros y pedair blynedd ddilynol.

Ond, o fod wedi methu chwarae rhan uniongyrchol yn etholiadau San Steffan yn 2001[1] a rhai'r Cynulliad yn 2003, penderfynais gyfrannu mewn ffyrdd eraill dros y cyfnod a ddilynodd. Yn un peth, roeddwn yn awyddus i sicrhau nad oedd y Blaid, er iddi golli cymaint o dir yn 2003, yn llithro'n ôl i feddylfryd plaid brotest yn unig. Y gamp fawr a gyflawnwyd yn 1999 oedd i ni sefydlu ein hunain fel plaid a allai arwain llywodraeth Cymru. Pe baem wedi ennill deng mil o bleidleisiau ychwanegol oddi ar Lafur mewn seddi allweddol, gallem fod wedi ennill 23 sedd, a chan mai 22 sedd fyddai gan Lafur o ganlyniad, byddai hynny wedi rhoi inni'r cyfrifoldeb o lywodraethu.

Ar ôl siom etholiadol mae'n demtasiwn i bleidiau droi'n fewnblyg. Y perygl i ni ym Mhlaid Cymru yn 2003 fyddai edrych fwyfwy ar ein bogel ein hunain, yn hytrach nag edrych allan i greu cysylltiad â phobl o draddodiadau gwleidyddol eraill yng Nghymru – pobl oedd am y tro cyntaf, efo dyfodiad y Cynulliad, wedi dechrau meddwl yn nhermau gwleidyddiaeth Gymreig. Bu eraill o fewn y Blaid yn pendroni am hyn, yn arbennig Cynog Dafis oedd hefyd newydd ymddeol o'r Cynulliad. Mae Cynog yn feddyliwr praff, ac roedd wedi dangos trwy ei lwyddiant yng Ngheredigion fod modd meddwl oddi allan i'r ffiniau gwleidyddol arferol.

Yn rhannol ar gymhelliad John Osmond, daeth nifer ohonom ynghyd i drafod y ffordd ymlaen, gan gyfarfod yn rheolaidd yng nghartref Eurfyl ap Gwilym yng Nghaerdydd. Roedd rhai'n ddrwgdybus o gymhellion y grŵp, a fabwysiadodd yr enw 'Dewis'. Fe'm cyhuddwyd i gan un AC o fod yn edrych ar y datblygiad fel llwyfan i mi ailanelu am yr arweinyddiaeth! Doedd ddim gronyn o sail i hynny a bu raid i mi ddatgan felly'n blwmp ac yn blaen wrth un aelod o griw 'Dewis' roeddwn i'n ei amau o hau hadau o'r fath. Ein dyhead oedd crisialu ymlyniad y Blaid, er gwaethaf ei gwendid, at y nod o gymryd rhan mewn llywodraeth: ar ein pennau ein hunain neu, yn fwy tebygol, mewn clymblaid.

Ym Mai 2005 cyhoeddodd y Grŵp bapur trafod dan y teitl 'Deffro, mae'n Ddydd!' Roedd y rhagair i'r ddogfen yn esbonio pam y bu inni fabwysiadu'r enw 'Dewis':

> Yn gyntaf, rydyn ni'n ystyried fod i bobl Cymru gael y gallu i ddewis rhwng gwahanol lywodraethau i'w gwlad yn hanfodol i iechyd democratiaeth yng Nghymru. Yn ail, ein barn ni yw bod angen i Blaid Cymru hithau wneud dewis: p'un a yw hi am fod yn blaid llywodraeth yn y dyfodol agos a thrwy hynny ddylanwadu ar gwrs digwyddiadau, neu a yw hi'n fodlon ar fod yn wrthblaid, yn rhydd i gynnig gweledigaeth amgen,

radical i Gymru'r dyfodol . . . Does gyda ni ddim amheuaeth nad dyletswydd Plaid Cymru yw anelu at arwain Llywodraeth Cymru.

Yna aiff y rhagair yn ei flaen i ddweud:

Yn hytrach na mabwysiadu osgo ideolegol anhyblyg, ein barn ni yw bod raid i Blaid Cymru ddatblygu polisi i lywodraethu ar sail yr hyn sydd o les i bobl a chymunedau, sy'n gyrru'r achos cenedlaethol yn ei flaen ac yn hyrwyddo cyfiawnder cymdeithasol a chynaliadwyedd amgylcheddol.

Roedd y ddogfen yn herio'r Blaid i dderbyn bod dyletswydd arni i geisio arwain Llywodraeth Cymru, gan mai'r unig ddewis arall oedd derbyn mai'r Blaid Lafur fyddai'n cadw gafael haearnaidd ar wleidyddiaeth Cymru am gyfnod amhenodol. Gwnaed datganiad clir fod raid i'r Blaid wynebu gwleidyddiaeth glymbleidiol, gan ystyried rhai cysylltiadau a fuasai, tan hynny, yn annerbyniol. Mae'r ddogfen hefyd yn datgan mai sail unrhyw glymblaid fyddai i'r partneriaid dderbyn y rheidrwydd i gryfhau'r Cynulliad trwy weithredu ar argymhellion Comisiwn Richard.[2]

Cafodd adroddiad comisiwn Ivor Richard ei gyhoeddi yn 2004. Roeddwn i wedi cyflwyno tystiolaeth ar lafar i'r comisiwn ar 12 Rhagfyr 2002. Roedd yr adroddiad yn argymell Cynulliad deddfwriaethol ar sail Deddf Cymru newydd a allai fod yn weithredol erbyn 2008; byddai hynny mewn da bryd i weithredu hawliau deddfu yn 2011. Roedd Richard yn argymell Cynulliad ac iddo 80 o aelodau, wedi'u hethol trwy bleidlais gyfrannol STV – y Bleidlais Sengl Drosglwyddadwy. Dywedwyd hefyd y byddai'n ddymunol i unrhyw Gynulliad deddfwriaethol feddu ar bwerau

117

trethiannol. Pwysleisiodd Adroddiad Richard y rheidrwydd mewn corff deddfwriaethol i wahanu'r adran weithredol (*executive*) oddi wrth y ddeddfwrfa (*legislature*).

Un ffactor arwyddocaol a nodwyd yn yr adroddiad oedd ffigurau o arolwg barn yn 2003. Mewn ateb i gwestiwn sut y dylai Cymru gael ei rheoli, roedd 56% o'r bobl a holwyd yn meddwl mai'r Cynulliad ddylai fod â'r prif ddylanwad; dim ond 29% a deimlai mai San Steffan ddylai fod â'r cyfrifoldeb pennaf. Roedd hyn er gwaetha'r ffaith fod Llywodraeth Lafur yn San Steffan ar y pryd. Ar ôl bodoli am bedair blynedd yn unig, roedd y Cynulliad yn amlwg wedi dechrau ennill ei blwy yng nghalonnau pobl Cymru.

Os oedd Llafur yn fodlon gwireddu argymhellion Richard, teimlem fel Grŵp y dylem gydweithio hefo nhw i sicrhau hynny. Ond yn niffyg parodrwydd y Blaid Lafur i drawsnewid y Cynulliad i gael pwerau deddfu llawn, teimlem y dylem dderbyn awgrym Adam Price, sef i'r Blaid arwain 'Clymblaid yr Enfys' – gwyrdd, melyn a glas – ar y rhagdybiaeth y gallai'r Democratiaid Rhyddfrydol a'r Torïaid ddod yn fwy annibynnol fel pleidiau Cymreig, a chefnogi argymhellion 'rhesymol' Comisiwn Richard.

Wrth gwrs, roedden ni am geisio gwneud mwy na gweithredu newidiadau Richard. Ein nod oedd creu gwleidyddiaeth newydd yng Nghymru. Roeddem am weld sefyllfa lle byddai dewis ymarferol gan etholwyr Cymru mewn etholiadau i'r Cynulliad: dewis rhwng gwahanol bleidiau i lywodraethu Cymru, a dewis rhwng y polisïau roedden nhw'n eu cynrychioli. Heb ddewis o'r fath, gallai Cymru suddo i fod yn wladwriaeth unbleidiol, sef Llafur. Byddai hynny'n dirmygu'r syniad fod datganoli'n dod â democratiaeth amgenach i'n cenedl.

Roedd dogfen 'Dewis' hefyd yn galw ar i'r Blaid dderbyn fod ystyr 'annibyniaeth' yn newid gyda realiti'r oes, ac yn esblygu o fewn fframwaith yr Ewrop unedig. Yn ymarferol, byddai'n rhaid i bob gwlad aberthu rhywfaint o'i sofraniaeth yn y broses. Nodwyd hefyd y rheidrwydd i'r Blaid gydnabod realiti daearyddol yr ynysoedd hyn, ac y byddai hynny'n ffactor anorfod yn y berthynas gyfansoddiadol rhwng Cymru, Lloegr a'r Alban. Byddai'n rhaid i unrhyw setliad dderbyn y dimensiwn Prydeinig fel rhan o'r cyd-destun gwleidyddol.

Roedd y ddogfen, ynghyd â'r meddwl a'r trafod a aeth i mewn iddi, yn llawer mwy arwyddocaol nag roedden ni'n ei sylweddoli ar y pryd. O edrych yn ôl, dyma'r 'cam ymlaen' a alluogodd Blaid Cymru – a thrwy hynny, y Cynulliad – i ddatblygu dros y saith mlynedd ddilynol, a welodd ffurfio llywodraeth glymblaid 'Cymru'n Un' yn 2007, ac a arweiniodd at y refferendwm llwyddiannus yn 2011 ar weithredu rhan sylweddol o argymhellion Richard.

Gwelwn innau fod cyfle i symud yr agenda ymlaen i Gymru, cyn belled â bod modd deddfu ar gyfer hyn yn San Steffan. Roeddwn eisoes wedi traddodi darlith yn Eisteddfod Casnewydd 2004 yn awgrymu sut y gellid symud ymlaen â'r broses.

Y cwestiwn sylfaenol oedd agwedd y Blaid Lafur – Gymreig a Phrydeinig – tuag at droi'r Cynulliad yn Senedd ddeddfwriaethol. Roedd maniffesto'r Blaid Lafur yn Etholiad Cyffredinol 2005 yn bell o fod yn eglur pa mor bell roedden nhw am fynd. Yn ôl eu maniffesto, roedden nhw'n ymrwymo i greu 'a stronger Assembly with enhanced legislative powers and a reformed structure and electoral system'. Ond roedd y manylion yn brin iawn, a doedd Maniffesto Cymreig y Blaid Lafur yn dweud fawr mwy.

Yn amlwg, roedd tensiwn o fewn y Blaid Lafur – yn arbennig rhwng yr Aelodau Seneddol a'r Aelodau Cynulliad – ynglŷn â faint o bwerau ychwanegol i'w rhoi i'r Cynulliad, a beth fyddai'r amserlen.

* * *

Yn Etholiad Cyffredinol 2005, a gynhaliwyd ar y 5ed o Fai a'r Blaid dan gysgod marwolaeth Gwynfor Evans bythefnos ynghynt, cadwodd Elfyn Llwyd a Hywel Williams eu seddi'n gyfforddus a chynyddodd Adam Price ei fwyafrif yng Nghaerfyrddin, ond collodd Plaid Cymru sedd Ceredigion a methu adennill Ynys Môn. Llithrodd cyfanswm pleidlais y Blaid o 195,893 yn 2001 i 174,838.

Roedd hon yn gryn ergyd. Buasai llwyddiant etholiadol i Blaid Cymru wedi gallu ein helpu i orfodi Llafur i gadw at amserlen Adroddiad Richard. Roeddem yn gorfod gobeithio y gallai'r datganolwyr o fewn y Blaid Lafur – pobl fel Paul Flynn, Ann Clwyd, ac yn arbennig yr Ysgrifennydd Gwladol Peter Hain – lwyddo, rywsut, i gael digon o unoliaeth o fewn y Blaid Lafur Gymreig i gael mesur gerbron y senedd, a hynny mewn da bryd i ddeddfu fel y gellid cael Cynulliad deddfwriaethol yn ei le erbyn etholiadau 2011.

Roeddwn wedi cadw mewn cysylltiad â Peter Hain ar ôl i mi adael y Cynulliad, ac wedi'i gyfarfod ar faes yr Eisteddfod i drafod y ffordd ymlaen. Yn groes i farn amryw o fewn arweinyddiaeth Plaid Cymru roeddwn yn derbyn ei fod yn ddatganolwr diffuant ac yn awyddus i weld Cymru'n cael Cynulliad mwy grymus. Ond roedd yn anodd gen i gredu y byddai'n gallu cael Deddf ar y llyfr statud yn wyneb agwedd lugoer cynifer o'i gyd-aelodau Llafur Cymreig.

Ei her gyntaf fyddai cael mesur drafft y tybiai y gallai ei

gario trwy ei blaid seneddol ei hun, wedyn canfod amser o fewn amserlen seneddol gyfyng, ac yna cael y mesur ar y llyfr statud. Yn ôl a ddeallaf, manteisiodd Peter Hain ar fwlch annisgwyl yn y rhaglen ddeddfwriaethol ar gyfer blwyddyn gyntaf y senedd newydd (2005–6). O'r rhestr mesurau ar gyfer y flwyddyn roedd un mesur heb ei gwblhau mewn pryd. Pan ofynnodd Tony Blair o fewn y Cabinet a oedd gan unrhyw aelod o'r Cabinet fesur arall yn barod, gwelodd Peter Hain ei gyfle a datgan fod Mesur Drafft Cymru ar gael yn ei swyddfa, ac y gallai symud ymlaen â hwnnw'n ddi-oed.

Yn ôl rhai, roedd hyn yn dipyn o fenter ar ei ran, gan fod gwaith pellach i'w wneud i gael cytundeb ar y mesur. P'run bynnag am hynny, cyflwynwyd mesur clyfar iawn. Byddai'n rhoi i Gymru ar unwaith, ar ôl etholiad y Cynulliad yn 2007, yr hawl i ddeddfu ar y materion oedd wedi'u datganoli, ond byddai'n rhaid i'r Cynulliad gael caniatâd San Steffan ar gyfer pob cais newydd i ddeddfu, a byddai'n rhaid cael sêl bendith Tŷ'r Cyffredin a Thŷ'r Arglwyddi ar hyn. Trwy'r ystryw hwn, roedd yn dechnegol yn cadw'r gair olaf ar ddeddfu yn San Steffan ac felly'n osgoi gorfod cynnal refferendwm ar y mater. Gallai'r Cynulliad ddechrau delio â deddfwriaeth lawn yn syth ar ôl etholiad 2007 pe gellid cael y mesur ar y llyfr statud yn ystod 2006. Byddai hynny'n rhoi cyfle i aelodau'r Cynulliad gynefino â deddfu cyn wynebu refferendwm ar roi'r pwerau iddyn nhw wneud hynny, a heb orfod cael caniatâd San Steffan i gynnal refferendwm.

Does dim dwywaith na fu i Peter Hain chwarae ffon ddwybig i gael y mesur ar y llyfr statud. Yn y ddadl ar yr Ail Ddarlleniad ar 8 Ionawr 2006, dywedodd: 'The Bill provides for Parliament to be in charge, just as it is now . . . The provisions represent a development of the current settlement, not a fundamental change.'[3]

Ond wrth siarad â'r Cynulliad roedd Mr Hain yn cyflwyno darlun gwahanol. Yn ôl Mike German: 'Rhydd Mr Hain yr argraff y rhoddir i'r Cynulliad ba hawliau bynnag y bydd yn gofyn amdanynt – o leiaf, dyna a ddywed wrthym pan fo yma; mae'r neges ychydig yn wahanol pan fydd yn Llundain.'[4]

Does gen i ddim blewyn o amheuaeth nad oedd Peter Hain yn ddiffuant yn ei ddymuniad i gael y mesur yn weithredol mor fuan ag roedd yn ymarferol. Yn ddi-os, rhagwelai y byddai'r refferendwm yn dod rywbryd ar ôl i'r Torïaid ddychwelyd i rym yn San Steffan. Byddai pleidleiswyr Llafur, yn ei farn o, yn llawer tebycach bryd hynny o bleidleisio i drosglwyddo grym o Lundain i Gaerdydd. Roedd Peter Hain, yn naturiol, yn gobeithio mai Llafur fyddai'n ennill etholiad San Steffan yn 2010, ac felly doedd o ddim yn rhagweld y cynhelid y refferendwm tan yn nes at 2015. Trwy hynny, gallai ddweud wrth ASau Llafur Cymru nad oedd ganddyn nhw fawr i boeni amdano am ddegawd! Ond fel y digwyddodd pethau, colli fu hanes Llafur yn Etholiad Cyffredinol 2010, ac efallai fod hynny wedi'i gwneud hi'n haws ennill y refferendwm pan ddaeth y cyfle ym Mawrth 2011.

Roedd cynnal y refferendwm cyn Mai 2011 yn rhan o gytundeb Cymru'n Un a wnaed rhwng Plaid Cymru a'r Blaid Lafur yn sgil etholiad 2007. Roeddwn innau wedi sefyll fel ymgeisydd ar restr Gogledd Cymru bryd hynny, yn rhannol i beidio â theimlo euogrwydd fel y gwneuthum ar ôl 2003 pan gollwyd tir gan y Blaid, ac yn rhannol oherwydd i mi gredu y gallwn wneud gwahaniaeth i ennill sedd ychwanegol yn y Gogledd. (Roeddem wedi llithro o fod â phedair sedd yno yn 1999 i dair yn 2003.)

Roedd Gareth Jones yn fodlon sefyll ar gyfer sedd newydd Aberconwy. Pe bai'n ennill, yna ar batrwm 2003 byddem mewn perygl o golli'r sedd ranbarthol; pe collai, byddem yn ei chael yn anodd ennill ail sedd ranbarthol – ac roedd mawr angen i ni gynyddu nifer ein ACau yn y Gogledd os oeddem am rwystro'r Toriaid rhag ein gwthio i'r trydydd safle yn y Cynulliad.

Llawn cystal fy mod i wedi sefyll; enillodd Gareth yn Aberconwy. Yn ogystal, cadwodd Janet Ryder sedd y Blaid ar restr y Gogledd gyda dim ond 293 o bleidleisiau wrth gefn. Pe bawn i heb sefyll, mae'n ddigon posib y bydden ni wedi colli'r sedd honno.

Canlyniad terfynol yr etholiad oedd:

Plaid	Nifer y seddi	Cyfanswm y pleidleisiau	Pleidleisiau yn 2003
Llafur	26	314,925	[340,535]
Plaid Cymru	15	219,121	[180,185]
Toriaid	12	218,730	[169,894]
Dem. Rhydd.	6	144,450	[120,250]

(Enillwyd sedd Blaenau Gwent gan Trish Law, gweddw Peter Law, yn sefyll yn enw Llais Pobl Blaenau Gwent.)

Roeddwn yn eithriadol o hapus ein bod wedi adennill tair sedd, a hefyd wedi cynyddu ein pleidlais 22%. Mewn llawer ffordd, teimlwn mod i wedi cael y gorau o'r ddau fyd: wedi helpu'r Blaid i ddod yn rym credadwy unwaith eto, heb orfod ailafael ynddi ym Mae Caerdydd!

Agorodd hyn gyfnod newydd yn hanes y Blaid. Roedden ni wedi'i gwneud yn glir cyn yr etholiad y byddai'r Blaid yn fodlon arwain llywodraeth ac yn fodlon gweithredu fel rhan o glymblaid pe bai angen – ond nid un yn cael ei harwain gan y Torïaid. I raddau helaeth roedd neges 'Dewis' wedi treiddio drwodd, ac roedden ni felly, yn feddyliol yn ogystal ag yn ystadegol, mewn sefyllfa i fod â rhan mewn llywodraeth.

O ran nifer seddi roedd hwn yn ganlyniad anfoddhaol i Lafur. Byddai clymblaid o Blaid Cymru, y Torïaid a'r Democratiaid Rhyddfrydol wedi gallu ffurfio llywodraeth fel 'clymblaid enfys', ac am rai dyddiau roedd hi'n ymddangos mai dyna fyddai'n digwydd. Ond roedd yn rhaid i'r Democratiaid Rhyddfrydol gael sêl bendith eu Pwyllgor Gwaith Cymreig, a phan gyfarfu hwnnw yn Llandrindod ar 23 Mai 2007 roedd y bleidlais yn gwbl gyfartal (9–9), felly ni lwyddwyd i fynd ymlaen â'r bwriad.

Ar ôl i Rhodri Morgan, fel arweinydd y blaid fwyaf yn y Cynulliad, gael gwahoddiad gan y Llywydd, Dafydd Elis Thomas, i ffurfio llywodraeth, aeth yn drafodaeth rhwng Rhodri Morgan ac Ieuan Wyn Jones. Daethpwyd i gytundeb ar sail dogfen Cymru'n Un, gyda dros 200 o eitemau manwl y cafwyd cytundeb arnynt yn seiliedig ar gynnwys maniffesto etholiad y ddwy blaid. Gwnaed gwaith clodwiw gan Ieuan, Jocelyn Davies ac Adam Price ar ran y Blaid wrth ddod â hyn i fwcwl. Gwireddwyd dros 90% o'r materion oedd ar y rhestr. Pe bai David Cameron a Nick Clegg wedi gwneud gwaith mor drylwyr â hyn, byddai Llywodraeth Prydain wedi gwneud yn llawer iawn gwell ar ôl etholiad 2010!

Dau beth ychwanegol yn unig fyddwn i wedi ceisio'u cael petawn i yn esgidiau Ieuan. Byddwn wedi mynnu cael y portffolio Cyllid. Dyna'r un sy'n cadw llygad ar bopeth, a byddai wedi rhoi gorolwg strategol i Ieuan ac wedi bod yn llai o straen na'r portffolio Economi a Thrafnidiaeth – cyfrifoldebau trwm eithriadol, oedd yn ei glymu i lawr bob munud o'r dydd. A'r eitem arall? Byddwn wedi ceisio cael £500m ychwanegol i unioni diffygion fformiwla Barnett. Haws dweud na gwneud, mi wn, yn arbennig gyda'r Democratiaid Rhyddfrydol yn eistedd ar y cyrion yn torri'u boliau eisiau dod yn rhan o glymblaid efo Llafur.

Soniais am y ddau beth yma wrth Ieuan. Efallai'n wir iddo geisio'u cael: wn i ddim. Un peth pwysig a enillodd Ieuan a'r tîm oedd ymrwymiad i gynnal refferendwm ar bwerau deddfu i'r Cynulliad dan ddarpariaeth Deddf 2006, a hynny cyn yr etholiad dilynol. Roedd hyn yn caniatáu i'r Cynulliad gael rhan sylweddol o argymhellion Richard yn weithredol yn unol â'r amserlen wreiddiol, sef erbyn 2011.

Daeth y pecyn y cytunwyd arno i fod yn sail i raglen Cymru'n Un gerbron Cyngor Cenedlaethol Plaid Cymru ar 7 Gorffennaf 2007, a chafodd gefnogaeth ysgubol. Wrth gwrs, byddai llawer ohonom wedi hoffi gweld Plaid Cymru'n arwain llywodraeth yn hytrach na bod yn bartner lleiafrifol, ond doedd y dewis ddim ar gael, diolch i'r Democratiaid Rhyddfrydol.

Fe wnaed y gorau o'r hyn ocdd ar gael ac, yn bennaf oll, arweiniodd at y refferendwm llwyddiannus ym Mawrth 2011. Gwnaed gwaith ardderchog gan weinidogion y Blaid – Ieuan Wyn, Elin Jones (Gweinidog Cefn Gwlad), ac Alun Ffred (a ddilynodd Rhodri Glyn fel Gweinidog Treftadaeth) – heb anghofio gwaith Jocelyn Davies nad oedd yn y Cabinet ond a weithredai fel Gweinidog Tai yn ogystal â Chwip y Blaid. Daethai Gwenllian Lansdown yn Brif Weithredwr y Blaid ym Medi 2007, a da oedd cael rhywun o'i phrofiad gwleidyddol hi fel cynghorydd gynt ar Gyngor Caerdydd i fod wrth y llyw yn ystod y cyfnod cynhyrfus hwn.

Ar un adeg roedd hi'n ymddangos fel pe bai Eurfyl ap Gwilym a minnau am gael ein tynnu i mewn i weithredu mewn rôl gynorthwyol i'r tîm yn y Cynulliad. Ysgrifennodd Vaughan Roderick, gohebydd gwleidyddol y BBC, ar ei flog ar 26 Gorffennaf 2007: 'Mae'n debyg y bydd Dafydd Wigley ac Eurfyl ap Gwilym yn gweithio fel SPADS [Special Advisers] di-dâl.' Er y bu rhyw gymaint o drafod a fyddai rôl i Eurfyl a minnau, ddaeth dim byd o hyn.

Mae llawer i'w ysgrifennu eto am y cyfnod hwn, a mawr obeithiaf y caiff Ieuan Wyn Jones y cyfle i wneud hynny gan ei fod bellach wedi ymddeol o'r Cynulliad.

Tybiaf fod yna wersi i'w dysgu o'n cyfnod mewn clymblaid, fel sydd bob amser wrth dorri tir newydd. Ond gwireddwyd dyhead 'Dewis', sef bod Plaid Cymru'n derbyn yr her o ysgwyddo cyfrifoldeb llywodraethol. Arweiniodd hyn at y cyfle i bobl Cymru allu gwneud dewis arall sylfaenol bwysig, sef eu bod yn dymuno i'r Cynulliad esblygu'n Senedd go iawn. Mae hynny'n andros o gam ymlaen i'r genedl Gymreig, ac yn bluen yn het Grŵp y Blaid yn y Cynulliad a weithiodd mor galed i droi'r Glymblaid yn llwyddiant.

---

[1] Gweler *Maen i'r Wal*, pennod 19.

[2] Y Comisiwn ar Bwerau a Threfniadau Etholiadol Cynulliad Cenedlaethol Cymru, INA-15-33-004.

[3] Hansard, 9 Ionawr 2006, colofnau 26–32.

[4] Cofnod y Trafodion, Cynulliad Cenedlaethol Cymru, 17 Ionawr 2006, colofn 89.

Pam mynd i Dŷ'r Arglwyddi

Wrth gyflwyno Deddf Cymru 2006, gwnaeth Peter Hain un peth yn gwbl eglur: byddai gan San Steffan yr hawl i rwystro'r Cynulliad rhag deddfu – cyn cynnal refferendwm, o leiaf. Dywedodd yn y ddadl ar Ail Ddarlleniad y mesur: 'The Bill provides for Parliament to be in charge just as it is now. The Assembly gets extra powers only if the House so decides. This House is in charge, as is the House of Lords.'[1]

Yn yr ychydig eiriau hynny ceir yr ateb i gwestiwn y bu amryw o Bleidwyr yn ei ofyn. Pam, yn enw pob rheswm, y dylai unrhyw genedlaetholwr Cymreig gwerth ei halen ystyried am eiliad fynychu'r Tŷ'r Arglwyddi? Onid yw'n cynrychioli popeth fu'n wrthun i Bleidwyr ac i sosialwyr dros y blynyddoedd? Onid yw'r tri gair syml – 'etifeddol', 'annemocrataidd' a 'Seisnig' – yn ddigon i argyhoeddi dyn fod y fath le yn gwbl anghydnaws â delfrydau cenedlaetholwyr Cymreig?

Cofiaf yn 1979, wedi i Gwynfor golli sedd Caerfyrddin, gael cais gan John Stradling Thomas, AS Trefynwy a Dirprwy Brif Chwip Llywodraeth Geidwadol newydd Mrs Thatcher. Gofyn roedd o a hoffem ni i Gwynfor gael ei benodi i Dŷ'r Arglwyddi. Does gen i ddim amheuaeth nad oedd y gwahoddiad yn un diffuant, ac yn adlewyrchu'r parch oedd yna tuag at Gwynfor oherwydd ei ymroddiad i Gymru. Roeddwn yn weddol sicr beth fyddai ymateb Llywydd y

127

Blaid, ond allwn i ddim ateb ar ei ran a theimlais ddyletswydd i ofyn y cwestiwn i Gwynfor ei hun. Felly ffoniais ei gartref yn Sir Gaerfyrddin. Atebodd Gwynfor y ffôn a rhois innau'r genadwri iddo. Bu distawrwydd llethol yn y pen arall am ysbaid (a deimlai fel chwarter awr er nad oedd ond chwarter munud, mae'n debyg). Pan siaradodd Gwynfor, roedd ei lais (efallai mai fy nychymyg i yw hyn!) yn swnio'n oerach, yn galetach ac yn bellach i ffwrdd.

'Does 'na ond *un* Arglwydd,' meddai'n glinigol, bron, 'a dyw e ddim yn trigo mewn plasty ar lannau Tafwys.'

Diwedd y sgwrs a diwedd y stori!

Roedd egwyddorion Gwynfor yn ddilychwin a'i safbwynt yn un a dderbyniai aelodau'r Blaid yn reddfol. Doedd Tŷ'r Arglwyddi ddim yn gydnaws mewn unrhyw fodd â gweledigaeth Plaid Cymru. Ein nod oedd ennill ymreolaeth i Gymru a gwasanaethu'r genedl yn ein senedd ein hunain – ar lannau afon Taf, nid glannau Tafwys.

Yn 1929 roedd ymgeisydd seneddol cyntaf y Blaid, y Parchedig Lewis Valentine, wedi sefyll etholiad ar lwyfan o wrthod mynychu Tŷ'r Cyffredin pe bai'n cael ei ethol – polisi Sinn Féin hyd heddiw. Newidiodd y Blaid ei pholisi, gan gyfaddawdu â'r system Brydeinig, am y rheswm syml fod pobl Cymru eisiau i'w llais gael ei glywed yn San Steffan, pa mor annerbyniol bynnag oedd y gyfundrefn yno. Ein nod ni fel plaid oedd sicrhau i Gymru yr hawl i wneud penderfyniadau drosti ei hun. Hyd nes y gwireddir yr uchelgais honno, mae angen codi llais ble bynnag y ceir y cyfle i hyrwyddo achos Cymru.

Ar ôl colli'r Refferendwm yn 1979 mor drychinebus, daethai ASau'r Blaid i sylweddoli bod mantais o gael cynrychiolaeth yn yr Ail Siambr. Roedd yn rhaid i bob mesur seneddol (ar wahân i rai'n ymwneud â chyllid) gael ei gymeradwyo gan Dŷ'r Arglwyddi yn ogystal â Thŷ'r Cyffredin i gyrraedd y Llyfr Statud. Felly, pan gyflwynid mesur preifat gan Aelod Seneddol Plaid Cymru yn Nhŷ'r Cyffredin, roedd yn rhaid dod o hyd i aelod o Dŷ'r Arglwyddi i fynd â'r mesur yn ei flaen. Dyna fy hanes i gyda'r Mesur Pobl Anabl yn 1981, a hanes Ieuan gyda'r 'Hearing Aid Council Bill' yn 1989.

Byddai mesurau'r Llywodraeth oedd yn ymwneud â Chymru – fel Deddf y WDA 1975, Deddf Cymru 1978, Deddf yr Iaith Gymraeg 1993, Deddf Llywodraeth Leol Cymru 1994, Deddf y Refferendwm 1997, ac, wrth gwrs, Deddfau Cymru 1998 a 2006 – i gyd yn cael eu trafod a'u diwygio gan Dŷ'r Arglwyddi. Os oedd unrhyw resymeg mewn cyflwyno polisi'r Blaid yn Nhŷ'r Cyffredin, lle mae'n amhosib i 40 o ASau Cymru ennill pleidlais mewn siambr o 650 AS (cofier Dryweryn), yna roedd rhesymeg dros sicrhau llais i Gymru yn yr Ail Siambr.

Ond 'nôl yn yr wythdegau, gyda'r holl chwerwedd yn sgil refferendwm 1979, roedd yn amlwg y byddai gwrthwynebiad ymhlith aelodau'r Blaid i'r syniad o gael 'arglwydd swyddogol' yn enw Plaid Cymru. Felly, buom yn trafod y posibilrwydd o gael 'cenedlaetholwr annibynnol' i'r Ail Siambr. Awgrymwyd amryw o enwau, ac ar ôl ymgynghori'n breifat daethom i'r casgliad mai'r enw mwyaf priodol – ac un oedd yn fodlon cael ei enwebu – oedd Ioan Bowen Rees. Yn 1991 roedd newydd ymddeol fel Prif Weithredwr Cyngor Gwynedd. Roedd wedi sefyll fel ymgeisydd Plaid Cymru yng Nghonwy yn 1955 ac 1959, ac ym Merthyr yn 1964, ond oherwydd ei swydd roedd wedi bod allan o wleidyddiaeth am ddau ddegawd.

Erbyn 1992 roedd enw Ioan Bowen Rees wedi'i gyflwyno i'r adran briodol yn Downing Street. Roedd Ioan yn awdurdod cydnabyddedig ar gyfundrefnau llywodraethol, ac yn awdur y gwaith safonol *Government by Community* (1971). Teimlem fod gobaith da y câi ei benodi. Daeth cyfle i wireddu hyn wedi i John Major ennill etholiad 1992, ond er mawr syndod i ni, nid enw Ioan Bowen Rees a ddaeth gerbron. Cyfeiriais yn fras at hyn yn *Dal Ati*, ond roedd yn amhriodol i mi fanylu bryd hynny.[2]

Mae hwn yn hanesyn rhyfedd. Yn ystod wythnos yr etholiad cefais alwad ffôn o 10 Downing Street. Eglurodd y swyddog wrthyf fod posibilrwydd y gellid cael cenedlaetholwr Cymreig i'r Ail Siambr. Atebais innau yn ddigon naturiol, 'Oh! you mean our proposal that Mr Ioan Bowen Rees should be appointed is likely to be confirmed?' Cefais ateb cwbl annisgwyl. 'No, it's not about Mr Rees; it's about the nomination of Dafydd Elis Thomas,' meddai'r swyddog. A dyna'r cyntaf i mi wybod bod Dafydd Êl wedi cael ei enwebu'n ffurfiol ar gyfer Tŷ'r Arglwyddi.

Mae'n wir fod Emlyn Hooson, oedd yn aelod o'r Ail Siambr er colli Maldwyn yn 1979, yn pwyso byth a beunydd ar Dafydd i fynd i'r Ail Siambr. O gofio'r safbwynt chwith eithaf a gymerai Dafydd yn ystod yr wythdegau cynnar, doeddwn i ddim wedi breuddwydio am eiliad y byddai eisiau parhau â'i yrfa wleidyddol ymhlith yr arglwyddi. Cefais ar ddeall gan Downing Street fod John Major yn ffafrio penodi Dafydd, ond na fyddai'n gwneud hynny pe bai'r Blaid yn gwrthwynebu. Y cais a gefais, felly, oedd hwn: nid a fydden ni fel Plaid yn enwebu Dafydd Êl, ond yn hytrach a fydden ni'n wrthwynebus i'w benodiad. Doedden ni ddim yn gwybod pwy oedd wedi'i enwebu, er i mi dybio bod a wnelo Emlyn Hooson rywbeth â'r mater.

Felly, yn dilyn etholiad 1992, pan gyfarfu'r Tîm Seneddol newydd – Ieuan, Elfyn, Cynog a finnau – am y tro cyntaf wedi'r etholiad, yn Nolgellau, yr eitem ar frig yr agenda oedd penderfynu ar ein hagwedd tuag at benodiad Dafydd. Fuon ni ddim yn hir cyn cytuno na fydden ni am funud yn ystyried gwrthwynebu'r enwebiad, os dyna oedd dymuniad Dafydd, ond y byddai'n rhaid argyhoeddi Pwyllgor Gwaith Plaid Cymru o hynny. Y Sadwrn canlynol cefais y fraint o gyflwyno'r mater fel rhan o'm hadroddiad ar yr Etholiad Cyffredinol.

Roedd rhai yn y Pwyllgor Gwaith yn gyfan gwbl elyniaethus i'r syniad, ac eraill wedi cael cryn fraw o ddeall bod gan Dafydd ddiddordeb mewn mynd i'r fath le. Roedd canlyniad yr Etholiad Cyffredinol yn un rhagorol i ni fel Plaid – y tro cyntaf erioed i ni ennill pedair sedd – a llwyddais i berswadio'r Pwyllgor Gwaith i beidio â gwrthwynebu'r enwebiad. Pe bawn i wedi gofyn am eu cymeradwyaeth i enwebu Dafydd yn ffurfiol ar ran y Blaid, rwyf yn sicr na fyddwn wedi gallu darbwyllo'r Pwyllgor i'm cefnogi.

Mae'n bwysig deall y cefndir i benodiad Dafydd Elis Thomas, er mwyn gwerthfawrogi drwgdeimlad rhai o ffyddloniaid y Blaid tuag at yr Ail Siambr gydol y nawdegau. Ar unrhyw sail wrthrychol roedd hyn yn annheg, gan i Dafydd gyflawni gwaith gwerthfawr iawn yn Nhŷ'r Arglwyddi wrth ddelio â mesurau fel Deddf Iaith 1993, Deddf Llywodraeth Leol Cymru 1994 a nifer o fesurau addysg. Cadarnhaodd hyn ein teimlad fod presenoldeb y Blaid yn yr Ail Siambr yn werthfawr ac ar adegau'n allweddol.

Serch hynny, pan gododd y cwestiwn o gael enwebiadau eraill dros Blaid Cymru yn yr Ail Siambr yn 1998, fe wrthwynebwyd y syniad yn ffyrnig yng Nghyngor Cenedlaethol y Blaid, ac arweiniodd hyn at gynnig yng Nghynhadledd Plaid Cymru 1999 i fabwysiadu polisi ffurfiol *na* fyddai'r Blaid yn ceisio cael seddi swyddogol yn Nhŷ'r Arglwyddi, nac yn derbyn pe bai rhai'n cael eu cynnig.

Dyna'r sefyllfa yn 2003 pan ymddeolais i o'r Cynulliad. Roedd rhai wedi awgrymu bryd hynny y dylwn fynd i Dŷ'r Arglwyddi, ond doedd gen i ddim diddordeb yn y byd mewn mynd yn ôl i Lundain. Roeddwn newydd adael y lle yn 2001 ag ochenaid o ryddhad ar ôl treulio saith mlynedd ar hugain yn San Steffan. Pe bai gen i'r amser a'r awydd i barhau mewn gwleidyddiaeth o 2003 ymlaen, byddwn wedi aros yn y Cynulliad. Yn ogystal, fel cyn-arweinydd y Blaid, fyddwn i ddim am eiliad wedi ystyried mynd yn groes i bolisi'r Blaid er mwyn cael mantais bersonol. Fe'i gwnes yn eglur i'r byd a'r betws nad oeddwn yn disgwyl mynd i Dŷ'r Arglwyddi, nac yn fodlon derbyn enwebiad pe bai un yn cael ei gynnig. Roedd hynny'n cau pen y mwdwl ar y mater, ac anghofiwyd am y cyfan am dair blynedd.

* * *

Fel y soniais eisoes, yr hyn a newidiodd agwedd y Blaid at Dŷ'r Arglwyddi oedd Deddf Llywodraeth Cymru 2006. Roedd y mesur hwn yn caniatáu i'r Cynulliad ddeddfu'n llawn am y tro cyntaf ar faterion oedd wedi'u datganoli – ond roedd yna un amod: doedd dim hawl i weithredu'r grym newydd hwn heb orchymyn (sef caniatâd) gan Dŷ'r Cyffredin a Thŷ'r Arglwyddi bob tro y byddai'r Cynulliad yn dymuno newid unrhyw ddeddf. O wrthsefyll y gorchymyn, gallai Tŷ'r Arglwyddi ladd unrhyw gais yn y fan a'r lle.

Roedd hyn yn amlwg yn gwbl annerbyniol, yn enwedig gan fod y Blaid erbyn 2007 mewn Llywodraeth Glymblaid efo Llafur. Roedd gennym ddiddordeb arbennig mewn sicrhau defnydd llawn o bwerau deddfu newydd y Cynulliad, yn y modd mwyaf creadigol posib. Awgrymwyd y dylai fod gan Blaid Cymru lais yn yr Ail Siambr i warchod anghenion deddfwriaethol y Cynulliad yn yr amgylchiadau newydd hyn.

Roedd Dafydd Elis Thomas, wrth gwrs, yn dal i fod yn aelod o Dŷ'r Arglwyddi, ond roedd hefyd newydd ei ailethol i'r Cynulliad, ac yn Llywydd am y trydydd tymor. Golygai hyn nad oedd yn ymarferol iddo dreulio amser yn Nhŷ'r Arglwyddi.

Fel Arweinydd Seneddol Plaid Cymru roedd Elfyn Llwyd yn ymwybodol iawn o'r angen am glust, llygad a llais yn Nhŷ'r Arglwyddi. Sylweddolai, o'i hir brofiad yn San Steffan, nad gorchmynion i ganiatáu i'r Cynulliad ddeddfu oedd yr unig faes lle byddai gan Gymru fuddiannau yno: roedd pob agwedd o ddeddfwriaeth, ac eithrio cyllid, yn cael sylw manwl yn Nhŷ'r Arglwyddi, a'r un cyfle gan yr Arglwyddi ag sydd gan Aelodau Seneddol i ddiwygio mesurau'n ymwneud â Chymru.

Roedd Deddf 2006 hefyd yn rhoi'r hawl i'r Cynulliad allu amrywio manylion rhai deddfau oedd yn deillio o San Steffan, i ateb amgylchiadau Cymru, o fewn canllawiau cyffredinol yr egwyddorion a osodwyd gan Dŷ'r Cyffredin.

Sbardunodd dau ffactor Elfyn Llwyd i ailgodi'r cwestiwn o gael llais i Blaid Cymru yn yr Ail Siambr. Yn dilyn Etholiad Cyffredinol 2005 cafodd pedwar aelod o bleidiau unoliaethol Gogledd Iwerddon eu penodi i Dŷ'r Arglwyddi yn 2006.[3] Os oedd yn iawn iddyn nhw gael llais yn yr Ail Siambr, pam nad Plaid Cymru? Cododd Elfyn y mater gyda Chwipiaid y Llywodraeth Lafur. Yr ymateb oedd mai mater i'r Blaid fyddai gwneud cais.

Yr ail ffactor oedd y sefyllfa newydd a fodolai gyda'r Blaid yn dod yn rhan o lywodraeth glymblaid Cymru yn 2007. Cododd Elfyn y mater eto efo Prif Chwip Llafur, Geoff Hoon, a chael ateb i'r perwyl: pe bai'r Blaid yn dymuno cael llais yn Nhŷ'r Arglwyddi, y byddai gennym siawns dda o gael penodiadau. Bachodd Elfyn ar hyn a gofyn faint o seddi fyddai'n rhesymol i'r Blaid ddisgwyl eu cael. Awgrymodd Mr Hoon, o gofio bod 800 o aelodau yn Nhŷ'r Arglwyddi, y byddai'n rhesymol i'r Blaid geisio am dri aelod ychwanegol yno, fel plaid y DUP o Ogledd Iwerddon. Yn sgil hynny, cadarnhaodd Elfyn yn ffurfiol gyda Phrif Chwip Llafur fod pob posibilrwydd, pe bai Plaid Cymru yn cyflwyno tri enw i'r Prif Weinidog, y bydden nhw'n cael eu penodi. Rhoddwyd y sicrwydd hwn i Elfyn.

Ar sail hynny, codwyd y mater yng Nghynhadledd Plaid Cymru ym Medi 2007. Awdurdodwyd Cyngor Cenedlaethol y Blaid i ystyried newid polisi. Cyfarfu'r Cyngor ar 17 Tachwedd 2007 i drafod hyn, a phenderfynwyd y byddai'r Blaid yn ceisio am dair sedd yn unol â'r sicrwydd a gawsom, ac y byddai'r ymgeisyddion yn cael eu hethol gan gyfarfod nesaf y Cyngor Cenedlaethol.

Deuthum o dan bwysau i roi fy enw gerbron. Cynhaliwyd yr etholiad ddydd Sadwrn, 26 Ionawr 2008. Roedd wyth wedi'u henwebu ar gyfer y tair sedd, gyda rhyw dri chant o aelodau'r Cyngor â hawl i bleidleisio. Cafodd pob un ohonom ychydig funudau i gyflwyno ein rhesymau dros sefyll, ac ateb cwestiynau. Fe fues i'n ddigon ffodus i ennill yr etholiad, gydag Eurfyl ap Gwilym yn ail a Janet Davies yn drydydd. Oherwydd natur agored yr etholiad roedd y wasg a'r cyfryngau'n adrodd drannoeth fod y tri ohonom wedi cael ein hethol i gymryd ein lle yn Nhŷ'r Arglwyddi, gyda'r awgrym y byddai hynny'n digwydd yn awtomatig o fewn wythnosau.

Tra oedd y bras ymholiadau cyntaf wedi digwydd yn ystod cyfnod Tony Blair fel Prif Weinidog, erbyn hyn roedd Gordon Brown wedi cymryd drosodd yn Rhif 10. Byddai angen sêl ei fendith ar y tri a etholwyd gan y Blaid. Cyflwynodd Elfyn yr enwau i'r Prif Weinidog, ac roeddem yn disgwyl y byddai'r tri ohonom yn cael ein penodi i Dŷ'r Arglwyddi erbyn Pasg 2008.

Ond nid felly y bu. Heb yn wybod i ni ein tri, a heb i neb o Lywodraeth Lafur San Steffan awgrymu bod unrhyw anhawster, daeth yn amlwg fod agwedd Gordon Brown yn negyddol iawn. A oedd Geoff Hoon wedi clirio'r mater efo'r Prif Weinidog cyn rhoi sicrwydd i Elfyn? Does dim posib gwybod. Ond yn hytrach nag ymateb yn agored i gais Elfyn a datgan nad oedd Gordon Brown yn bwriadu penodi cenedlaetholwyr i Dŷ'r Arglwyddi, chafwyd dim ymateb o gwbl. Pan fyddai Elfyn yn atgoffa Geoff Hoon, câi'r ateb fod y mater yn dal yn nwylo'r Prif Weinidog. Pan ddaeth Nick Brown AS yn Brif Chwip Llafur yn Hydref 2008, cododd Elfyn y mater gydag yntau. Roeddwn yn nabod Nick o'm cyfnod yn Nhŷ'r Cyffredin, a phan welodd y tri enw ar y rhestr, ei ymateb oedd, 'Oh, you've got Dafydd coming back! I'm sure there'll be no difficulty.' Credaf fod Nick yn hollol ddiffuant wrth ddweud hyn. Deallaf iddo gael ei synnu a'i siomi gan agwedd grintachlyd y Prif Weinidog.

Aeth misoedd heibio. Roedd yn sefyllfa annioddefol i Janet, Eurfyl a finnau. Roedden ni wedi rhoi'r gorau i rai cyfrifoldebau ac wedi gwrthod rhai gwahoddiadau er mwyn bod yn rhydd i arallgyfeirio i San Steffan. Yn fy achos i, roedd hynny'n cynnwys gwrthod gwahoddiad i gadeirio bwrdd statudol cyhoeddus yng Nghymru, i fod yn aelod o bwyllgor ymchwiliol yn ymwneud ag anabledd, a bod yn aelod o fwrdd cwmni masnachol. Teimlwn y byddai'n annheg derbyn y rhain heb wybod faint fyddai baich y gwaith yn Nhŷ'r Arglwyddi.

Ar ôl wythnosau o ansicrwydd ysgrifennais at Gordon Brown i holi beth oedd y sefyllfa, gan ofyn a allai roi rhyw arweiniad ynglŷn â pha mor hir y gallen ni fod yn disgwyl, gan y byddai hynny'n help i mi gynllunio gweddill fy mywyd. Ddaeth dim ateb i'r llythyr. Fisoedd yn ddiweddarach, trefnais i gyfaill o'r cyfryngau holi Rhif 10 pam nad oedd y Prif Weinidog hyd yn oed wedi cydnabod fy llythyr. O fewn dyddiau cefais lythyr pitw gan swyddog yn Rhif 10 yn cydnabod derbyn y llythyr: cydnabyddiaeth foel a disylwedd. Dderbyniais i byth unrhyw ateb llawnach.

Erbyn hyn roeddwn wedi cael llond bol ar yr holl ansicrwydd. Ceisiais ddarganfod oddi mewn i'r gyfundrefn beth oedd yn digwydd, gan gysylltu â'm hen gyfaill Richard Livsey, oedd wedi bod yn aelod o Dŷ'r Arglwyddi ers iddo ymddeol fel AS y Democratiaid Rhyddfrydol dros Frycheiniog a Maesyfed yn 2001. Cyfarfu'r ddau ohonom yn Nhŷ'r Arglwyddi dros baned o de. Roedd wedi holi tu ôl i'r llenni ynglŷn â'r sefyllfa, a chael ar ddeall bod Gordon Brown yn llwyr elyniaethus i benodi unrhyw genedlaetholwr i Dŷ'r Arglwyddi. Dros y blynyddoedd bu Richard a minnau'n cydymgyrchu ar nifer o bynciau cenedlaethol Cymreig, ac roedd yn gefnogol iawn i mi ymuno ag o yn yr Ail Siambr. Roedd clywed am agwedd ystyfnig Gordon Brown bron yn gymaint o siom i Richard ag roedd o i mi! Cefais ar ddeall yn ddiweddarach gan gyfeillion o fewn y Blaid Lafur fod rhai ohonyn nhwythau wedi holi Gordon Brown am hyn, ac wedi dod i'r un casgliad – er syndod ac embaras iddyn nhw.

Chafodd dim un cenedlaetholwr Celtaidd ei benodi i Ail Siambr Senedd Prydain tra oedd Brown yn clochdar ar ei domen yn Rhif 10. Mae hyn yn adrodd cyfrolau am y gyfundrefn sydd ohoni: bod arweinydd un blaid wleidyddol yn gallu penderfynu, yn ôl ei fympwy, a fydd gan blaid gyfansoddiadol arall, sydd â seddi yn Nhŷ'r Cyffredin, hawl i lais o fewn Ail Siambr Senedd Prydain.

---

[1] Hansard, 9 Ionawr 2006, colofn 29.
[2] *Dal Ati*, t.413.
[3] Eileen Paisley, Wallace Browne a Maurice Morrow o'r DUP, ynghyd â David Trimble o'r UUP.

Mynd ynteu dod?

O ddeall nad oedd gobaith cael sedd yn yr Ail Siambr tra oedd Gordon Brown yn teyrnasu, roedd yn rhaid i mi feddwl sut y gallwn gynorthwyo'r Blaid mewn rhyw ffordd arall.

Roedd Etholiad Cyffredinol Prydeinig 2010 ar y gorwel a'r Blaid yn brysur yn dewis ymgeisyddion. Un sedd o ddiddordeb arbennig, ar ôl inni wneud yn dda yno yn y gorffennol, oedd De Clwyd. Roedd Hywel Williams wedi cael dros 25% o'r bleidlais yno yn etholiad y Cynulliad yn 1999. Roedd Aelod Seneddol De Clwyd, Martin Jones, am ymddeol ac roedd y Blaid yn teimlo y gallem lwyddo yn y sedd gydag ymgyrch effeithiol. Hyd yn oed pe na baem yn ennill sedd San Steffan, byddai canlyniad da yn gosod sylfaen ar gyfer etholiad y Cynulliad yn 2011. Ond roedd 'na ystyriaeth ychwanegol: doedd iechyd AC De Clwyd, Karen Sinclair, ddim yn dda, ac roedd sibrydion ar led y gallai ymddeol gan achosi isetholiad. Byddai Plaid Cymru'n edrych ar isetholiad i'r Cynulliad yn Ne Clwyd fel un y dylem ei ennill os oedden ni am ffurfio llywodraeth yn 2011.

Dewiswyd Janet Ryder AC i sefyll ar gyfer San Steffan. Roedd mwy i'r penderfyniad hwnnw nag oedd, efallai, yn amlwg ar y pryd. Fyddai Janet ddim yn cael ymgyrchu ar gyfer isetholiad nad oedd wedi'i alw ar gyfer y Cynulliad: byddai hynny'n arbennig o anaddas ar adeg pan oedd iechyd yr AC presennol yn gwegian. Byddai hefyd yn groes i'r

138

ddealltwriaeth na ddylai Aelod Rhanbarthol (roedd Janet yn y Cynulliad dros Ogledd Cymru) ddefnyddio'i sedd ranbarthol fel cyfrwng i ymgyrchu mewn sedd etholaethol o fewn y rhanbarth. Ond doedd dim i rwystro Aelod o'r Cynulliad rhag ymgyrchu ar gyfer sedd San Steffan, gan uniaethu â'r etholaeth trwy wneud hynny!

Pam roedd hyn yn berthnasol i'm sefyllfa i? Oherwydd, pe bai Janet Ryder yn ennill isetholiad yn Ne Clwyd ar gyfer y Cynulliad Cenedlaethol neu'n ennill sedd San Steffan, byddai'n rhoi'r gorau i'w sedd ranbarthol yn y Cynulliad. Gan mai fi oedd yn ail ar y rhestr, gallwn gael fy hun yn ôl yn y Cynulliad Cenedlaethol heb fod wedi sefyll etholiad arall. Roedd rhai yn y cyfryngau eisoes wedi deall y sefyllfa ac yn dechrau holi, yn anffurfiol, sut y byddai hyn yn effeithio ar fy enwebiad ar gyfer Tŷ'r Arglwyddi.

Oherwydd yr oedi a'r ansicrwydd yn sgil y methiant i gael ateb call gan y Prif Weinidog, penderfynais mai'r peth doethaf i'w wneud fyddai tynnu fy enw oddi ar y rhestr enwebiadau ar gyfer yr Arglwyddi. Rhoddais wybod i Ieuan ac Elfyn, ac ysgrifennais yn ffurfiol at John Dixon, Cadeirydd y Blaid, ar 31 Awst 2009 – yn gofyn i'm henw gael ei dynnu oddi ar y rhestr. Gofynnais i John adrodd hyn i Bwyllgor Gwaith Cenedlaethol y Blaid. Gwnaed datganiad swyddogol ar ran y Blaid i'r cyfryngau ar 7 Medi 2009 yn enw Elfyn, Ieuan a finnau, yn esbonio fy mod yn tynnu fy enw'n ôl oherwydd bod yr ansicrwydd yn ymyrryd ag unrhyw waith arall y gallwn fod yn ei wneud ar ran y Blaid a Chymru.

Roeddwn dan yr argraff fod y Blaid wedi tynnu fy enw'n ôl yn swyddogol o'r enwebiadau ar gyfer yr Ail Siambr, a chredwn pe bai'r cyfle'n codi yn annisgwyl i benodi Pleidwyr yno, mai Eurfyl ap Gwilym a Janet Davies fyddai'n cael eu hystyried. Teimlais don o ryddhad o feddwl bod yr holl ansicrwydd drosodd. Ond yn ddiweddarach cefais ar ddeall nad oedd y Blaid, am ryw reswm, wedi rhoi gwybod i Downing Street fy mod wedi tynnu'n ôl!

* * *

Yn sgil Etholiad Cyffredinol Mai 2010 a David Cameron yn dod yn Brif Weinidog, ailagorwyd y trafodaethau ynglŷn â'r posibilrwydd i'r Blaid gael ei hystyried o'r newydd. Ymddengys fod Ieuan ac Elfyn wedi cael mwy o hwyl gyda Mr Cameron nag oedden nhw wedi'i gael gyda'i ragflaenydd. Cefais gais i gyfarfod Ieuan ym Mangor un noson ym Mehefin 2010, a rhoddodd ar ddeall i mi ei fod wedi derbyn neges gan David Cameron y byddai'n fodlon cymeradwyo fy enw ar gyfer yr Ail Siambr.

Ddwy flynedd ynghynt byddwn wedi ymateb yn frwdfrydig i'r syniad o fwrw ymlaen â'r gwaith angenrheidiol dros y Blaid yn yr Ail Siambr. Erbyn hyn roedd ailagor yr holl fater yn loes calon i mi. Yn y lle cyntaf, roedd y cyfryngau wedi rhoi sylw i'r ffaith 'mod i wedi gofyn am gael tynnu fy enw'n ôl, a 'mod i dan yr argraff mai dyna oedd wedi digwydd. Byddwn yn cael fy nghyhuddo o droi fel cwpan mewn dŵr ar y mater. Yn ail, dim ond *un* lle oedd 'na ar gael i'r Blaid, ac roeddwn innau'n gwbl anfodlon mynd yno i geisio cyflawni'r gwaith ar fy mhen fy hun heb sicrwydd y byddai yna o leiaf un – yn ddelfrydol, ddau – yn ymuno â fi'n weddol fuan.

Dywedais wrth Ieuan fod angen i mi drafod hyn efo Eurfyl a Janet cyn gwneud penderfyniad. Mynnodd yntau ei fod angen penderfyniad yn y fan a'r lle. Dywedais innau, os oedd yn rhaid i mi wneud penderfyniad heb drafodaeth, mai'r ateb fyddai 'Na'. Doedd hynny'n amlwg ddim yn plesio, ac awgrymodd Ieuan fy mod yn cysgu dros y peth, gan fod gennym gyfarfod yn Aberystwyth y penwythnos hwnnw gydag arweinyddiaeth y Blaid i benderfynu ar ein strategaeth ar gyfer etholiadau'r Cynulliad yn 2011. Byddai cyfle i drafod y mater yn ehangach bryd hynny, er nad ocddwn i'n rhydd i ddatgelu bod y cynnig wedi'i wneud – oedd yn sefyllfa gwbl anfoddhaol i mi, yn annheg â'r ddau arall, ac yn rhoi Ieuan yntau mewn sefyllfa gas.

Heb fod yn ymwybodol o'r datblygiadau newydd parthed Tŷ'r Arglwyddi, roedd amryw yn pwyso'n drwm arnaf i roi fy enw gerbron ar restr Gogledd Cymru ar gyfer etholiad y Cynulliad yn 2011. Erbyn hynny roedd yn hysbys na fyddai Janet Ryder yn sefyll ar gyfer sedd ranbarthol y Gogledd yn Etholiad 2011.

Roedd rhai cyfeillion yn etholaeth Aberconwy hefyd yn pwyso arnaf i sefyll yno, gan fod Gareth Jones AC yn ymddeol – a chefais gais i sefyll ym Merthyr Tudful. Ond roeddwn i'n gwbl glir fy meddwl nad oeddwn am ailymgymryd â chyfrifoldebau etholaeth unigol gan y byddwn erbyn hynny'n 68 mlwydd oed. Os oeddwn am sefyll eto ar gyfer y Cynulliad, sedd ranbarthol y Gogledd oedd yr unig bosibilrwydd.

Yn Aberystwyth anogodd rhai fi i sefyll fel ymgeisydd Cynulliad yn ogystal ag ar gyfer Tŷ'r Arglwyddi! Fe'i gwnes yn hollol glir y byddwn yn fodlon ystyried sefyll ar gyfer y naill neu'r llall, ond na fyddwn dan unrhyw amgylchiadau yn gwneud y ddau. Ond roedd arweinyddiaeth y Blaid yn dal yn benderfynol y dylwn ganolbwyntio ar y sedd yn Nhŷ'r Arglwyddi, gan nad oeddynt, fel y nodais eisoes, wedi tynnu fy enw oddi ar y rhestr.

Byddai i mi wrthod cynnig Cameron yn edrych yn wael iawn. Doeddwn i ddim am wneud unrhyw beth fyddai'n tanseilio hygrededd y Blaid. Felly, cytunais i beidio â rhoi fy enw ymlaen ar gyfer y Cynulliad a derbyn sedd yn Nhŷ'r Arglwyddi – ar yr amod y byddai Ieuan yn cael sicrwydd gan Mr Cameron y byddai penodiadau pellach yn dilyn maes o law. Allwn i ddim stumogi'r syniad o ddychwelyd i Lundain i geisio cynnal achos y Blaid yn Nhŷ'r Arglwyddi ar fy mhen fy hun.

Gwn fod Ieuan wedi codi'r mater gyda swyddogion Rhif 10. Go brin y bydden nhw'n gallu rhoi unrhyw sicrwydd ar y mater ond cafwyd ymrwymiad y bydden nhw'n gwneud eu gorau ar yr amser priodol i gofio amdanom. Derbyniais innau nad oedd yn bosib i Ieuan ennill mwy o sicrwydd na hynny, a chytunais i dderbyn y penodiad ar y sail honno.

Roedd David Cameron yn bwriadu cyhoeddi rhestr o benodiadau i'r Ail Siambr ym Medi 2010, un fyddai'n cynnwys enwebiadau gan Gordon Brown fel sy'n draddodiadol pan fydd Prif Weinidog yn colli ei swydd. Roedd Gordon Brown erbyn hyn wedi ymddiswyddo fel Arweinydd Llafur. Gofynnodd Mr Cameron, yn gwbl briodol, i Harriet Harman, arweinydd y Blaid Lafur dros dro, a fyddai hi'n cadarnhau'r rhestr a gyflwynwyd gan Gordon Brown. Deallaf nad oedd Ms Harman, am ryw reswm, yn hapus i gefnogi'r rhestr gyfan. Felly, gohiriwyd y mater hyd nes i Ed Miliband ddod yn arweinydd, ac yn gyfrifol am gymeradwyo rhestr ei ragflaenydd.

Wn i ddim a wnaed newidiadau i restr wreiddiol Gordon Brown ai peidio, ond gwn i sicrwydd nad oedd fy enw i na'r ddau arall a enwebwyd gan y Blaid – nac unrhyw un o aelodau'r SNP – ar restr Gordon Brown. Os byddwn i'n mynd i Dŷ'r Arglwyddi, byddai hynny trwy enwebiad gan Brif Weinidog Ceidwadol. Roedd eironi eithriadol yn y sefyllfa, yn arbennig o gofio bod y Blaid, bryd hynny, mewn clymblaid gyda Llafur yn llywodraethu Cymru.

Cefais ar ddeall trwy alwad ffôn ar 18 Tachwedd 2010 fod y rhestr ar fin dod yn hysbys. Drannoeth cyhoeddwyd y rhestr, oedd hefyd yn cynnwys Jenny Randerson AC ac Eluned Morgan.

Es i Lundain ar 30 Tachwedd i gyfarfod â'r Garter ('Garter King of Arms' a rhoi iddo'i deitl llawn!), i gytuno ar ffurf yr enw y byddwn i'n ei gymryd yn yr Ail Siambr, sef 'Barwn Wigley o Gaernarfon'; roeddwn yn benderfynol o arddel enw'r etholaeth oedd wedi bod mor garedig wrthyf. Es i lawr drachefn ar 14 Rhagfyr i gyfarfod swyddogion yn Nhŷ'r Arglwyddi i wneud y trefniadau ar gyfer cymryd fy sedd.

Gan fod rhestr o 54 enw wedi'i chyflwyno ym mis Tachwedd, a chan mai chwe aelod newydd ar y mwyaf fyddai'n cael eu cyflwyno bob wythnos, bu'n rhaid i mi ddisgwyl bron i bum wythnos arall – tan 24 Ionawr 2011 – cyn cael fy nghyflwyno i'r Ail Siambr a chymryd fy sedd fel yr aelod cyntaf yn Nhŷ'r Arglwyddi yn enw Plaid Cymru – a thair blynedd union ar ôl dechrau'r broses yng Nghyngor Cenedlaethol y Blaid.

Roeddwn yno ar fy mhen fy hun, i bob pwrpas, gan fod Dafydd Elis Thomas, yn gwbl briodol, yn y Cynulliad fel ei Lywydd, a dim golwg y byddai Eurfyl a Janet yn cael ymuno â fi.

Â chryn ansicrwydd, felly, yr wynebais y bennod newydd hon yn fy hanes. Ai cam doeth ynteu cam gwag roeddwn wedi'i gymryd, ac a oedd yna unrhyw beth y gallwn ei wneud yn yr Ail Siambr fyddai o fudd i Gymru ac i'r Blaid?

Mewn gair, be nesa i mi?

143

Gwaith aelod o'r 'Siambr Arall'

Mae gan bobl ryw syniad beth ydi gwaith Aelod Seneddol. Maen nhw'n gweld ASau ar y teledu yn ffraeo neu'n traethu barn; mae eu lluniau'n britho'r papurau lleol, a'u cymorthfeydd yn cael eu hysbysebu. Nid felly mae hi efo aelodau o'r Ail Siambr. Os cânt eu gweld o gwbl, ar adeg agor y sesiwn seneddol gan y Frenhines y bydd hynny: rhesi o wynebau anghyfarwydd mewn gwisgoedd od, yno am yr un diwrnod hwnnw – a dyna ni. Y sefydliad Seisnig yn ei holl ogoniant.

Wrth siarad efo fi, bydd pobl yng Nghymru yn gyndyn i arddel y teitl – a diolch byth am hynny! Gofynnir i mi byth a beunydd, 'Be dach chi'n *neud* y dyddia yma?' neu 'Ydach chi'n gorfod mynd i Lundain weithiau?'

Mae'r dirgelwch yn gwbl ddealladwy. Mae gan bobl fras syniad fy mod wedi hanner dadymddeol, ond does ganddyn nhw ddim clem beth ydi goblygiadau a chyfrifoldebau'r swydd. A pham, yn enw pob rheswm, y dylai fod gan bobol unrhyw ddiddordeb yn ein gwaith? Does neb wedi gofyn i'r cyhoedd ein hethol. Does neb yn ystyried ein bod ni'n cynrychioli gwerin gwlad, nac yn atebol iddi, wrth inni lunio deddfau'r deyrnas. Dydyn ni ddim ar gael yn ffurfiol i helpu pobl. Yng ngolwg y rhan fwyaf, rydym mor amherthnasol â'r dyn yn y lleuad – yn llai gweladwy ac yn llawer llai diddorol. Os oes gennym rym o gwbl, grym heb gyfrifoldeb ydi o – ond gwell peidio â dilyn y trywydd hwnnw!

Pan ofynnaf i bobl ddyfalu faint o aelodau sydd yn Nhŷ'r Arglwyddi, yr atebion gan amlaf yw 'rhwng cant a phum cant'. Pan ddywedaf fod yna dros wyth gant, mae pobl yn rhyfeddu. Dim ond cant o seneddwyr sydd gan yr Unol Daleithiau yn eu Hail Siambr, a dim ond 69 aelod yn Bundesrat yr Almaen.

Does yna ddim nifer penodedig o seddi yn Nhŷ'r Arglwyddi. Ar ôl pob etholiad, os daw Llywodraeth newydd i rym, bydd yn penodi ei phobl ei hunan i'r Ail Siambr. Wrth wneud hynny mae'n ceisio cael ei ffordd ei hun, yn ogystal â dweud 'Diolch' wrth y cyfoethogion oedd wedi cyfrannu arian mawr i goffrau'r blaid adeg yr etholiad – neu roi gwobr gysur i ASau a gollodd eu seddi. Gan nad oedd hawl tan 2011 i ymddeol fel aelod o Dŷ'r Arglwyddi, mae'r lle wedi bod yn tyfu fel caseg eira. Roedd yna 30 aelod newydd yn Awst 2013, ar ben yr ychwanegiadau cyson bron bob mis.

Hancs 'etifeddol' sydd i'r arglwyddi ond yn 1999 cwtogwyd yn helaeth ar hyn gan lywodraeth Tony Blair. Bryd hynny, gorfodwyd 647 o arglwyddi etifeddol i ethol 92 o'u plith i barhau i fynychu'r Tŷ. Bu raid i 555 ohonyn nhw adael; cawsant ddal eu gafael ar eu teitlau ond colli eu hawliau seneddol. Bob tro mae un o'r 92 yn marw, cynhelir isetholiad o blith yr arglwyddi etifeddol i lenwi'r bwlch.

Carfan arall sydd â hawl i seddi yno yw 24 o esgobion Eglwys Loegr. Dydi esgobion Cymru ddim yn rhan o hyn ers i'r Eglwys yng Nghymru gael ei datgysylltu yn 1920.

Pan gymerais i fy sedd, y patrwm o ran aelodaeth Tŷ'r Arglwyddi oedd:

	Arglwyddi am oes	Arglwyddi etifeddol	Arall	Cyfanswm
Llafur	234	3	0	237
Ceidwadwyr	164	48	0	212
Dem. Rhyddfrydol	84	5	0	89
Croesfeinciau	151	32	0	183
Esgobion/archesgobion	0	0	24	24
Eraill[1]	25	2	0	27
Cyfanswm	658	90	24	772

Fel y gwelir uchod, Llafur oedd y blaid â'r nifer fwyaf o aelodau, ond mae'r Toriaid bellach wedi penodi mwy o'u pobl eu hunain fel y bydd ganddyn nhw, o'r hydref hwn (2013) ymlaen, fwy na Llafur. Gyda'r Glymblaid yn llywodraethu, mae gan y Llywodraeth tua chant yn fwy o seddi na Llafur, ond heb fwyafrif dros bawb.

Yn hanesyddol, y Brenin fyddai'n arfer penodi arglwyddi etifeddol. Crëwyd rhai arglwyddi am oes hefyd gan frenhinoedd dros y canrifoedd – yn aml er mwyn anrhydeddu meistres roedden nhw eisiau ei phlesio – ond doedd gan y rheiny ddim hawl i eistedd yn y siambr na chymryd rhan yn y ddadl wleidyddol. Bu'r hawl gan y Prif Weinidog ers cyn cof i gymeradwyo i'r Brenin neu'r Frenhines enwau i'w penodi'n arglwyddi etifeddol.[2] Newidiwyd y drefn yn 1958 gan lywodraeth Geidwadol Macmillan; gyda Deddf 1958, rhoddwyd yr hawl yn ffurfiol i'r Prif Weinidog argymell arglwyddi am oes.

Mae'r dros 650 'arglwydd am oes' sydd yn Nhŷ'r Arglwyddi heddiw yno fel penodiadau gwleidyddol wedi'u cymeradwyo gan brif weinidogion. Yn 2000 sefydlwyd Comisiwn

146

Penodiadau Tŷ'r Arglwyddi i adolygu'r enwau gwleidyddol hynny, a hefyd i gymeradwyo enwau o blith pobl nad ydyn nhw'n cynrychioli plaid wleidyddol (People's Peers). Penodir hanner dwsin o'r rhain bob blwyddyn, ac mae tua thrigain ohonyn nhw'n eistedd ar y croesfeinciau. Daw'r rhan fwyaf o'r arglwyddi hyn ag arbenigedd i'r Ail Siambr, ac maent yn cynnwys meddygon, cadfridogion, arweinyddion ym myd addysg, yr heddlu, y gwasanaethau diogelwch a'r celfyddydau. Rhai sydd wedi llwyddo yn Lloegr yw'r rhan helaethaf ohonynt, ond ymhlith y lleiafrif o Gymru mae Tanni Grey-Thompson, Ilora Finlay a David Rowe-Beddoe. Arweinydd presennol y croesfeinciau yw Herbert Laming, cyn-bennaeth Gwasanaethau Cymdeithasol Hertfordshire, dyn bonheddig a charedig. Mae'r rhan fwyaf o'r croesfeincwyr yn bobl hynaws, ddiymhongar a galluog – ond fel bob amser, mae 'na rai eithriadau!

Dyw Grŵp y Croesfeincwyr ddim yn cymryd safbwynt penodol ar faterion gwleidyddol; mae'n fater i bob aelod benderfynu drosto'i hun. Serch hynny, gyda dros 180 ohonynt mae gan y croesfeincwyr ddylanwad sylweddol ar ganlyniad unrhyw bleidlais. Os digwydd iddyn nhw bleidleisio'n drwm yn yr un ffordd, mae hynny'n fwy na digon i benderfynu ydi'r Llywodraeth yn ennill neu'n colli.

Pan gymerais i fy sedd, arweinydd Tŷ'r Arglwyddi oedd Thomas Strathclyde, arglwydd etifeddol a thipyn o gymeriad. Bellach Jonathan Hill yw'r arweinydd, dyn hawdd mynd ato ac un y bûm yn delio efo fo pan oedd yn gweithio i John Major yn y Trysorlys. Arweinydd y Democratiaid Rhyddfrydol a Dirprwy Arweinydd y Llywodraeth yn yr Ail Siambr yw Tom McNally, un a fu'n AS Llafur cyn ymuno â'r SDP; roeddwn yn ei adnabod yntau o'r cyfnod pan oedd y ddau ohonom yn Nhŷ'r Cyffredin. Arweinydd y Grŵp Llafur yw Jan Royall, fu'n Ymgynghorydd Arbennig i Neil Kinnock pan oedd yn arweinydd Llafur ac yn gweithio iddo pan oedd yn Gomisiynydd Ewrop ym Mrwsel. Bu hithau'n bennaeth Swyddfa Cymru o'r Comisiwn Ewropeaidd yng Nghaerdydd. Sôn am fyd bach: roedd fy merch, Eluned, yn gyfeillgar iawn â Jan Royall pan oedd hi'n gweithio i Grŵp yr Enfys yn Senedd Ewrop, y grŵp roedd Jill Evans ac Eurig Wyn yn aelodau ohono.

Tan y ganrif hon doedd gan Dŷ'r Arglwyddi ddim Llefarydd fel y cyfryw. Y sawl a eisteddai ar y 'sach wlân'[3] oedd yr Arglwydd Ganghellor. Etholwyd Arglwydd Lefarydd am y tro cyntaf yn 2006, sef Helene Hayman, AS ieuengaf Tŷ'r Cyffredin yn y saithdegau. Mae hi bellach wedi ymddeol a Frances D'Souza, Arweinydd y Croesfeinciau pan gymerais i fy sedd, yw Llefarydd Tŷ'r Arglwyddi erbyn hyn.

Does gan y Llefarydd fawr ddim swyddogaeth ffurfiol. Disgrifir y lle fel 'self-regulating chamber', gyda'r aelodau'n llywio'r busnes gyda'i gilydd – yn penderfynu pwy ddylai fod yn siarad, neu'n gofyn cwestiwn, drwy gonfensiwn. Dydi'r Llefarydd ddim yno i ddehongli'r rheolau sefydlog nac i hysbysu aelod ei fod allan o drefn. Yn groes i Dŷ'r Cyffredin, does dim hawl i godi 'pwyntiau o drefn' gyda'r Arglwydd Lefarydd. O gofio hyn oll, mae'r Ail Siambr yn gweithredu'n rhyfeddol o dda ac ar adegau'n llawer mwy trefnus a thecach na Thŷ'r Cyffredin.

Ar ôl cymryd fy sedd, un her i mi oedd ailgynefino ag oriau gwaith seneddol. Mae'r arglwyddi'n eistedd tua'r un cyfnod o'r flwyddyn â Thŷ'r Cyffredin, ac am bedwar diwrnod yr wythnos (weithiau bump) am naw mis y flwyddyn. Gan amlaf, mae'r oriau o hanner awr wedi dau y pnawn tan ddeg y nos – weithiau, fel yn Nhŷ'r Cyffredin, tan berfeddion nos. Yn ystod fy mlwyddyn gyntaf yno bûm yn siarad yn y siambr ar ôl hanner nos fwy nag unwaith – sioc i gyfansoddiad dyn oedd wedi ymddeol!

Cefais fy nychryn wrth sylweddoli faint o ddyddiau'r wythnos y byddai angen i mi fynychu'r lle, sy'n fwy na phan o'n i yn Nhŷ'r Cyffredin. Ond yno, wrth gwrs, roedd gan y Blaid dri neu bedwar aelod i rannu'r dyletswyddau.

Rhan o'r cyfrifoldeb yw gweithredu ar bwyllgorau craffu ar ddeddfwriaeth. Nid gwaith bach, na gwaith dibwys, mo hwn. Mae'n golygu pori'n ofalus dros bob gair mewn mesur i sicrhau ei fod yn dderbyniol o ran polisi, yn dal dŵr o safbwynt cywirdeb y geiriad, ac (o'm safbwynt i) rhaid hefyd ystyried sut byddai'n effeithio ar bobl Cymru neu ar hawliau'r Cynulliad Cenedlaethol.

Mewn mesur swmpus, ceir cynifer ag 80,000 o eiriau y mae'n rhaid ystyried eu goblygiadau! Mae'n cymryd amser i wneud hyn yn drwyadl. Er enghraifft, efo'r Mesur Diwygio Lles, cafwyd 17 eisteddiad o'r pwyllgor craffu – pob un yn para pedair awr, am gyfnod o ddeufis. O wneud y gwaith yn gydwybodol, cewch gyfle i ddysgu llawer iawn am y pwnc dan sylw, ac i sefydlu'ch hun yn llygaid y Gweinidog a'r aelodau eraill fel un sy'n cymryd y mater o ddifri. Dyma yw glo mân y broses ddeddfu, ac mae'r pwysau gwaith sydd ynghlwm â hyn yn tanlinellu pa mor annheg ydi hi i ddisgwyl i'r Cynulliad efo dim ond trigain aelod, a dim ail siambr, ymdopi â'r baich gwaith.

Roeddwn wedi arfer gweithredu ar bwyllgorau o'r fath yn Nhŷ'r Cyffredin, ond mae un gwahaniaeth mawr rhwng y ddwy siambr. Yn Nhŷ'r Cyffredin dewisir pwyllgor penodol i ymdrin â mesur sydd wedi cael sêl bendith o ran egwyddor

149

trwy roi Ail Ddarlleniad iddo, a bydd y pwyllgor yn cynnwys, efallai, dri dwsin o ASau. Tra oeddwn i yno, byddwn yn cael fy newis i fod ar ddau neu dri phwyllgor o'r fath mewn blwyddyn – pob pwyllgor yn cymryd rhyw ddeufis i wneud ei waith. Felly, dim ond ar leiafrif bach o'r deddfau newydd y byddwn i wedi gweithio'n fanwl.

Yn Nhŷ'r Arglwyddi mae hawl gan bob aelod i weithredu ar bob pwyllgor sy'n craffu ar fesurau ddaw gerbron y Tŷ, a chymryd rhan ym mhob eisteddiad. Y broblem i mi ydi hyn: bydd mudiadau allanol sy'n ymddiddori mewn mesur seneddol – yn ymwneud ag anabledd, er enghraifft, mudiadau fel Mencap, Scope a Mind – yn chwilio am aelodau o bob plaid i godi pwyntiau manwl ar eu rhan yn nhrafodaethau'r pwyllgor. Gan mai fi ydi'r unig aelod o Blaid Cymru, caf bobl yn pwyso arnaf i gyfrannu i'r pwyllgorau ar bron bob mesur a ddaw gerbron y Tŷ. Yn aml, bydd mwy nag un mesur o bwys i Gymru'n cydredeg – un yn y siambr ac un arall mewn ystafell bwyllgor. Dydi hi ddim yn ymarferol bosib i un aelod o Blaid Cymru wneud cyfiawnder â'r gwaith. Ar adegau bûm yn gwegian wrth geisio ymdopi â'r her. Teimlaf weithiau ein bod wedi cael ein twyllo: bod y sefydliad wedi cynnig yr un sedd yma inni fel ei bod hi'n ymddangos fel petai'r Blaid yn cael pob chwarae teg i godi llais yn yr Ail Siambr – ond heb fod tri neu bedwar yno dros Blaid Cymru, mae'n amhosib cyflawni'r hyn mae gan Gymru'r hawl i'w ddisgwyl gennym.

Does dim sicrwydd pryd y bydd materion o bwys i Gymru yn codi. Weithiau mae'n bosib holi cwestiwn â naws Gymreig iddo ar gynffon sylwadau gan aelod arall; dro arall mae materion Cymreig yn ymddangos yn annisgwyl. Os digwydd hyn a finnau heb fod yno, byddaf yn teimlo'n euog. Efallai na fyddai neb yn sylwi, o gofio cyn lleied o sylw mae'r wasg yn ei roi i waith yr Ail Siambr, ond os ydw i'n absennol does neb i warchod safbwynt y Blaid.

Ar un ystyr mae fel ceisio cyflawni gwaith Aelod Seneddol (ar wahân i'w ddyletswyddau yn yr etholaeth), heb unrhyw staff cynorthwyol yn gweithio i mi a heb swyddfa ddigonol. Weithiau byddaf yn derbyn dwsinau o ebyst mewn diwrnod – daeth 48 mewn dwyawr un pnawn! Mae'r mwyafrif helaeth yn dod o Loegr – fel pe na bai trigolion Cymru yn ymwybodol fod Tŷ'r Arglwyddi yno i'w gwasanaethu nhwythau hefyd. Oni bai am yr help a gaf gan dîm y Blaid yn Nhŷ'r Cyffredin byddai'n hollol amhosib cyflawni'r gwaith. Nid fy mod i'n cwyno – rwy'n ffodus i gael cyfle i godi llais yno dros Gymru – ond byddai'n llawer iawn haws pe bai gan Blaid Cymru dri Aelod yno, fel roedden ni wedi'n harwain i gredu. A rywbryd, os na fydd pethau'n gwella, bydd raid meddwl am ba hyd y bydd yn ymarferol i mi geisio cario'r baich ar fy mhen fy hun.

Mae'r ffaith nad oes gan yr SNP unrhyw gynrychiolydd yno wedi ychwanegu at fy ngwaith; fel plaid, maent wedi penderfynu gwrthod anfon aelodau'n swyddogol i Ail Siambr anetholedig. Rwyf yn llawn ddeall a pharchu eu safbwynt, ond wrth i'r Alban ddod i frig yr agenda wleidyddol teimlaf ddyletswydd i gadw fy nghlustiau ar agor ac achub cam yr SNP os bydd angen – er nad oes gen i hawl i siarad ar eu rhan, wrth gwrs. Mae rhai ymhlith chwe AS yr SNP hefyd yn teimlo'n eithaf cryf y dylai fod ganddyn nhwythau lais yn yr Ail Siambr.

Roedd rhai arglwyddi'n awgrymu'n lled gyhoeddus y dylai George Reid, cyn-lefarydd Senedd yr Alban, fod wedi'i benodi i'r Ail Siambr. Roedd cynsail i hyn, gyda David Steele (yntau'n gyn-Lefarydd Senedd yr Alban) yn Nhŷ'r Arglwyddi, fel roedd John Alderdice (cyn-Lefarydd Cynulliad Gogledd Iwerddon) – ac, wrth gwrs, Dafydd Elis Thomas (cyn-Lywydd Cynulliad Cymru). Rhoddodd Alex Salmond ar ddeall na fyddai'n ddim ddicach pe câi George Reid, fel unigolyn, ei benodi'n aelod annibynnol o Dŷ'r Arglwyddi. Bu George yn gyfaill da i Dafydd Êl a minnau pan oeddem ein tri'n ASau rhwng 1974 ac 1979. Byddai ei bresenoldeb yn gyfrwng i wyntyllu safbwynt cenedlaetholwyr yr Alban ar adeg dyngedfennol i'r wlad.

Ces gyfle mewn cyfarfod ar 29 Chwefror 2012 yn 10 Downing Street i atgoffa David Cameron o'r addewid a roed pan ges i fy mhenodi, sef y bydden nhw'n edrych yn ffafriol ar gryfhau llais y Blaid pan ddôi'r cyfle nesaf i benodi aelodau newydd i Dŷ'r Arglwyddi. Roedd o hefyd yn ymwybodol fod rhai o arglwyddi'r Alban yn pwyso am gael penodi George Reid. Cefais wrandawiad digon teg gan y Prif Weinidog, heb unrhyw ymrwymiad cadarn.

Wrth adael Rhif 10 y bore hwnnw, credwn i mi deimlo ysbryd Gordon Brown yn cael pwl o apoplecsi!

---

[1] Yr 'Eraill' yn y tabl yw'r rhai sydd mewn swyddi sy'n gwahardd aelodaeth o blaid wleidyddol, ynghyd â'r rhai Annibynnol sydd ddim yn dymuno eistedd ar y croesfeinciau. Dyw'r 'Eraill' ddim yn cynnwys y canlynol: yr 20 sy'n absennol yn barhaol, y 3 yr ataliwyd eu haelodaeth, y 15 aelod o'r gyfundrefn farnwrol, a'r un aelod o Senedd Ewrop sydd heb hawl i eistedd yno. Felly'r gwir gyfanswm yw 811.

[2] 'The use of the peer-creating power is always in the hands of the Premier' – *The English Constitution*, Walter Bagehot, 1867.

[3] Sedd yr Arglwydd Ganghellor (ac yn ddiweddarach y Llefarydd) yn Nhŷ'r Arglwyddi yw'r *woolsack*. Mae'n draddodiad sy'n mynd yn ôl i'r bedwaredd ganrif ar ddeg, pan orchmynnodd Edward III i'w Arglwydd Ganghellor eistedd ar sedd o wlân – arwydd o bwysigrwydd y diwydiant gwlân y dyddiau hynny.

Oes diben bod yno?

Beth, felly, all aelod o'r Ail Siambr ei gyflawni – os o gwbl? Oes diben cadw ci gwarchod yn y lle i amddiffyn buddiannau Cymru? O safbwynt cael proffil ychwanegol i'r Blaid yng ngolwg etholwyr Cymru, mae treulio amser ac egni yn yr Ail Siambr yn wastraff amser llwyr – ond eto, mae'n bosib dylanwadu rhyw gymaint ar lywodraeth o'r meinciau coch.

Yn y bennod hon byddaf yn ceisio pwyso a mesur gwerth bod yno, gan geisio osgoi dod i ganlyniad emosiynol sy'n tarddu o'm rhwystredigaeth yn dilyn tair blynedd o daro fy mhen yn erbyn carreg ddisymud y sefydliad Seisnig.

Mae pwrpas Tŷ'r Arglwyddi yn wahanol i un Tŷ'r Cyffredin, lle mae'r aelodau'n cynrychioli eu hetholwyr, eu plaid a'u gwlad. Nid siambr gynrychioladol yw Ail Dŷ Senedd Prydain – nid dyna'i hamcan; dyw'r aelodau, ar un ystyr, ddim yn cynrychioli neb heblaw nhw'u hunain. Er bod tri chwarter yr aelodau'n perthyn i blaid wleidyddol, does gan y pleidiau ddim byd tebyg i'r afael sydd gan chwipiaid y pleidiau mawr ar Aelodau Seneddol. Petai AS yn mynd yn groes i'w blaid gallai golli'r chwip – a thrwy hynny, o bosib, ei fywoliaeth.

Nid felly mae hi gyda'r arglwyddi. Gan fod yr arglwyddi yno am oes, does dim modd i'w plaid eu diswyddo. Mae'r pleidiau Prydeinig yn ceisio rhedeg cyfundrefn chwip yn yr

Ail Siambr, ond mae'n ymddangos ar adegau fod aelodau'n rhydd i ddilyn neu anwybyddu hynny. Mater o fympwy i lawer yw troi i fyny neu beidio. Os yw plaid eisiau ennill pleidlais mae'n rhaid iddi drefnu bod y pleidleisio'n digwydd rhwng 4.30 y pnawn a 7.30 y nos, neu bydd carfan o'u haelodau naill ai heb gyrraedd neu ar eu ffordd adref!

Siambr adolygiadol ('revising chamber') ydi Tŷ'r Arglwyddi, ffon fesur o fath gwahanol i asesu cynlluniau'r Llywodraeth. Dydi'r aelodau ddim yno i adlewyrchu teimlad eu cymdeithas, ond yn hytrach i ddefnyddio unrhyw brofiad ac arbenigedd sydd ganddyn nhw. Priod waith yr Arglwyddi ydi cyflwyno sylwadau, gofyn cwestiynau, gwneud awgrymiadau, beirniadu, ac, yn y sefyllfa eithaf, gofyn i'r Llywodraeth ailystyried ei pholisïau. Dydan ni ddim yno i wneud penderfyniadau terfynol. Cyfrifoldeb Tŷ'r Cyffredin ydi hynny, ar ôl cymryd barn Tŷ'r Arglwyddi i ystyriaeth. Dylanwad sydd gan yr Ail Siambr, yn hytrach na grym gwirioneddol.

* * *

I ba raddau mae hi'n bosib i Dŷ'r Arglwyddi wneud unrhyw gyfraniad ystyrlon at bolisïau llywodraethol sy'n berthnasol i Gymru? Mae gan lawer o'r aelodau gefndir Cymreig ond dydi'r rhan fwyaf o'r rheiny ddim yn ystyried eu bod yno i warchod buddiannau Cymru. Mae Tŷ'r Arglwyddi'n ceisio gwella deddfau sy'n berthnasol i'r Deyrnas Gyfunol, i Brydain, i 'Loegr a Chymru', neu i Loegr yn unig.

Dydi'r Ail Siambr ddim yn ymdrin â mesurau ar bynciau datganoledig sy'n ymwneud â Chymru yn unig – mater i'r Cynulliad ydi hynny. Dydw i ddim am eiliad yn awgrymu y dylai Tŷ'r Arglwyddi adolygu deddfau'r Cynulliad: Duw a'n gwaredo rhag hynny! Ond oni ddylai yna fod ryw system adolygiadol arall yng Nghymru? Mae'r drefn sydd ohoni'n adlewyrchu'r ffordd anghytbwys a diweledigaeth mae datganoli wedi datblygu yng ngwledydd Prydain.

Mae yna faterion yn codi bob dydd yn Nhŷ'r Arglwyddi sydd â goblygiadau i Gymru: yr economi a threthiant, pensiynau a budd-daliadau, yr heddlu a'r llysoedd, carchardai, ein perthynas ag Ewrop a gwledydd tramor, ynni, darlledu, rhyfela, dinasyddiaeth – rhestr hirfaith o bynciau sydd heb eu datganoli. Hyd yn oed efo materion datganoledig fel iechyd ac addysg, mae deddfau sy'n gweithredu yn Lloegr yn cael sgileffeithiau ar Gymru. Roedd Deddf Iechyd 2012 (deddf i Loegr yn unig) yn golygu cost o £11m y flwyddyn i'r gwasanaeth iechyd yng ngogledd Cymru oherwydd nifer y trigolion sy'n gorfod croesi'r ffin i gael triniaeth feddygol. Gyda phob mesur yr honnir ei fod yn ymwneud â Lloegr yn unig, byddaf yn gofyn dau gwestiwn sylfaenol: ydi'r mesur yn effeithio ar gyllid y Cynulliad, ac a oes problemau trawsffiniol yn codi?

Mae pob deddf sy'n newid lefel gwario cyhoeddus yn Lloegr, ar wasanaethau a ddatganolwyd i'r Cynulliad, yn effeithio ar Gymru. Mae hyn oherwydd y modd y caiff y Cynulliad ei gyllido trwy Fformiwla Barnett. Pe bai'r Gwasanaeth Iechyd Gwladol yn cael ei breifateiddio'n llwyr yn Lloegr, a phobl yn talu am eu triniaethau yno, fyddai gan y Cynulliad ddim dewis ond dilyn llwybr cyffelyb gan y byddai'r gwariant cyhoeddus ar iechyd yn Lloegr yn lleihau a'r cyllid sy'n dod i Gymru o ganlyniad yn crebachu. Fyddai dim modd i'r Cynulliad redeg Gwasanaeth Iechyd Gwladol o fewn ei adnoddau ariannol; does ganddo, hyd yma, ddim

155

pwerau trethu i godi'r cyllid angenrheidiol. Dyna realiti sefyllfa Cymru.

Mae yna lwyth o waith i'w wneud dros Gymru yn Nhŷ'r Arglwyddi, o brocio a holi ynglŷn â materion sydd heb eu datganoli – ond hefyd, oherwydd y rhesymau uchod, ynglŷn â mesurau newydd yn y meysydd sydd *wedi* eu datganoli. Mae'r dulliau sydd ar gael i aelodau o'r Ail Siambr bwyso ar lywodraeth y dydd yn ddigon tebyg i'r rhai yn Nhŷ'r Cyffredin, megis gofyn cwestiynau ar lafar ac yn ysgrifenedig i Weinidogion y Llywodraeth. Mae tua pymtheg o Weinidogion y Goron yn eistedd yn Nhŷ'r Arglwyddi, gan gynnwys un o Weinidogion Swyddfa Cymru, Jenny Randerson.

Gall aelod o'r Ail Siambr siarad mewn dadleuon, a gall geisio sicrhau dadleuon ar faterion o bwys – fel y ddadl fer a hyrwyddais i ar Adroddiad Silk.[1] Daw cyfle i eistedd ar bwyllgorau sefydlog sy'n craffu ar ddeddfwriaeth, ac ar bwyllgorau dethol. Mae drws agored i gyfarfod â Gweinidogion neu i arwain dirprwyaeth i'w gweld, fel y gwneuthum ar ran Awtistiaeth Cymru. Sefydlodd Ysgrifennydd Cymru, David Jones, drefn newydd lle mae Gweinidogion y Swyddfa Gymreig yn cyfarfod bob chwe wythnos efo arglwyddi sydd â diddordeb yng Nghymru. Tua dwsin sy'n troi i fyny. Ceir hefyd gyfle i fynychu grwpiau amlbleidiol a 'meinciau cefn', sy'n cynnwys aelodau o'r ddau Dŷ. Enghreifftiau o hynny yw Grŵp Anabledd y Senedd neu Grŵp Hybu Twristiaeth Cymru. Os rhywbeth, mae 'na ormod o gyfle i aelodau'r Ail Siambr godi llais dros Gymru; yr her yw defnyddio'r cyfleodd i gael y fantais orau i'n gwlad. Ond a yw'r hyn sy'n cael ei ddweud yno'n gwneud unrhyw wahaniaeth gwirioneddol?

Yn ystod fy nwy flynedd gyntaf roedd digon o gyfiawnhad i'r Blaid cael llais yno. Yr enghraifft orau oedd yr ymdrech i arbed annibyniaeth S4C a gyflawnwyd, yn rhannol, gan aelodau Cymreig yr Ail Siambr. Roeddwn wedi derbyn fy sedd yn y Tŷ ar ganol y drafodaeth ar y Mesur Cyrff Cyhoeddus, bil fyddai'n diddymu annibyniaeth S4C wrth i'r sianel gael ei hariannu gan y BBC. Roedd teimladau hynod o gryf yng Nghymru, a derbyniodd Elystan Morgan a finnau gais gan Gymdeithas yr Iaith i lunio dirprwyaeth o bobl amlwg Cymru i herio'r Ysgrifennydd Treftadaeth, Jeremy Hunt. Roedd hyn yn seiliedig ar yr hyn a ddigwyddodd yn 1980 pan wnaeth Gwynfor Evans fygwth ymprydio i farwolaeth os na fyddai'r Torïaid yn cadw'u gair i sefydlu sianel Gymraeg. Bryd hynny, dirprwyaeth yn cynnwys Gwilym O. Williams, Archesgob Cymru; Syr Goronwy Daniel, cyn brif was sifil y Swyddfa Gymreig; a'r Arglwydd Cledwyn, cyn-Ysgrifennydd Cymru, oedd wedi mynd at William Whitelaw a'i ddarbwyllo i newid polisi.

Teimlai Elystan a finnau na fyddai'n fuddiol nac yn ymarferol aildroedio'r un llwybr y tro hwn. Doedden ni'n gweld fawr o ddiben mewn creu sefyllfa annifyr i Mr Hunt, hyd yn oed os oedd o'n haeddu hynny. Ein hamcan oedd achub annibyniaeth S4C. Roeddem yn unfarn mai llawer doethach fyddai cael Jeremy Hunt i gyfarfod â dirprwyaeth fechan drawsbleidiol o Dŷ'r Arglwyddi, yn gwbl breifat. Cawsom air â John Morris, cyn-Ysgrifennydd Cymru ac un pybyr dros y Gymraeg, a hefyd â Wyn Roberts a fu'n Weinidog yn y Swyddfa Gymreig am ddeunaw mlynedd. Bu Wyn, cyn troi'n wleidydd, yn rheolwr rhaglenni gyda chwmni TWW yng Nghaerdydd.

Cytunodd y ddau, ac aeth y pedwar ohonom i weld

Mr Hunt fore Iau, 20 Hydref 2011. Cytunwyd i rannu'r dadleuon rhyngom ein pedwar: John i arwain a gosod y darlun, Elystan i gyflwyno'r dadleuon yng nghyd-destun cyfreithiol siarter y BBC, Wyn i siarad o'i brofiad ym myd teledu masnachol yng Nghymru, a finnau i ymwneud â'r materion cyllidol. Cawsom wrandawiad digon parchus a bron awr o drafodaeth. Rhoddwyd ar ddeall i'r Gweinidog na fyddem yn sgorio pwyntiau gwleidyddol yn sgil y cyfarfod, dim ond nodi ein bod ni wedi cael 'trafodaeth adeiladol'.

Roedd Jeremy Hunt yn cydnabod inni godi nifer o bwyntiau nad oedd o wedi'u llawn ystyried, ac y byddai'n edrych eto ar y mater, heb ymrwymiad. Un pwynt wnaeth argraff arno oedd amlinelliad Wyn Roberts o'r sefyllfa amhosib fyddai wedi codi o dan y drefn roedd o, Mr Hunt, yn ei hargymell, petai Wyn yn dal yn ei hen swydd fel trefnydd rhaglenni TWW. Dyweder fod rhywun o'r BBC yn eistedd i mewn ar bwyllgor trefnu rhyw raglen arbennig, ac yn clywed pa symiau ariannol roedd TWW yn eu trafod – yna, meddai Wyn, byddai cyfrinachedd masnachol wedi'i golli'n llwyr, ac wedi gwneud pethau'n amhosib. Roedd Mr Hunt yn deall y ddadl honno'n iawn. O fewn deng niwrnod roedd y Llywodraeth wedi newid ei barn, a chafwyd ateb derbyniol o safbwynt annibyniaeth S4C. Roedd hynny'n ddigon i wneud i Gymdeithas yr Iaith dynnu'n ôl eu bygythiad o weithredu.

Dyna enghraifft o'r hyn mae modd ei wneud yn dawel drwy gydweithio rhwng y pleidiau ar agenda Gymreig. Roedd hefyd yn dangos i mi fod natur gweithredu yn yr Ail Siambr yn dra gwahanol i'r hyn roeddwn wedi'i brofi yn Nhŷ'r Cyffredin, lle mae polareiddio pleidiol yn gynhenid.

Gwahaniaeth arall a ganfûm rhwng y ddau Dŷ yw'r ffaith fod araith gan unigolyn mewn dadl yn Nhŷ'r Arglwyddi yn gallu cael effaith pan ddaw mater i bleidlais. Gan fod y 180 o aelodau'r croesfeinciau'n rhydd o chwip unrhyw blaid, nhw'u hunain sy'n penderfynu sut i bleidleisio. Mewn 27 mlynedd yn Nhŷ'r Cyffredin, dwi ddim yn cofio unrhyw achlysur pan ddaeth ASau o blaid arall ataf, ar ôl gwrando arnaf yn siarad, a dweud iddyn nhw newid eu pleidlais yn sgil yr hyn roeddwn i wedi'i ddweud! Yn Nhŷ'r Arglwyddi mae pethau'n wahanol. Sawl gwaith, wrth drafod gwelliant ar faterion fel anabledd, mae aelodau o'r croesfeinciau wedi dod ataf gan ddweud eu bod nhw wedi bwriadu pleidleisio yn groes i'm safbwynt i, ond ar ôl gwrando arnaf wedi newid eu meddyliau. Mae hyn yn sbardun sy'n rhoi mwy o awydd i rywun siarad mewn dadl. A chan fod pleidleisiau'r croesfeincwyr, ynghyd â rhai Llafur, yn golygu bod modd trechu'r Llywodraeth, mae hyn yn gymhelliad ychwanegol.

Yn Nhŷ'r Arglwyddi, hefyd, cariwyd cynnig yn enw pedwar ohonom (un Llafur, un rebel o Ddemocrat Rhyddfrydol, un croesfeinciwr arall a finnau) i ohirio am bum mlynedd y bwriad i dorri nifer ASau Cymru o 40 i 30, newid a fyddai wedi gwanhau llais cefn gwlad Cymru. Sylweddolodd arweinyddiaeth Llafur fod mantais mewn cael aelodau o'r croesfeinciau i gynnig neu gefnogi gwelliannau i fesurau os am drechu'r Llywodraeth; os byddai cynnig yn cael ei gyflwyno yn enw aelod o'r croesfeinciau, roedd cyfran dda o'r croesfeincwyr yn debycach o'i gefnogi.

Cefais fy annog gan aelodau Llafur i roi fy enw'n ffurfiol ar welliant roedd Llafur yn ei gyflwyno. Ar ôl buddugoliaeth nodedig oedd yn gohirio'r newidiadau, derbyniais lythyr caredig gan arweinydd Llafur, Jan Royall, yn diolch am fy

159

rhan yn y fuddugoliaeth. Gall hyn fod yn allweddol adeg Etholiad Cyffredinol 2015, oherwydd fe allai'r newidiadau fod wedi rhoi mantais o ddau ddwsin o seddi i'r Torïaid. Amser a ddengys a fydd nifer ASau Cymru yn cael eu torri ar gyfer Etholiad Cyffredinol 2020. Mae'n dra thebygol y gwelwn gyfaddawd fyddai'n achub hyd at bedair sedd wledig yng Nghymru.

Daeth cyfle hefyd yn Nhŷ'r Arglwyddi i ddadlau dros ddiwygio Fformiwla Barnett a gweithredu argymhellion Comisiwn Silk. Yn ychwanegol at faterion penodol Gymreig, chwaraeais ran yn y brwydrau i ddiogelu cymorth cyfreithiol; ennill iawndal i ddioddefwyr asbestosis (sy'n bwysig mewn ardaloedd fel Arfon lle mae cysgod ffatri Ferodo yn achosi pryder); hyrwyddo'r Ddeddf Stelcian y cyflawnodd Elfyn Llwyd gampwaith yn ei sicrhau; gwarchod budd-dal tai a lwfansau anabledd; rhoi pwysau ar yr awdurdod twristaidd Visit Britain i beidio ag anghofio Cymru yn ei waith; ceisio sicrhau nad yw cymdeithasau pêl-droed Cymru a'r Alban yn colli eu statws rhyngwladol yn sgil y Gemau Olympaidd – ac amryw byd o frwydrau eraill.

* * *

Soniais eisoes fy mod yn teimlo rheidrwydd i warchod sefyllfa'r SNP. Gyda'r refferendwm ar y gorwel mae arglwyddi Lloegr ac'r Alban yn cydio ym mhob cyfle i'w dilorni, a chlodfori unoliaeth Prydain. Eisteddais drwy ran sylweddol o'r ddadl ar Ail Ddarlleniad Mesur yr Alban 2012, ac Albanwyr Llafur a Cheidwadol yn pardduo Alex Salmond ar bob cyfle, gan ei gymharu â'r Arlywydd Mugabe a hyd yn oed Adolf Hitler. Allwn i ddim dioddef y fath enllib heb godi llais ar ran fy hen gyfaill. Dywedais: 'I am not here answering on behalf of Alex Salmond, but I wanted to stand up and say a few words on his behalf . . . when I heard the phrase "weasel words" a moment ago and his good faith being questioned. He has been described as cunning, a gambler, devious and frightened . . . If the debate is going to be pursued in that tone, what will be the reaction and outcome in Scotland?'[2]

Er syndod i mi, roedd hyn wedi cyffwrdd nerf ymhlith amryw o aelodau eraill, yn arbennig ar y croesfeinciau, a chrisialwyd hyn gan yr Arglwydd Kerr pan ddywedodd yn ddiweddarach yn y ddadl: 'I am ashamed, as a Scotsman and as a Scots Unionist, that it took a Welshman to make that point . . . We really should not be using language like "rigged" and "fixed" [wrth sôn am refferendwm yr Alban]. To accuse someone who is not represented here of being devious seems very unwise.'[3]

Yn ddiweddarach daeth nifer o aelodau ataf i ddiolch i mi am warchod 'chwarae teg' o fewn y siambr. Doedden nhw ddim yn gefnogwyr i'r SNP ond roedden nhw'n teimlo bod pardduo personol o'r fath yn niweidio enw da Tŷ'r Arglwyddi lawn cymaint ag enw da Alex Salmond. Rhyfedd o fyd mai cenedlaetholwr Cymreig wnaeth orfod achub cam Ail Siambr Lloegr! Cefais neges gynnes iawn gan Alex hefyd.

* * *

A oes gwerth mewn cael Ail Siambr? O fewn y gyfundrefn Brydeinig mae'n nesaf peth i hanfodol oherwydd y modd mae Tŷ'r Cyffredin yn dewis gwneud ei waith. Mae llywodraethau'n cyflwyno llawer gormod o ddeddfau newydd gerbron y Senedd; o ganlyniad, chaiff ASau ddim digon o amser i graffu arnyn nhw'n effeithiol. Daw rhai mesurau atom yn Nhŷ'r Arglwyddi heb i dri chwarter corff y mesur gael eiliad o ystyriaeth fanwl gan Dŷ'r Cyffredin. Pe baen nhw'n mynd i'r llyfr statud heb eu hadolygu'n drwyadl, byddai'n draed moch llwyr – dinasyddion yn ansicr o'u hawliau, a llysoedd yn methu gwneud eu gwaith. Pe bai Tŷ'r Arglwyddi yn cael ei ddiddymu, byddai'n rhaid, o fewn system Prydain, dyfeisio siambr arall i adolygu a diwygio deddfwriaeth ddrafft.

O'n safbwynt ni yng Nghymru, tra mae penderfyniadau'n dal i gael eu gwneud yn y sefydliad anachronistaidd hwn, er gwaetha'i ddiffyg democratiaeth fe ddylem barhau i anfon lladmeryddion yno o bob plaid i hybu buddiannau ein gwlad. Ond gorau po gyntaf y bydd gennym reolaeth dros ein holl benderfyniadau llywodraethol yn ein senedd ein hunain yng Nghaerdydd, ac na fydd angen i ni anfon pobl i warchod ein gwlad yn y fath le.

---

1 Adroddiad y Comisiwn ar Ddatganoli yng Nghymru, a gyhoeddwyd 19 Tachwedd 2012.
2 Hansard, 22 Ionawr 2012, colofn 1171.
3 Hansard, 22 Ionawr 2012, colofn 1172.

Dyfodol Tŷ'r Arglwyddi

Mae'n fater o falchder mai fy rhagflaenydd fel AS Caernarfon, David Lloyd George, oedd y cyntaf i gymryd camau ymarferol i ddiwygio Tŷ'r Arglwyddi. Yn 1909, fel Canghellor y Trysorlys, ceisiodd gynyddu treth incwm y cyfoethogion a threthi eraill i dalu am 'Gyllideb y Werin'. Roedd angen ariannu pensiwn yr henoed – swm o bum swllt yr wythnos yn wreiddiol. Y flwyddyn ganlynol byddai angen cyllid hefyd ar gyfer budd-daliadau diweithdra, salwch ac anabledd.

Roedd Tŷ'r Arglwyddi bryd hynny'n siambr o tua 630 o aelodau. Ar wahân i'r esgobion ac arglwyddi'r gyfraith, rhai etifeddol oedd y rhain bron i gyd, gan gynnwys 44 o arglwyddi Albanaidd a Gwyddelig. Doedd ganddyn nhw ddim cymhwyster arbennig i fod yn aelodau, dim ond bod brenhinoedd wedi creu teitlau ar eu cyfer nhw neu eu cyndeidiau. Roedden nhw bron i gyd yn dod o gefndir cyfoethog, yn dirfeddianwyr neu'n farwniaid diwydiannol. Yn ei hanfod roedd yn siambr geidwadol ac yn elyniaethus tuag at unrhyw syniad o ailddosbarthu cyfoeth. Gwrthododd Tŷ'r Arglwyddi basio Cyllideb y Werin yn Nhachwedd 1909. Arweiniodd hyn at etholiad cyffredinol – a oedd, i bob pwrpas, yn refferendwm ar Gyllideb Lloyd George, ac ar raglen y Llywodraeth Ryddfrydol i gyfyngu ar bwerau Tŷ'r Arglwyddi.

Ar ôl ffrae hir, ac yn dilyn ail etholiad yn Rhagfyr 1910, fe gytunwyd ar gyfaddawd. Pasiwyd Deddf y Senedd 1911

163

i rwystro Tŷ'r Arglwyddi rhag gallu atal unrhyw fesur cyllid, na rhwystro'r Llywodraeth i basio deddfau roedd ganddi fandad ar eu cyfer. Hwn, yn ôl haneswyr, oedd y cam allweddol i ddechrau diwygio cyfundrefn lywodraethol Prydain.[1] O gofio'r anawsterau dybryd a welwyd yn ddiweddar wrth geisio diwygio Tŷ'r Arglwyddi, all dyn ddim ond rhyfeddu at ewyllys a phenderfyniad Lloyd George.

Awgrymwyd droeon bryd hynny y dylid ailwampio Tŷ'r Arglwyddi a'i droi yn siambr etholedig, neu ei chwalu'n llwyr. Does dim rhaid i unrhyw wlad fod â dwy siambr i'w senedd. Mae amryw o wledydd, fel Seland Newydd a Latfia, ag un siambr yn unig.

Deddf y Senedd 1911 ac un 1949, y ddwy gyda'i gilydd, yw sylfaen grym cyfyngedig Tŷ'r Arglwyddi heddiw – er y bu dau ddiwygiad pwysig yn y cyfamser. Cyffyrddais eisoes â'r ddau ddiwygiad yma. Y cyntaf oedd hwnnw yn 1958 pan grëwyd arglwyddi am oes nad oedd â'r hawl i drosglwyddo'r teitl i genhedlaeth arall. Er 1965 dim ond chwe theitl etifeddol a grëwyd o'r newydd – tri ohonyn nhw o blith y teulu brenhinol. O'r tri arall, dim ond gan Harold Macmillan yr oedd disgynyddion; doedd gan William Whitelaw a George Thomas ddim plant i etifeddu'r teitl.

Yr ail ddiwygiad oedd y cwtogi sylweddol iawn a wnaed ar nifer yr arglwyddi etifeddol yn 1999 gan lywodraeth Tony Blair. Erbyn hynny roedd aelodaeth y siambr wedi mynd yn afresymol o fawr, gan godi o tua 650 yn 1958 i 1,210 yn 1998.

Yn ystod y ganrif ers chwyldro Lloyd George bu dadlau mawr dros ddiwygio Tŷ'r Arglwyddi. Yn y chwedegau gwnaed ymdrechion i gael ail siambr etholedig, ond ni lwyddwyd i gael cytundeb Tŷ'r Cyffredin. Gwelwyd cydweithrediad cwbl annisgwyl rhwng Enoch Powell ar adain dde'r Blaid Geidwadol a Michael Foot o adain chwith y Blaid Lafur. Arddel holl draddodiad Tŷ'r Arglwyddi oedd cymhelliad Powell, tra oedd Foot eisiau diddymu'r lle.

Gwnaed ymdrech bellach yn 2003 pan roed dewis i Dŷ'r Cyffredin greu ail siambr rannol etholedig, gyda'r cyfle i Aelodau Seneddol bleidleisio dros un o saith opsiwn, a chanran yr aelodau etholedig yn amrywio o 0% hyd at 100%. Gyda dewis mor eang i'r ASau, methwyd â chael mwyafrif dros unrhyw gynnig penodol. Yr agosaf ati oedd siambr o 80% etholedig a 20% enwebedig, ond trechwyd yr opsiwn hwnnw o 284 i 281 pleidlais. Felly, er bod mwyafrif yn Nhŷ'r Cyffredin bryd hynny dros ddiwygio'r Ail Siambr, ni lwyddwyd i droi'r mwyafrif yn gefnogaeth i unrhyw fodel arbennig.

* * *

Yn Etholiad Cyffredinol 2010 cafwyd ymrwymiad gan y tair prif blaid Brydeinig i ddiwygio Tŷ'r Arglwyddi. Rydw innau – a Phlaid Cymru – yn gwbl gefnogol (os oes raid cael ail siambr) iddi fod yn un etholedig. Mae'n annerbyniol fod unrhyw un yn gallu creu deddfau heb fod yn atebol i'r etholwyr. Os oedd gen i unrhyw amheuaeth am y mater cyn mynd i Dŷ'r Arglwyddi, cadarnhawyd fy nheimladau'n ddigamsyniol yn sgil ein profiad fel plaid gyda Gordon Brown, ac wedyn gyda David Cameron. Cryfhaodd fy nrwgdybiaeth wrth sylwi sut mae pobl yn cael eu dewis ar gyfer yr Ail Siambr: gwobrwyo miliwnyddion sy'n ariannu eu pleidiau yw patrwm y pleidiau Prydeinig.

A beth yw pwynt cael siambr i ddiwygio deddfau drafft pan mae Tŷ'r Cyffredin, bron yn ddieithriad, yn gwrthod argymhellion Tŷ'r Arglwyddi? Hawdd deall agwedd ASau tuag at siambr anetholedig, ond byddai'n rhaid i Dŷ'r Cyffredin gymryd sylw o farn yr Ail Siambr pe bai gan honno fandad etholedig.

Er Etholiad Cyffredinol 2010 mae Tŷ'r Arglwyddi wedi trechu polisi'r Llywodraeth dros 70 o weithiau. Ar adegau, ymddengys fod Tŷ'r Arglwyddi yn adlewyrchu'n decach na Thŷ'r Cyffredin agwedd y bobl tuag at y polisïau sydd gerbron. Gwelwyd hyn yn arbennig gyda'r Mesur Diwygio Lles, lle roedd newidiadau'r Llywodraeth i'r gyfundrefn budd-daliadau cymdeithasol wedi creu gwrthwynebiad drwy wledydd Prydain, yn arbennig yr effaith ar hawl pobl anabl i fudd-daliadau, a'r cwtogi enbyd ar fudd-daliadau tai. Gan fod Tŷ'r Arglwyddi yn anetholedig, rhaid oedd ildio i uchafiaeth (*primacy*) Tŷ'r Cyffredin.

Felly'r cwestiwn sylfaenol ydi hwn: a ydi'r Ail Siambr yno i herio polisi'r Llywodraeth ar ran gwerin gwlad, ynteu yno fel rhyw bwyllgor ymgynghorol lle mae gan y Llywodraeth bob hawl i ddiystyru ei farn? Rhaid penderfynu ar y pwrpas cyn dechrau ystyried natur, ffurf, maint, system ethol a dilysrwydd cyffredinol yr Ail Siambr.

* * *

Ym Mai 2011 cyhoeddodd y Llywodraeth ei chynlluniau dan y teitl 'Diwygio Tŷ'r Arglwyddi: Mesur Drafft'. Yr hyn a gynigiwyd oedd torri maint Tŷ'r Arglwyddi o dros 800 i 312. Byddai'r esgobion yn cael cadw 12 sedd; byddai'r 300 arall yn cynnwys 240 o aelodau etholedig a 60 o rai enwebedig. Câi aelodau etholedig eu hethol am gyfnod o 15 mlynedd yr un, ag etholiadau'n cael eu cynnal bob pum mlynedd, gyda thraean o'r siambr yn cael ei ethol bob tro.

Byddai aelodau newydd Tŷ'r Arglwyddi yn gyflogedig, yn

hytrach na'u bod yn derbyn ffi ddyddiol fel sy'n digwydd heddiw. Byddai'r Ail Siambr newydd yn cynnwys aelodau oedd wedi'u hethol trwy gyfundrefn gyfrannol STV. Byddai Cymru'n ffurfio un etholaeth genedlaethol gyda 12 aelod, pedwar ohonyn nhw'n cael eu hethol bob pum mlynedd, ac i wasanaethu am gyfnod o 15 mlynedd heb yr hawl i ailsefyll etholiad.

Roedd y cynllun hwn yn un eithaf chwyldroadol ar sawl cyfri. Yn un peth, roedd yn dod â chyfundrefn cynrychiolaeth gyfrannol (PR) i San Steffan am y tro cyntaf. Yn bwysicach, efallai, byddai'r aelodau etholedig yn gweithredu ar sail mandad democrataidd gan adlewyrchu rhaglen wleidyddol eu plaid yn yr etholiad.

Yn y ddogfen pwysleisiwyd y bwriad i beidio â newid *swyddogaeth* yr Ail Siambr. Byddai'n parhau'n siambr i ddiwygio, ailystyried a gwneud argymhellion i'r Llywodraeth ac i Dŷ'r Cyffredin, heb fod yn herio na thanseilio uchafiaeth Tŷ'r Cyffredin. I raddau helaeth roedd y bwriad hwn yn chwalu unrhyw obaith oedd yna o ddiwygio Tŷ'r Arglwyddi, ac yn gwneud y cyfan yn ddibwrpas.

Daeth yn amlwg yn sgil cyhoeddi'r Mesur Drafft ym Mai 2011 fod gwrthwynebiad chwyrn, gan ASau yn ogystal ag arglwyddi. Prif reswm yr ASau dros wrthwynebu'r newidiadau oedd y byddai creu ail siambr etholedig yn rhoi hawl foesol i'r siambr honno wrthwynebu a gwrthsefyll bwriadau llywodraeth y dydd, oedd yn parhau i gael ei mandad drwy Dŷ'r Cyffredin. Roedd y ddeddf arfaethedig yn cydnabod, yn arwynebol, uchafiaeth Tŷ'r Cyffredin, ond wedyn byddai aelodau'r Ail Siambr yn mynnu fod ganddyn nhwythau, mewn gwirionedd, yr un hawliau democrataidd ag aelodau Tŷ'r Cyffredin.

Wrth gwrs, o fod â mwyafrif yn Nhŷ'r Cyffredin a Thŷ'r Arglwyddi, gallai'r Llywodraeth sicrhau bod ei pholisïau'n cael cefnogaeth y ddwy siambr, ac felly'n cael eu gweithredu. Ond pe bai'r Ail Siambr yn cael ei hethol ar sail gyfrannol, a'r aelodau etholedig yn adlewyrchu canran y gefnogaeth a roid i bob plaid mewn Etholiad Cyffredinol, byddai patrwm aelodaeth Tŷ'r Arglwyddi yn dra gwahanol i batrwm aelodaeth Tŷ'r Cyffredin. A chan gofio bod yn yr Ail Siambr 60 aelod di-blaid a 12 esgob anwleidyddol, byddai'n annhebygol iawn y câi unrhyw blaid fwyafrif yn yr Ail Siambr.

Felly, hyd yn oed pe *bai* gan y Llywodraeth fwyafrif yn Nhŷ'r Cyffredin, fyddai dim sicrwydd y gallai weithredu ei pholisïau heb gefnogaeth glymbleidiol yn yr Ail Siambr. Byddai hyn yn rhoi cyfle i unrhyw 'drydedd plaid', fel y Democratiaid Rhyddfrydol, fod yn rhan barhaol o lywodraeth glymblaid.

Does dim dwywaith nad oedd rhywfaint o'r ffyrnigrwydd yn erbyn y Mesur Drafft yn deillio o atgasedd llawer o ASau'r pleidiau eraill tuag at y Democratiaid Rhyddfrydol yn sgil Etholiad Cyffredinol 2010. Roedd meinciau cefn y Torïaid yn elyniaethus iawn tuag atyn nhw oherwydd eu bod yn eu gweld yn gwanhau rhaglen Geidwadol David Cameron, yn llawer rhy frwd dros yr Undeb Ewropeaidd, ac yn dwyn swyddi fel Gweinidogion. Roedd ASau Llafur, yn naturiol, yn fwy ffyrnig byth tuag at y Democratiaid Rhyddfrydol am iddyn nhw gefnogi David Cameron a chynnal ei lywodraeth.

Byddai Mesur Diwygio'r Ail Siambr yn gorseddu'r Democratiaid Rhyddfrydol mewn sefyllfa barhaol o allu creu a dymchwel llywodraethau. Hyn, yn anad dim, a chwalodd y gobaith o allu diwygio Tŷ'r Arglwyddi yn ystod oes y senedd hon.

Er bod yr ASau wedi newid eu hagwedd, doedd safbwynt mwyafrif helaeth yr arglwyddi ddim wedi newid. Roedden nhw'n ddigyfaddawd yn erbyn unrhyw syniad o ddemocrateiddio'r lle. Dydyn nhw ddim am newid cyfundrefn sy'n darparu llwyfan, sylw, statws ac incwm iddyn nhw'u hunain. Dydi tyrcwn byth yn croesawu'r Nadolig!

Does dim dwywaith nad yw rhai o aelodau Tŷ'r Arglwyddi yn bobl o allu mawr a phrofiad sylweddol, ond a ddylai hynny roi sedd iddyn nhw am oes? Onid yw profiad llawer ohonynt braidd yn rhydlyd? A pham y dylai profiad rhywun fel pennaeth y fyddin, dyweder, roi hawl iddo siarad a phleidleisio ar bolisi iechyd, addysg neu amaethyddiaeth?

Lleiafrif bach o aelodau, yn y dadleuon a gynhaliwyd yn Nhŷ'r Arglwyddi rhwng 2010 i 2012, oedd yn datgan cefnogaeth i'r egwyddor o siambr 80% etholedig.

Fel y saif pethau heddiw, mae'n anodd gweld y daw unrhyw ddiwygiad i'r Ail Siambr yn y dyfodol agos.

*   *   *

Ond mae yna un peth a allai newid y sefyllfa, sef yr hyn a allai ddigwydd yn sgil refferendwm yr Alban. Beth bynnag fydd y canlyniad, bydd angen edrych eto ar y strwythurau llywodraethol ledled Prydain.

Os bydd pobol yr Alban yn pleidleisio 'Ie', bydd angen rhyw ffordd o ddiogelu Cymru a Gogledd Iwerddon rhag cael eu sathru fwy byth o dan draed y peiriant llywodraethol Seisnig. Bydd llywodraeth gweddillion Prydain wedyn yn llawer tebycach o fod o dan reolaeth y Toriaid yn barhaol, a bydd angen gofalu bod rhyw beirianwaith i amddiffyn buddiannau pobl Cymru.

Ar y llaw arall, os bydd yr Alban yn pleidleisio 'Na', bydd

llawer yno'n disgwyl i San Steffan gydnabod y buasai cwestiwn yn y refferendwm ar fodel mwy pellgyrhaeddol o ddatganoli (*devo-max*, fel y cyfeirir ato yn yr Alban) wedi cael cefnogaeth ysgubol, a bod dyletswydd ar Lywodraeth Prydain i gydnabod hynny. Yr un pryd, gellid disgwyl gweld cynnydd pellach yn y teimlad yn Lloegr nad ydyn nhw'n fodlon i ASau o Gymru, yr Alban a Gogledd Iwerddon bleidleisio ar faterion sy'n ymwneud â Lloegr yn unig ('cwestiwn West Lothian'). Trwy hyn oll, bydd llawer yn edrych tuag at fodel ffederal neu gonffederal fel sail gadarnach a thecach ar gyfer dyfodol llywodraeth yn y Deyrnas Gyfunol. Mae Carwyn Jones wedi cyfeirio at hyn mewn araith ym Medi 2013,[2] ac mae'n amlwg yn gwestiwn sy'n poeni llawer o fewn y Blaid Lafur yng Nghymru.

Fel rhan o'r ystyriaeth a roddwyd i ddiwygio Tŷ'r Arglwyddi, cyhoeddwyd adroddiad amgen pellgyrhaeddol gan ddeuddeg aelod o'r Cyd-bwyllgor Seneddol[3] oedd yn edrych i mewn i ddiwygio'r Ail Siambr. Roedd eu hadroddiad nhw'n llawer mwy difyr a dadlennol na'r prif adroddiad, yn ôl llawer o sylwebyddion.[4]

Ymhlith eu sylwadau roedd y rheidrwydd i ystyried sut y gallai diwygio'r Ail Siambr helpu i ddatrys problemau'n ymwneud â datganoli i Gymru, yr Alban a Gogledd Iwerddon, a beth fyddai goblygiadau annibyniaeth i'r Alban i Dŷ'r Arglwyddi. Roedd yr adroddiad amgen hefyd yn cydnabod y dylai Cynulliad Cymru fod â chynrychiolaeth ar unrhyw Gonfensiwn i adolygu'r cyfansoddiad.

Roedd y deuddeg yn fodlon ystyried datblygiadau radical, a byddai hynny'n gallu cynnwys dyfodol Tŷ'r Arglwyddi fel siambr ffederal Brydeinig, gyda'r goblygiad i Dŷ'r Cyffredin, o bosib, droi'n senedd i Loegr. Mae hyn hefyd yn cyffwrdd â sylwadau Carwyn Jones, a rhai a wyntyllwyd gan Dafydd Elis Thomas a David Melding AC – ac, yn ddiweddar, gan y Tori Michael Fabricant AS, sy'n hanner Cymro. I'm tyb i, roedd yr adroddiad amgen yn argymell un elfen gwbl ganolog, sef na ellid disgwyl gweld ateb cynhwysfawr a pharhaol i broblem yr Ail Siambr yn San Steffan heb adroddiad gan gomisiwn annibynnol a phleidlais mewn refferendwm i gadarnhau ei argymhellion.

Yn sicr ddigon, mae'r syniadau a roddodd y Llywodraeth Glymblaid gerbron ar gyfer diwygio Tŷ'r Arglwyddi wedi mynd i'r gors. Bydd angen ailystyried y cyfan mewn ffyrdd radical a phellgyrhaeddol. Efallai y cawn weld dyfodol Tŷ'r Arglwyddi yng nghyd-destun datganoli mwy cytbwys a gwastad i genhedloedd Prydain. Yn ddi-os, byddai Lloyd George wedi croesawu'r datblygiad hwnnw.

---

[1] 'The Parliament Act contributed powerfully to the steady decline of the House of Lords and the peerage in the British system of government' – 'The "People's Budget": Causes and Consequences', Martin Pugh, *New Perspective*, 1995.

[2] Araith i gynhadledd y Sefydliad Materion Cymreig, Caerdydd, 17 Medi 2013.

[3] Joint Committee on the Draft House of Lords Reform Bill.

[4] 'House of Lords Reform: An Alternative Way Forward,' Ebrill 2012.

Ewrop neu beidio?

Trwy gydol fy ngyrfa bu perthynas Prydain a'r Gymuned Ewropeaidd yn hofran fel cwmwl o ansicrwydd dros agenda wleidyddol yr oes. Wnes i erioed gelu fy safbwynt ar y mater. Adeg refferendwm 1975 roeddwn mewn lle unig, gyda'r Blaid yn galw am bleidlais 'Na' a finnau'n un o ddyrnaid o aelodau oedd yn mynnu mai 'Ie' oedd y ffordd ymlaen.[1]

Roeddwn i'n credu, fel y gwnaf hyd heddiw, fod dyfodol Cymru ynghlwm wrth ddyfodol Ewrop. Bu'r her o warchod unoliaeth Ewrop mor ganolog i'm gwleidyddiaeth â sicrhau annibyniaeth i Gymru. Dydw i ddim yn credu y gallwn ni ennill annibyniaeth, na hyd yn oed ymreolaeth o unrhyw sylwedd, heb i hynny fod o fewn fframwaith Ewropeaidd. Y dewis ydi ymreolaeth hyderus o fewn Ewrop unedig, neu barhau'n drefedigaeth wasaidd yn gaeth i Lundain.

Fel gwlad a chenedl, mae gennym wreiddiau dwfn yn nhir ein cyfandir. O ran iaith a chrefydd, traddodiad a diwylliant, ein cysylltiadau ag Ewrop a'n ffurfiodd fel cenedl. Gyda chyfandir Ewrop y mae Cymru yn canfod ei phriod le. Dyna oedd gweledigaeth sylfaenydd Plaid Cymru, Saunders Lewis, yn y dauddegau, a dyna lle rwyf innau'n sefyll heddiw.

Problem Seisnig ydi'r methiant i ymdopi ag Ewrop. Yn anorfod, gyda chymaint o ddeunydd y wasg sy'n cael ei ddarllen yng Nghymru yn tarddu o Lundain, yn ogystal â'n rhaglenni radio a theledu, mae'r agwedd wrthnysig sydd mor gryf yn Lloegr yn cael dylanwad ar Gymru. Tristwch ond nid syndod, felly, oedd darllen arolwg barn yn ystod haf 2013 a ddangosai fwyafrif yng Nghymru dros dynnu allan o'r Undeb Ewropeaidd. Ydi'r cyfeillion sy'n meddwl fel hyn wedi ystyried y gwir oblygiadau? Roedd yn fymryn o gysur mai'r unig ddwy garfan o fewn yr arolwg oedd â mwyafrif o *blaid* Ewrop oedd pobl ifanc – a siaradwyr Cymraeg.

Mae'r teimladau gwrthnysig a ddaw o Loegr yn arbennig o gryf ar ochr dde'r sbectrwm gwleidyddol. Yn 1975, pan gynhaliwyd y refferendwm blaenorol ar berthynas Prydain ag Ewrop, allwn i yn fy myw ddeall pam roedd cynifer o fewn y Blaid Lafur a'r undebau llafur, heb sôn am Blaid Cymru, yn dadlau yn erbyn y cydweithrediad gwleidyddol oedd yn deillio o Gytundeb Rhufain.[2] Yr esgus oedd mai'r Farchnad Gyffredin oedd yn y fantol. Roedd rhai ar y chwith Prydeinig yn gweld hwn fel 'clwb cyfalafol' oedd yn cynnig rhwydd hynt i gorfforaethau rhyngwladol ffynnu ar draul y gweithwyr. Dyna pam, bryd hynny, yr oedd llawer ar yr adain dde yn barod i gofleidio'r Farchnad Gyffredin. Marchnad ddilyffethair oedd sail eu gweledigaeth.

Ers hynny esblygodd y Farchnad Gyffredin i fod, yn gyntaf, yn Gymuned Economaidd ac yna'n Undeb Ewropeaidd. Gwelai gwleidyddion y Cyfandir y perygl mai cyfundrefn i wneud elw i gwmnïau a chyfranddalwyr oedd un agwedd ar farchnad rydd, a bod angen polisïau cymdeithasol i warchod rhag i hynny fod ar draul y gweithwyr. Datblygwyd 'Y Bennod Gymdeithasol' yn ystod yr wythdegau, a'i mabwysiadu yn y nawdegau, i warchod hawliau gweithwyr. Ond wrth i'r dimensiwn Ewropeaidd dyfu'n fwy derbyniol i wleidyddion sosialaidd a blaengar yng Nghymru a Lloegr,

173

roedd yr un broses yn gwneud yr holl syniad yn llai deniadol i'r adain dde. Dyma'r bobl oedd wedi cefnogi'r Farchnad Gyffredin fel fframwaith i hyrwyddo masnach heb oblygiadau cymdeithasol. Rŵan roedden nhw'n gweld rhesi o orchmynion yn deillio o Frwsel – rheolau angenrheidiol er sicrhau bod cystadleuaeth fasnachol yn gweithredu'n gytbwys i gwmnïau mawr a bach, yn ogystal â'r cwsmeriaid, gan barchu hawliau'r gweithwyr lawn cymaint â'r cyfranddalwyr.

Roedd hyn yn anathema i wleidyddion y dde, oedd yn reddfol yn erbyn rheolau a lesteiriai'r farchnad. Roedd yn groes i'w mantra 'Trechaf treisied, gwannaf gwaedded'. Datblygodd symudiad sylweddol yn eu plith i gefnu ar yr Ewrop newydd yma a oedd, iddyn nhw, yn llawer rhy 'fiwrocrataidd' – eu label ar unrhyw ymdrech i ffrwyno'r farchnad. Arweiniodd hyn at sefydlu Plaid Refferendwm James Goldsmith yn 1997 ac yna UKIP, gan ddenu cefnogaeth oddi ar y Blaid Geidwadol a rwygwyd i lawr y canol yn ei hagwedd tuag at Ewrop.

Mae'n anodd credu i Blaid Cymru gefnogi'r ochr 'Na' yn refferendwm 1975. Erbyn hyn mae unoliaeth o fewn y Blaid ar i Gymru a Phrydain barhau i fod yn aelodau o'r Undeb Ewropeaidd, er bod rhai Pleidwyr, yn anorfod, yn llyncu propaganda'r wasg adain dde sy'n dilorni popeth a ddaw o Frwsel.

Os ceir refferendwm arall, yr elfen ganolog fydd y telerau newydd a gaiff eu cynnig er mwyn sicrhau y bydd Prydain yn parhau'n aelod o'r Undeb. Os bydd Mr Cameron yn dal yn Brif Weinidog ar ôl etholiad 2015, mae'n aneglur beth yn union fyddai o'n gobeithio'i gael wrth aildrafod amodau aelodaeth yr Undeb Ewropeaidd – ac a fyddai hynny'n ddigon iddo sicrhau pleidlais 'Ie' gan yr etholwyr?

Hyd yn oed petai Llafur yn ennill yr etholiad, mae'n ddigon posib y bydden nhwythau erbyn hynny wedi ildio i'r pwysau, ac wedi ymrwymo i gynnal refferendwm. Os felly, byddai angen iddyn nhw weithredu'n ddoeth wrth drafod telerau, a chynnal y refferendwm ar yr adeg fwyaf ffafriol pan fydd eu llywodraeth yn dal yn boblogaidd, er mwyn sicrhau pleidlais 'Ie'.

Beth fyddai'r effaith ar refferendwm Ewrop petai'r Alban yn pleidleisio dros annibyniaeth ym Medi 2014? Beth petai'r Alban annibynnol yn cynnal ei refferendwm ei hun, ac yn pleidleisio i fod yn aelod llawn o'r Undeb Ewropeaidd – a gweddillion Prydain yn pleidleisio i adael Ewrop?

Petai Prydain yn gadael yr UE byddai'r ddadl dros annibyniaeth i Gymru yn llawer mwy astrus. Byddai'n gwbl anymarferol codi tollau ar y ffin rhwng Cymru a Lloegr, neu orfod dangos pasbort i groesi'r ffin. Dyna pam y penderfynodd Plaid Cymru dros hanner canrif yn ôl, dan arweiniad Gwynfor Evans, dderbyn bod yn rhaid parhau â marchnad rydd rhwng y ddwy wlad petai Cymru'n cael hunanlywodraeth. Byddai'n anodd iawn i Gymru fod yn rhan o'r UE petai Lloegr oddi allan, heb gytundeb llawn ar gyfer symud pobl, nwyddau ac arian ar draws y ffin rhwng Cymru a Lloegr.

Os cynhelir refferendwm, fel y mae Mr Cameron yn rhagweld, y cwestiwn tebygol fyddai: 'A ydych am i'r Deyrnas Gyfunol barhau'n aelod o'r Undeb Ewropeaidd ar sail y telerau newydd a gytunwyd rhwng Llywodraeth Prydain a'r Undeb Ewropeaidd?' Byddai aelodau'r Blaid wedyn yn y sefyllfa letchwith o orfod pleidleisio 'Ie', a thrwy hynny gefnogi Mr Cameron, neu bleidleisio 'Na', fyddai'n gwneud annibyniaeth yn llawer anoddach i'w hennill a'i chynnal. Fel y dywedodd un aelod blaenllaw o'r Blaid, 'Fyddai gennym ni ddim dewis ond dal ein trwynau a dweud "Ie" i becyn Cameron, gan y byddai'r dewis arall yn ganmil gwaeth.'

O safbwynt Cymru, mae'r dadleuon ymarferol yn pwyso'n drwm dros i ni barhau yn rhan o'r UE. Cawsom fantais sylweddol o gronfeydd strwythurol Ewrop er 1999, gyda rhaglenni Amcan Un (2000–2006), Cydgyfeirio (2007–13), ac un newydd ar gyfer 2014–2020. Rydym wedi manteisio ar £2,500 miliwn o fuddsoddiad oherwydd i ardaloedd tlotaf Cymru – pymtheg sir y gorllewin a'r Cymoedd – gael eu dynodi'n diriogaeth oedd yn haeddu'r lefel uchaf o gymorth gan yr UE.[3]

Yn ôl Undeb Amaethwyr Cymru mae ffermwyr Cymru bellach yn dibynnu ar yr UE am 80% o'u hincwm. Mae ein prifysgolion yn denu cannoedd o fyfyrwyr o wledydd yr UE, a nifer cyffelyb o fyfyrwyr o Gymru'n gallu manteisio ar raglenni i astudio ar gyfandir Ewrop. Mae aelodaeth o'r UE yn ei gwneud hi'n haws teithio'n ôl a blaen rhwng gwledydd yr Undeb. Gall pobl o Gymru fwynhau gwyliau yng ngweddill Ewrop gan wybod y gallan nhw fanteisio ar wasanaeth iechyd y wlad honno pe baen nhw'n wael. Mae miloedd o bobl o Gymru wedi symud i fyw, yn aml i ymddeol, i wledydd eraill yn Ewrop ac yn cael yr hawl i fanteisio ar wasanaethau cyhoeddus fel petaen nhw'n ddinasyddion o'r gwledydd hynny.

Yn fwy na hynny, mae cannoedd o gwmnïau sy'n cyflogi gweithwyr yng Nghymru, ond sydd â'u pencadlysoedd y tu allan i Brydain, wedi'u lleoli yng Nghymru er mwyn gwerthu eu nwyddau neu wasanaethau i wledydd Ewrop. Pe baem ni'n cefnu ar y 440 miliwn o bobl sydd yng ngweddill yr UE, am ba hyd y gwelem y cyflogwyr yma'n parhau i weithredu o Gymru? A faint anoddach fyddai denu buddsoddwyr newydd i sefydlu gweithfeydd yn ein gwlad? Daeth rhybuddion gan lywodraethau'r Unol Daleithiau a Japan yn ystod haf 2013, pe bai Prydain yn gadael yr UE y byddem yn gweld llu o gwmnïau o'r ddwy wlad yn ailystyried eu strategaeth o werthu i Ewrop a bod â ffatrïoedd ym Mhrydain. Mae dau gant o gwmnïau Americanaidd a hanner cant o rai o Japan yn gweithredu yma, gan ddefnyddio Cymru fel llwyfan i gyrraedd marchnadoedd Ewrop. Byddai'n llawer mwy deniadol iddyn nhw adleoli i gyfandir Ewrop – neu i Iwerddon – pe baem ni oddi allan i'r Undeb.

I mi, mae'r dadleuon economaidd a chymdeithasol yn gwbl glir, ond mae yna ddadleuon llawer pwysicach na hynny dros unoliaeth Ewrop.

Dros y pum mlynedd nesaf byddwn yn cael ein hatgoffa'n gyson am ganmlwyddiant y Rhyfel Byd Cyntaf. Mae'n briodol i ni gofio'r rhai a ddioddefodd ac a gollodd eu bywydau, ac i ddysgu'r gwersi caled sy'n deillio o'r 'oes ddreng' a fu, ond mae peryg hefyd y gwelwn don o emosiwn imperialaidd gyda phawb yn dawnsio o gwmpas Jac yr Undeb. Cawn ein hatgoffa byth a beunydd o'r modd y bu gwaed Saeson ac Albanwyr, Cymry a Gwyddelod yn cydlifo yn erchylltra'r ffosydd.

Mae gwersi i'w dysgu o'r Rhyfel Byd Cyntaf, rhai na ddysgwyd ar ei ddiwedd ac a arweiniodd at yr Ail Ryfel Byd yn 1939–45. Y dioddefaint a ddaeth yn sgil y rhyfeloedd hyn a symbylodd wladweinwyr Ewrop, ar ddiwedd yr ail ryfel, i gydweithio i greu unoliaeth newydd dros ein cyfandir, gyda'r bwriad o atal rhyfel arall rhwng cenhedloedd Ewrop. Dyna oedd rhesymeg y Gymuned Glo a Dur Ewropeaidd yn 1950 ar ôl i'r chwe gwlad – Ffrainc, yr Almaen, yr Eidal, Gwlad Belg, Lwcsembwrg a'r Iseldiroedd – ddod at ei gilydd yn y gobaith o wneud rhyfel, yng ngeiriau Robert Schuman, 'nid yn unig yn rhywbeth na ellid ei amgyffred, ond yn amhosibl yn ei hanfod'. Dyma arweiniodd at Gytundeb Rhufain yn 1957, a sefydlu Cymuned Economaidd Ewropeaidd rhwng y chwe gwlad. Dyna yw sylfaen unoliaeth Ewrop – a gwae ni os anghofiwn hynny.

Mae hyn yn rhoi llygedyn bach o obaith inni. Pan ddaw'r refferendwm, ar ganol cofio cyflafan y Rhyfel Mawr, tybed a fydd pobl yn ystyried am eiliad y darlun ehangach? Tybed a fyddan nhw'n sylweddoli bod y Confensiwn Ewropeaidd dros Hawliau Dynol, a arwyddwyd yn 1950, wedi deillio o'r Holocost, ac yn bodoli fel gwarchodfur yn erbyn Ffasgwyr a gredai fod hawliau'n tyfu o faril gwn?

A fydd cofio'r Rhyfel Mawr yn peri i bobl weld nad ydi'r anawsterau sy'n codi yn sgil rheoliadau Brwsel am siâp selsig neu'r diffiniad o siocled yn fwy na glo mân yn y glorian wrth fesur pwysigrwydd y weledigaeth Ewropeaidd? A fyddwn ni wedyn, fel pobl sydd â'n gwareiddiad yn ddwfn yng ngwerthoedd Cristnogol Ewrop, yn sylweddoli maint y cwestiwn fydd gerbron yn y refferendwm?

Mae gwaith mawr i'w wneud eto i gael Ewrop i weithredu ar sail ddatganoledig, ac i barchu amrywiaeth gyfoethog y diwylliannau a'r traddodiadau a gynrychiolir gan *L'Europe aux cents drapeaux* – 'Ewrop y can baner', neu Ewrop y can cymuned hanesyddol. Mae cymaint yn gyffredin rhyngom inni ei fwynhau, a chymaint o'n hanes yn cydblethu.

Mewn canrif pan fydd y pendil yn symud i gyfeiriad gwledydd Asia a De America, y newydd-ddyfodiaid i glwb y gwladwriaethau grymus a chyfoethog, bydd angen i Ewrop glosio at ei gilydd. Canwaith caletach fydd cynnal y gorau o'n hetifeddiaeth Ewropeaidd os bydd ein cyfandir ar chwâl a ninnau yng ngyddfau'n gilydd.

Yn y cyfamser, os gallwn ni ddiogelu ein dyfodol – fel Cymru ac fel Prydain – o fewn Ewrop unedig, bydd yr her i Gymru o allu ennill 'annibyniaeth o fewn Ewrop' yn llawer mwy ymarferol. O'i hennill, gallem ninnau, ochr yn ochr â chenhedloedd bach a phobloedd eraill ein cyfandir, gydweithio i sicrhau na fyddwn byth bythoedd yn anghofio gwersi hanes a orseddodd unoliaeth Ewrop mor uchel ar agenda wleidyddol ein cyfnod.

---

[1] Gweler *O Ddifri*, pennod 18.
[2] Cytundeb Rhufain ('The Treaty of Rome') – y cytundeb rhyngwladol a arweiniodd at sefydlu'r Gymuned Economaidd Ewropeaidd (EEC) ar 1 Ionawr 1958.
[3] Gweler *Maen i'r Wal*, pennod 12.

Be nesa i Gymru?

Pe bai rhywun wedi mynd i gysgu yn 1959, pan sefais i gyntaf dros Blaid Cymru mewn ffug etholiad yn yr ysgol, a deffro yn 2013, fydden nhw ddim yn nabod y Gymru sydd ohoni.

Yn 1959 roedd teimlad fod Cymru o dan warchae. Slogan Harold Macmillan oedd 'You've never had it so good'. Ond roeddem ni, bobl Cymru, yn gweld ein diwydiannau traddodiadol – glo, dur ac amaethyddiaeth – yn crebachu, a chwarelwyr di-waith yn gorymdeithio trwy strydoedd Caernarfon. Cymerai ein pobl ifanc yn ganiataol y byddai'n rhaid troi cefn ar Gymru 'i ddod ymlaen yn y byd'. Dechreuodd Phil Williams freuddwydio am greu cynllun economaidd a fyddai'n sicrhau'r cyfle i bawb yng Nghymru gael gwaith derbyniol o fewn pellter rhesymol i'w cartrefi, fel na fyddai'n rhaid i'n pobl ifanc adael Cymru i chwilio am waith.

Roedd pryder cynyddol am ragolygon yr iaith Gymraeg. Ymhen tair blynedd byddai Saunders Lewis yn traddodi ei ddarlith radio, 'Tynged yr Iaith'. Profwyd ing cenedlaethol wrth weld dinas Lerpwl yn rheibio Cwm Tryweryn, gyda chefnogaeth San Steffan, a phobl Cymru'n ddiymadferth i'w rhwystro. Roedd Cymru 1959 yn wlad heb sefydliadau cenedlaethol – heb hyd yn oed lais penodol o fewn Cabinet Prydain. Roeddem fel petaen ni ar fin llithro i ebargofiant, yn fawr mwy nag ôl-nodyn yn y llyfrau hanes.

Pe bai'r cysgadur yn deffro heddiw, prin y gallai gredu'r

hyn a welai. Dyma wlad â'i phrif weinidog a'i llywodraeth ei hun; sefydliadau cenedlaethol di-rif; ei hiaith â statws swyddogol ac yn weladwy ym mhobman; ysgolion cyfrwng Cymraeg o fewn cyrraedd i bawb, bron; sianel deledu Gymraeg a gwasanaeth radio yn y ddwy iaith. Mae ein stadiwm genedlaethol cystal ag unrhyw un yn Ewrop, ac mae gan ein Cwmni Opera Cenedlaethol gartref teilwng ym Mae Caerdydd. Mae 'Senedd i Gymru', y slogan a welid ar furiau'r pumdegau, bellach yn ffaith. Os na chawsom annibyniaeth, cawsom '*Home Rule*' sylweddol. Mae'r newid yn aruthrol.

Ac eto . . . Serch hyn i gyd, a allwn ni fod yn fwy hyderus ynglŷn â'n rhagolygon cenedlaethol heddiw nag roedden ni hanner canrif yn ôl? Tua diwedd y pumdegau ysgrifennais draethawd ysgol ar y Gymru a ragwelwn erbyn diwedd yr ugeinfed ganrif. Ysgrifennais yn hyderus y byddai gan Gymru ei senedd ei hun. Ond roedd gen i bryder am ffawd yr iaith Gymraeg. Ymwelais ag Iwerddon am y tro cyntaf yn 1958, a gweld – er gwaethaf annibyniaeth – yr Wyddeleg yn prysur farw o'r tir.

Sut mae Cymru heddiw'n cymharu â'm 'Cymru Fydd' ddychmygol i? Ni wireddwyd breuddwyd Phil Williams; mae llawer o'n pobl ifanc yn dal i orfod gadael Cymru i chwilio am waith. Rydan ni'n dal yn bell o wireddu dyheadau cyfansoddiadol Gwynfor Evans ac agenda iaith Saunders Lewis. Cystal i ni gymryd stoc o ble rydan ni wedi'i gyrraedd, o ran ein heconomi, ein hiaith a'n datblygiad cyfansoddiadol.

* * *

'It's the economy, stupid!' – slogan yr Arlywydd Clinton yn ystod ymgyrch arlywyddol 1992 i ddangos pa bwnc a gâi'r flaenoriaeth ganddo. Mae'n wir ym mhob gwlad, ym mhob cyfnod. Nid bod ystyriaethau economaidd, o'u hanfod, yn fwy gwerthfawr na dim arall. Mae rhyddid, heddwch, cyfiawnder, gwerthoedd diwylliannol a chydraddoldeb cymdeithasol yn ddelfrydau uwch na 'bara menyn' – ond ceisiwch chi fyw heb fara menyn!

Yr economi oedd un o'r tri pheth a'm trodd i at Blaid Cymru: y ddau arall oedd argyfwng yr iaith a boddi Tryweryn.[1] Ffyniant economaidd sy'n cynhyrchu'r adnoddau i'w buddsoddi mewn ysbytai, ysgolion, tai a ffyrdd. Dyma sy'n rhoi'r cyfle i'n pobl ifanc ddal i fyw o fewn eu cymunedau. Dyma sy'n galluogi gwario ar ymchwil, ar warchod ein hamgylchedd ac ar y celfyddydau. A dyma sy'n darparu safon byw dderbyniol i'n pobl a chynhaliaeth i'r gwan, y claf, yr henoed a phobl anabl.

Un o'm prif gymhellion dros fynd i'r byd gwleidyddol oedd y gred y gallai senedd Gymreig ddatblygu economi Cymru yn well nag y gallai senedd San Steffan. Ond hyd yma mae'r Cynulliad wedi methu gwella amgylchiadau economaidd Cymru. Yn y chwedegau roedd cyfartaledd incwm y pen yng Nghymru'n 92% o'r ffigwr Prydeinig. Erbyn 1997 roedd wedi gostwng i 78% – yn bennaf oherwydd chwalu'r hen ddiwydiannau trymion. Erbyn hyn mae'r Gwerth Ychwanegol Crynswth (GVA – y dull cyfoes o fesur cynnyrch economaidd gwlad neu ardal) y pen yng Nghymru yn llai na 75% o'r ffigwr Prydeinig. Mae Gorllewin Cymru a'r Cymoedd, gyda 65% o'r ffigwr Prydeinig, ymysg ardaloedd tlotaf Ewrop.

Er bod mân welliannau i'w gweld mewn rhai meysydd, siomedig iawn ar y cyfan fu effaith datganoli ar berfformiad economi Cymru. Mae rhai rhesymau dilys dros hyn: mae diffygion ym mhwerau'r Cynulliad wedi gorfodi Llywodraeth Cymru i garthu'r buarth economaidd efo fawr mwy na llwy de. Ond mae 'na esgusodion tila hefyd, a rhai penderfyniadau anffodus. Y rhwystr mwyaf yw'r anallu i fenthyca arian fel bod modd ei fuddsoddi i wella'r isadeiledd diwydiannol. Ac mae pwerau trethiannol y Cynulliad yn dal yn llai na'r hyn sydd gan gyngor cymuned. Cawsom argymhellion ar sut i wella hyn gan Gomisiwn Silk yn Nhachwedd 2012; bu'n rhaid disgwyl blwyddyn i Lywodraeth Prydain dderbyn y rhain, a hynny ddim ond yn rhannol. Gall fod yn bum mlynedd arall cyn y cawn fanteisio'n llawn ar y newidiadau trethiannol.

Ond does dim esgus dros fethiant y Cynulliad i greu hinsawdd fwy ffafriol i fusnesau ymsefydlu yma a datblygu; does dim modd cyfiawnhau'r arafwch wrth wneud penderfyniadau, y methiant i addasu'r fframwaith cynllunio, y diffygion yn ein rhwydwaith band eang, y methiant i droi gwariant llywodraeth yn fanteisiol i fusnesau lleol, yr amharodrwydd i greu diwylliant sy'n symbylu mentergarwch, a'r penderfyniad i chwalu'r WDA.

Os na fydd Cymru'n ethol llywodraeth sydd â'r polisïau i weddnewid ein rhagolygon economaidd, bydd gweddill ein dyheadau ar gyfer ein gwlad yn deilchion.

Mae angen cymryd tri cham: datganoli pwerau economaidd a threthiannol digonol, cael polisïau ymarferol newydd gan y pedair plaid cyn etholiad 2016, ac ethol llywodraeth sy'n barod i roi blaenoriaeth lwyr i sicrhau twf cynaliadwy yn ein heconomi.

*   *   *

Cyfeiriais at fy mhryder, hanner canrif yn ôl, ynglŷn â rhagolygon yr iaith Gymraeg. Am ddegawdau ar ôl hynny bu lleihad cyson yn nifer y siaradwyr Cymraeg, er gwaethaf y cynnydd yn ei statws. Dim ond yng Nghyfrifiad 2001 y gwelwyd cynnydd, am y tro cyntaf ers dros ganrif, yn nifer y siaradwyr Cymraeg. Ond roedd y gred fod y rhod wedi troi yn seiliedig ar ddyhead yn hytrach na dadansoddiad manwl.

Ar y pryd, teimlwn y gallai ffigurau Cyfrifiad 2001 fod yn gamarweiniol. Roedd y cynnydd mwyaf ymhlith plant ysgol. Cawsai'r Gymraeg gydnabyddiaeth gryfach o fewn y cwricwlwm addysg er y nawdegau. Peth naturiol i rieni, wrth lenwi ffurflen y Cyfrifiad yn 2001, oedd datgan bod eu plant yn siarad Cymraeg. Efallai fod rhai rhieni eisiau credu hynny, boed yn wir neu beidio. O'n cwmpas roeddem yn gweld stori wahanol, lai gobeithiol, yn arbennig yng nghefn gwlad. Daethai'n gynyddol anoddach i bobl ifanc brynu neu rentu tai yn yr ardaloedd gwledig oherwydd pwysau'r mewnlifiad. Seisnigwyd ardaloedd helaeth o'r Gymru wledig a fuasai hanner canrif ynghynt yn gadarnleoedd y Gymraeg.

O fethu cael gwaith, bu raid i bobl ifanc symud i ffwrdd. Fel yn y gorffennol, chwilio am waith yn ninasoedd Lloegr fu hanes llawer ohonyn nhw. Ond bellach roedd gan Gymru brifddinas fywiog, a thyrrodd ieuenctid cefn gwlad Cymru i Gaerdydd am resymau cadarnhaol. Roedden nhw am fod yn rhan o'r Gymru newydd feiddgar a chynhyrfus. Mae agwedd pobl y brifddinas tuag at y Gymraeg wedi gwella'n sylweddol, ac eto, dinas Saesneg ei hiaith ydi Caerdydd o hyd.

Er cymaint llwyddiant yr ysgolion Cymraeg, ni lwyddwyd i sefydlu'r Gymraeg fel iaith gymuned fyw yn ardaloedd Seisnig Morgannwg, Gwent a Chlwyd. Lleiafrif o'r plant a ddaethai'n rhugl eu Cymraeg yn yr ysgol a gadwai eu Cymraeg ar ôl gadael yr ysgol. Byw mewn paradwys ffŵl roedd y sawl a gredai fod brwydr yr iaith wedi'i hennill. Dros hanner canrif roedd y Gymraeg wedi ennill statws, parch a bri. Roedd fel petai hi wedi disodli Lladin fel ffynhonnell ein gwareiddiad, bron – gyda'r perygl y byddai'n dioddef yr un ffawd.

Ffactor arall oedd y symud yn y boblogaeth rhwng 2001 a 2011 yn dilyn y dirywiad yn economi'r hen Gymru ddiwydiannol. Gorfodwyd i filoedd o bobl ifanc symud o Gymru'n gyfan gwbl i chwilio am waith. Cuddiwyd gwir oblygiadau hyn oherwydd i ffigwr cyfanswm poblogaeth Cymru barhau i gynyddu, gan basio'r tair miliwn am y tro cyntaf. Ond o fewn y tair miliwn, bu newid sylweddol yn natur y boblogaeth. Roedd llawer yn ymddeol i'n hardaloedd arfordirol, a mewnlifiad cynyddol o Ddwyrain Ewrop i'n dinasoedd.

Hefyd, mae cyfran o'r myfyrwyr a ddaeth i Gymru i astudio yn ein prifysgolion yn dewis aros yng Nghymru ar ôl graddio. Mewn degawd, petai deng mil o bobl o oed gweithio'n aros yng Nghymru ar ôl dod yma i'n prifysgolion, a deng mil o siaradwyr Cymraeg ifanc yn gadael Cymru i chwilio am waith, fyddai hyn ddim yn effeithio ar y patrwm demograffig ond byddai'n cael effaith sylweddol ar y patrymau ieithyddol.

Yr hyn a'm gwnaeth yn ymwybodol o'r sefyllfa oedd set o ffigurau o'r Cyfrifiad na chawsant fawr o sylw yng Nghymru. Chafodd trigolion Lloegr mo'u holi, yng Nghyfrifiad 2011, oedden nhw'n siarad Cymraeg. Ond gofynnwyd i bobl yng Nghymru ac yn Lloegr ddynodi eu cenedligrwydd a'u man geni. Holwyd a oedden nhw'n ystyried eu hunain yn 'Saeson', yn 'Saeson a Phrydeinwyr', yn 'Gymry', yn 'Gymry a Phrydeinwyr', neu'n 'Brydeinwyr yn unig'.

Dangosodd y ffigurau fod 409,582 o drigolion Lloegr yn disgrifio'u hunain fel 'Cymry yn unig' neu'n 'Gymry a

Phrydeinwyr'. O'r rhain roedd 291,746 yn 'Gymry yn unig'. Anodd credu nad oedd cyfran sylweddol o'r ffigwr hwn yn Gymry Cymraeg eu hiaith. Mae'n amhosib profi faint ohonyn nhw oedd yn siarad Cymraeg, na faint ohonyn nhw oedd wedi symud o Gymru i Loegr rhwng 2001 a 2011. Ond mae hyn yn gwbl ganolog i gael dadansoddiad ystyrlon o oblygiadau'r Cyfrifiad ar sefyllfa'r iaith Gymraeg. Dyweder fod hanner y 'Cymry yn unig' hynny'n siarad Cymraeg, a bod hanner y rheiny wedi symud o Gymru i Loegr yn ystod y degawd 2001–11, dyna tua 70,000 o bobl. Petai dim ond hanner y rheiny wedyn – 35,000 o bobl – heb adael Cymru, byddai nifer y siaradwyr Cymraeg yng Nghymru wedi dangos cynnydd o 15,000 yn hytrach na gostyngiad o 20,000, a'r ymateb i'r Cyfrifiad yn gwbl wahanol.

Gofynnais i Swyddfa'r Ystadegau Gwladol (ONS) ddadansoddi'n fanylach wir oblygiadau ystadegau Cyfrifiad 2011 ar gyfer yr iaith Gymraeg. Rwyf yn ddyledus iddyn nhw am eu cymorth. Dangosodd y ffigurau hyn ostyngiad anhygoel yn nifer y siaradwyr Cymraeg yn yr oedran 21–31 yn y flwyddyn 2011, o'i gymharu â rhwng 11 a 21 oed yn y flwyddyn 2001. Goblygiadau hyn yw bod y rhan fwyaf ohonyn nhw wedi anghofio'u Cymraeg, neu wedi symud i fyw o Gymru. Tra oedd cyfran uchel o'r rhai a ddysgodd Gymraeg yn yr ysgol yn ardaloedd Seisnig Cymru yn dweud na fydden nhw'n defnyddio llawer ar y Gymraeg ar ôl gadael yr ysgol, gallwn dybio y byddai'r rhan fwyaf ohonynt yn cydnabod eu bod yn deall neu'n gallu darllen y Gymraeg – ac felly o fewn diffiniad y Cyfrifiad o 'siaradwyr Cymraeg'. Mae'r dystiolaeth yn awgrymu'n glir fod fy namcaniaeth yn gywir: gadael Cymru i chwilio am waith yw'r esboniad am y lleihad yn nifer y siaradwyr Cymraeg yng Nghymru rhwng

2001 a 2011. Mae hyn yn tanlinellu mai ffactorau economaidd yw'r rhai pwysicaf o bell ffordd o safbwynt parhad a ffyniant y Gymraeg.

Wrth gwrs, mae yna lu o ffactorau eraill y mae'n rhaid eu hystyried wrth drafod dyfodol yr iaith: y gwasanaethau a geir trwy'r Gymraeg; ansawdd y Gymraeg a siaredir gan ein pobl ifanc; lle'r Gymraeg o fewn cymdeithas, a pharodrwydd swyddfeydd cyhoeddus i weinyddu drwy gyfrwng y Gymraeg. Mae hefyd yn dibynnu ar benderfyniad pobl ifanc i ddefnyddio'r Gymraeg ac i drosglwyddo'r iaith, ac i ddewis aros yng Nghymru (neu ddychwelyd i Gymru) er gwaetha'r anawsterau economaidd.

Mae'n golygu cynllunio ieithyddol mewn ffordd nad ydym hyd yma wedi dechrau ei amgyffred. Ond, yn y pen draw, heb gynllunio *economaidd* effeithiol gan Lywodraeth Cymru, ni all unrhyw gynllunio iaith sicrhau ei dyfodol.

* * *

Yn 2011 cafwyd cam mawr ymlaen pan bleidleisiodd pobl Cymru dros roi pwerau deddfwriaethol i'r Cynulliad, a hynny o fwyafrif sylweddol. Cefais innau gyfle i chwarae fy rhan fel aelod o'r pwyllgor cenedlaethol dros 'Ie', gan gael y cyfrifoldeb unwaith eto o godi cyllid ar gyfer yr ymgyrch.

Ond beth yw rhagolygon cyfansoddiadol Cymru heddiw? Ble rydyn ni'n sefyll ar y daith tuag at ymreolaeth? Tua hanner ffordd, dybiwn i. Mae'r cam pwysicaf wedi'i gyflawni, ond y wobr gyflawn heb fod o fewn ein cyrraedd.

Ond hanner ffordd tuag at beth? Dros y ganrif ddiwethaf defnyddiwyd amrywiol labeli i gyfeirio at amcanion y mudiad cenedlaethol: Senedd i Gymru; Rhyddid i Gymru; ymreolaeth; *Home Rule*; statws dominiwn; statws cymanwlad; statws cenedlaethol cyflawn ac annibyniaeth yn Ewrop. Ond mae'r sloganau hyn yn golygu gwahanol bethau i wahanol bobl.

Y cysyniad mwyaf creiddiol i'r cyfan yw'r un oedd yn ganolog i weledigaeth Gwynfor, sef rhyddid cenedlaethol. A dyma i chi osodiad arall am y wlad sydd ohoni heddiw: *Mae Cymru eisoes wedi ennill ei rhyddid*!

Dyma'r chwyldro mawr a ddigwyddodd yn ystod ail hanner yr ugeinfed ganrif – tra oedd rhai yn cysgu, rhai yn crio a rhai yn breuddwydio. Ac mae'r un mor wir am yr Alban a Gogledd Iwerddon.

Ydw i'n iawn eich bod chi'n anghrediniol, braidd, wrth ddarllen fy ngosodiad? Ond os *ydi* 'ngosodiad i'n gywir, sut a phryd y digwyddodd y newid tyngedfennol hwn? Fel llawer newid arwyddocaol arall, fe sleifiodd drwy'r drws yn ddistaw bach – a hynny rhwng 1979 ac 1997. Daeth y newid yn rhannol yn sgil datblygiadau allanol, ac yn rhannol drwy newid agwedd pobl Cymru.

Ymhlith y ffactorau a greodd agweddau newydd yng Nghymru oedd y Gymuned Ewropeaidd, oedd wedi'i seilio ar y weledigaeth nad oes raid i sofraniaeth fod yn gyfyngedig i un lle yn unig, ond y gall weithredu ar wahanol haenau, gan wahanol gyrff llywodraethol, i wahanol ddibenion. Ffactor arall oedd inni gael ein rheoli am gyfnod o ddegawd a mwy gan bedwar Ysgrifennydd Gwladol Ceidwadol nad oedden nhw'n cynrychioli etholaethau Cymreig. Roedden nhw'n gweithredu trwy lu o fyrddau enwebedig, heb fod yn atebol i bobl Cymru. A'r ffactor fwyaf dylanwadol oll oedd degawd dan bawen Mrs Thatcher, na chafodd erioed fandad gan bobl Cymru.

Daeth datblygiad pwysig arall, nid o Gymru ond o'r Alban a Gogledd Iwerddon.

Yn Refferendwm 1979 pleidleisiodd yr Alban o drwch blewyn dros sefydlu Cynulliad Cenedlaethol. Oherwydd y trothwy hurt a osodwyd gan San Steffan, doedd hyn ddim yn cael ei ystyried yn ddigon o fwyafrif. Aildaniwyd y mudiad dros ymreolaeth yn yr Alban yn yr wythdegau, yn rhannol mewn adwaith i Mrs Thatcher. Cydiodd rhai Albanwyr mewn hen egwyddor Albanaidd, sef y 'Claim of Right'. Hawliai hyn fod sofraniaeth yn deillio, nid o'r frenhiniaeth (fel yn San Steffan) ond o bobl yr Alban eu hunain. Mabwysiadwyd y syniad hwnnw gan y Confensiwn Cenedlaethol, corff a sefydlwyd i atgyfodi datganoli – ond y tro hwn ar y sail mai pobl yr Alban oedd piau'r penderfyniad.

Tua'r un pryd roedd John Major yn chwilio am ffordd allan o rigol waedlyd Gogledd Iwerddon. Bu'n erfyn ar Sinn Féin a'r IRA i gydweithio o fewn fframwaith cyfansoddiadol. Sylweddolodd mai'r egwyddor allweddol a sylfaenol i weriniaethwyr fyddai cydnabod mai pobl y Gogledd oedd piau'r hawl i benderfynu ar ddyfodol y dalaith – uno â'r Weriniaeth neu beidio.

Roedd meddylfryd San Steffan wedi newid rhwng 1979 ac 1997. Roedd arweinyddiaeth Llafur, pan oedden nhw'n wrthblaid, eisoes wedi penderfynu cynnal refferendwm cyn sefydlu senedd i'r Alban.[2] O gofio chwerwedd 1979, cydnabuwyd mai pobl yr Alban fyddai'n gwneud y penderfyniad ac nid Llundain. Gan iddo gydnabod hawliau pobl yr Alban a Gogledd Iwerddon, allai Tony Blair ddim yn hawdd beidio â thrin Cymru yr un fath. Oherwydd hyn, er

189

mai bychan iawn oedd y mwyafrif yng Nghymru yn refferendwm 1997, derbyniwyd dilysrwydd y canlyniad.

Mae hyn i'w weld eto gyda David Cameron yn cydnabod mai pobl yr Alban sydd â'r hawl i benderfynu ar annibyniaeth, ac mai Senedd yr Alban fyddai â'r hawl i drefnu'r Refferendwm.[3] Felly, hefyd, y Cynulliad fydd â'r hawl i alw Refferendwm ar drosglwyddo pwerau treth incwm i Gymru.

Does dim modd gorbwysleisio arwyddocâd y newid hwn. Fel unigolion, tan 1997, cafodd pobl Cymru fwynhau eu rhyddid lawn cymaint â phobl Lloegr, ond doedd dim cydnabyddiaeth o ryddid cenedlaethol. Mae'r newidiadau a ddisgrifiais wedi troi'r cyfan â'i ben i waered. Mae gennym fel cenedl bellach ein rhyddid cenedlaethol i benderfynu ar ddyfodol cyfansoddiadol Cymru. Os bydd pobl Cymru'n pleidleisio dros annibyniaeth, mae ganddyn nhw'r hawl i hynny. Mae Cymru bellach yn Gymru Rydd!

Sut dyliem ni, fel cenedl, ddefnyddio ein rhyddid? Mae'n gosod her i ni, bobl Cymru, feddwl yn adeiladol ynglŷn â dyfodol cyfansoddiadol ein gwlad ni ein hunain. I rai, mae'r ateb yn syml: annibyniaeth. Slogan ardderchog! Ond mae ar ddyfodol cenedl angen llawer mwy na slogan. Rhaid bod yn eglur ynghylch ystyr cyfoes annibyniaeth, a beth fyddai goblygiadau cyfansoddiadol y cysyniad hwnnw.

Nid 'annibyniaeth' oedd nod gwreiddiol Plaid Cymru, a chyfeiriais eisoes at eiriau Saunders Lewis a Gwynfor Evans ynglŷn â hyn. Fel Llywydd y Blaid dilynais innau'r un trywydd – yn bennaf oherwydd nad oes bellach y fath beth â gwledydd annibynnol yn ystyr hanesyddol y gair. Ar ôl i mi ymddeol fel Llywydd pleidleisiodd y Blaid i newid ei hamcanion o 'hunanlywodraeth' i 'annibyniaeth', oherwydd bod yr Undeb Ewropeaidd wedi datgan bod aelodaeth gyflawn o'r Undeb yn gyfyngedig i 'wladwriaethau annibynnol'. Fu gen innau erioed unrhyw amheuaeth nad yn nhermau aelodaeth gyflawn o'r gymuned Ewropeaidd y dylid ystyried dyfodol cyfansoddiadol Cymru.

Pan fydd gwlad yn cael ei derbyn yn aelod newydd o'r Undeb, mae'n eironig mai'r peth cyntaf sy'n digwydd iddi yw ei bod yn aberthu rhan o'i sofraniaeth. Gwneir hyn er mwyn gweithredu penderfyniadau'r Senedd a'r Comisiwn Ewropeaidd. Rhaid bod yn annibynnol i ymaelodi â'r Undeb, ond unwaith mae gwlad yn aelod, mae'n colli rhan o'i hannibyniaeth!

I mi, mae chwe elfen yn diffinio gwladwriaeth annibynnol, sef:

- hawl i fabwysiadu ei chyfansoddiad ei hun, a'i newid
- hawl i ddeddfu'n llawn heb fod yn ddarostyngedig i wlad arall
- hawl i godi trethi a benthyca arian i gynnal gwasanaethau cyhoeddus
- hawl i wneud cytundebau rhyngwladol â gwledydd eraill
- hawl i benderfynu ar fynd i ryfel
- hawl i ymaelodi â chyrff rhyngwladol megis y Cenhedloedd Unedig a'r Undeb Ewropeaidd.

O safbwynt Cymru, gallem grynhoi'r rhain yn dri phwynt ymarferol: hawl i Senedd Cymru ddeddfu ar bopeth sy'n berthnasol i Gymru; hawl i Senedd Cymru ymdrin yn llawn â threthiant, gwariant cyhoeddus a benthyca arian; a hawl i fod yn aelod o'r UE.

Gall gwlad fod â'r hawl i weithredu, ond heb fod yn alluog i wneud hynny ar ei phen ei hun. Mae rhai cyfrifoldebau llywodraethol, yn eu hanfod, yn gweithio ar raddfa ehangach na'r wladwriaeth unigol – megis ymdopi â newid yn yr hinsawdd. Rhaid i'r gwledydd gydweithio i fod yn effeithiol, ac i gyflawni hynny, rhaid iddyn nhw ildio rhan o'u sofraniaeth.

Hyd yn oed o sicrhau annibyniaeth byddai angen cymryd rhai penderfyniadau ar lefel Brydeinig – fel y byddai Gwynfor yn cydnabod bob amser, ac fel y mae Alex Salmond yn ei dderbyn yng nghyd-destun defnyddio'r bunt fel arian yr Alban. Os oes penderfyniadau i'w gwneud ar raddfa Brydeinig, heddiw neu yn y dyfodol, rhaid cael llais i Gymru ar y lefel honno. A chyda'r penderfyniadau pan-Ewropeaidd, rhaid hefyd gael llais annibynnol i siarad ar ein rhan fel cenedl yng nghynteddau Ewrop. Mae mor syml â hynny – ac mor astrus!

Yn fy marn i, gan fod gennym eisoes ein rhyddid cenedlaethol i benderfynu ar ein hannibyniaeth, dylai hynny fod yn ddigon i fodloni awdurdodau Ewrop. Dylai refferendwm yng Nghymru fod ar y cwestiwn, 'A ydych am i Gymru fod yn aelod-wladwriaeth gyflawn o'r Undeb Ewropeaidd?' Byddai cwestiwn o'r fath yn osgoi llawer o'r ymgecru a glywsom o Lundain am berthynas Alban annibynnol a'r Undeb Ewropeaidd.

Cyfeiriais at dri o gyfrifoldebau sylfaenol 'annibyniaeth' – ond beth am y materion eraill? Yn draddodiadol, gwladwriaethau sofran sydd â'r hawl i lunio cytundebau â'i gilydd. Ac eto bu'n bosib i Lywodraeth Cymru ddod i gytundeb â Llywodraeth Talaith Chubut yn yr Ariannin ar faterion perthnasol i'r Wladfa, a chwarter canrif yn ôl bu'n bosib i'r Swyddfa Gymreig greu dealltwriaeth gyda rhanbarthau Ewropeaidd i ddibenion economaidd.

O safbwynt lluoedd amddiffyn y Gymru annibynnol, alla

i ddim rhagweld unrhyw amgylchiadau lle byddai Cymru'n mynd i ryfel â Lloegr; felly teimlaf yn bersonol (ac nid dyma, o angenrheidrwydd, farn y Blaid) y gallai lluoedd arfog o Gymru gydweithio â lluoedd arfog o Loegr, yr Alban ac Iwerddon ar faterion amddiffyn yr ynysoedd hyn. Ond mae dwy ffactor yn cymhlethu hynny: ein dymuniad digyfaddawd i gael Cymru'n gyfan gwbl rydd o arfau niwclear; ac yn ail, dydi Lloegr, gwaetha'r modd, ddim eto wedi anghofio'i chwilen imperialaidd, ac mae'n dal eisiau ymyrryd ym mhob gwlad o dan haul. Ond does bosib na ellid dod i gytundeb mai i amddiffyn yr ynysoedd hyn, ac nid ar gyfer sbloet jingoistaidd ym mhedwar ban y byd, y byddai'r cydweithrediad yn bodoli. Ddylai cydweithio o'r fath ddim rhwystro Llywodraeth Cymru rhag cymryd rhan hefyd mewn gweithgareddau gwarchod heddwch gan y Cenhedloedd Unedig.

Ar faterion cyfansoddiadol eang, mae'r hawl i lunio ein cyfansoddiad fel gwlad yn cynnwys yr hawl i benderfynu ar bennaeth y wladwriaeth. Cynhelir refferendwm yr Alban ar y rhagdybiaeth y byddai'r Frenhines yn gweithredu fel pennaeth eu gwladwriaeth, fel y mae yng Nghanada neu Seland Newydd. Mae polisïau Plaid Cymru yn datgan y byddai'n rhaid cael refferendwm ymhlith pobl Cymru petai yna ddymuniad i newid y drefn hon. Ond alla i yn fy myw weld hyn yn flaenoriaeth, pan mae cynifer o heriau eraill yn ein hwynebu.

Llawer pwysicach yw dal ati gyda'r camau nesaf o safbwynt datganoli grym o Lundain i Senedd Cymru.

*   *   *

Beth, felly, yw'r blaenoriaethau? Mae rhai materion wedi

cael sylw'n ddiweddar gan Gomisiwn Silk. Mae angen i argymhellion llawn y Comisiwn gael eu gweithredu ar fyrder, a disgwylir mwy yn ei ail adroddiad yn 2014.

O safbwynt deddfu, mae angen trosglwyddo cyfrifoldeb am y carchardai a'r heddlu, ynghyd â gweinyddu cyfiawnder, o San Steffan i Gaerdydd. Mae'r pwerau hyn eisoes gan lywodraeth yr Alban a Gogledd Iwerddon. Mae agweddau o dorcyfraith yn galw am gysylltiad â'r gwasanaethau cymdeithasol, polisïau cymunedol a thrafnidiaeth.

Mae sawl un ym myd y gyfraith yng Nghymru eisiau gweld cyfundrefn gyfreithiol Gymreig yn tyfu. Bu'r Barnwr Syr Roderick Evans; Comisiynydd Heddlu Gogledd Cymru, Winston Roddick; y cyn-farnwr Elystan Morgan; yn ogystal ag Elfyn Llwyd AS, yn datgan eu cefnogaeth i hyn. I raddau, mae datblygiad o'r fath yn anorfod. Wrth i Senedd Cymru ddeddfu ar faterion datganoledig, fe welwn yn tyfu gorpws o ddeddfau ac is-ddeddfau Cymreig sy'n wahanol i ddeddfwriaeth Lloegr. Bydd y sawl sy'n gweinyddu cyfiawnder o fewn fframwaith deddfau o'r fath yn gorfod gweithredu mewn cyd-destun Cymreig.

Blaenoriaeth arall yw datganoli'r cyfrifoldeb dros faterion darlledu. Gan mai dim ond rhyw £7m y flwyddyn mae'r Trysorlys bellach yn ei gyfrannu tuag at gynnal S4C, dylai'r Cynulliad gymryd hyn drosodd fel rhan o gytundeb newydd ar gyfer darlledu, a fyddai'n gwarchod rhan ddigonol o ffi'r drwydded deledu yng Nghymru i allu darparu gwasanaeth derbyniol yn Gymraeg a Saesneg.

Mae hefyd angen deddf ddatganoli llawer symlach. Er 1999 bu gan Senedd yr Alban awdurdod dros bopeth ar wahân i faterion penodol fel amddiffyn a nawdd cymdeithasol. Dyma'r model sydd ei angen i Gymru, ac fe argymhellwyd hynny gan Adroddiad Comisiwn Richard yn 2004.

Dangosodd Pwyllgor Holtham, ac ategwyd hyn gan Silk, fod yr arian a drosglwyddir i'r Cynulliad Cenedlaethol tua £400m y flwyddyn yn brin o'r hyn sydd ei angen i gynnal gwasanaethau cyhoeddus yng Nghymru i'r un safon â rhai Lloegr. Gwnaed yn eglur gan Bwyllgor o Dŷ'r Arglwyddi fod Fformiwla Barnett bellach yn gwbl annigonol.[4] Mae ACau Llafur yn y Cynulliad yn deall hyn, ond maen nhw wedi methu darbwyllo arweinyddion eu plaid yn San Steffan.

Pan ddaw annibyniaeth – ac fe ddaw yng nghyflawnder yr amser – bydd raid i Gymru dderbyn cyfrifoldeb llawn dros ei materion cyllidol. Clywir pobl weithiau'n edliw na allai Cymru fforddio annibyniaeth oherwydd lefel isel incwm y pen. Ond rhaid gofyn y cwestiwn, pam mae'r sefyllfa economaidd echrydus hon yn bodoli yng Nghymru? Onid yw'n ffrwyth y polisïau economaidd amhriodol a weithredwyd ers degawdau gan y Trysorlys dan oruchwyliaeth Gweinidogion o'r ddwy blaid fawr Brydeinig? Os na all San Steffan sicrhau cyfiawnder cyllidol i Gymru, does yna ond un ateb, sef ein bod yn cymryd y pwerau cyllidol ac yn mynd ar ein liwt ein hunain.

Pan ddychwelais i San Steffan, fe'm trawyd o'r newydd pa mor ymylol ydi ffawd pobl Cymru i'r gwleidyddion hynny sy'n gweld eu gyrfaoedd o fewn gwleidyddiaeth Prydain. Mae 'na eithriadau teilwng ym mhob plaid ond prin ydyn nhw, ac mae eu dylanwad ar arweinyddiaeth y pleidiau Prydeinig yn llawer llai nag oedd dylanwad yr ASau Cymreig genhedlaeth yn ôl.

*   *   *

I ateb y cwestiwn 'Be nesa i Gymru?', rhaid creu momentwm yng Nghymru dros ein hawliau cenedlaethol. Dyna a sicrhaodd y newidiadau mawr yn ystod ail hanner yr ugeinfed ganrif.

Gwelir heddiw lywodraeth yr SNP yn yr Alban yn cael 'bargeinion' o ran pwerau a chyllid na lwyddodd llywodraethau Llafur di-ben-draw ym Mae Caerdydd eu sicrhau i Gymru, hyd yn oed pan oedd Llafur yn llywodraethu Prydain. Un rheswm pam y cawn weld Gymru'n symud tuag at fwy o annibyniaeth dros y blynyddoedd nesaf fydd methiant arweinyddion y pleidiau Prydeinig i ymateb i anghenion Cymru. Bydd yr amserlen a phatrwm y broses yn dibynnu, i raddau, ar ganlyniad refferendwm yr Alban, ond rhaid i ni beidio â meddwl y gall Gymru ennill ei hannibyniaeth ar gynffon yr Alban. Rydym yn ddwy genedl dra gwahanol. Mae'n rhaid i ni symud ymlaen yn unol â dymuniad, gwerthoedd, gweledigaeth a brwdfrydedd ein pobl ein hunain.

Fel y soniais eisoes, petai'r Alban yn ennill ei hannibyniaeth byddai hynny'n gadael Cymru'n rhan o Deyrnas Gyfunol wedi'i chrebachu, gyda dylanwad Lloegr yn gymaint mwy a llywodraethau Ceidwadol bron yn barhaol yn San Steffan.

Petai'r Alban yn pleidleisio yn erbyn annibyniaeth, byddai'n agor llond trol o broblemau gwahanol i Lywodraeth Prydain. Codai gwestiynau ymhlith gwleidyddion San Steffan ynglŷn â sut i rwystro'r Alban rhag ailgeisio am annibyniaeth ymhen degawd – fel y digwyddodd gyda datganoli. Byddai dadlau ynghylch sut i gyfyngu ar yr adnoddau ariannol i'r Alban trwy floc grant fformiwla Barnett – ac efallai ar yr adnoddau ariannol i Gymru. A byddai'r cwestiwn yn codi eto ynglŷn â hawliau ASau'r

Alban i bleidleisio yn Nhŷ'r Cyffredin ar faterion sydd wedi'u datganoli, a'r posibilrwydd o gael cyfansoddiad ffederal i Brydain.

Beth bynnag fydd canlyniad refferendwm yr Alban ym Medi 2014, bydd yn arwain at ailystyried y berthynas rhwng gwledydd Prydain, fydd naill ai'n ffederal neu gonffederal. Bydd newidiadau mawr ar raddfa Brydeinig yn anorfod.

Ys gwn i, petai rhywrai'n syrthio i drwmgwsg eleni ac yn deffro ymhen hanner canrif, pa fath o Gymru fyddai'n eu disgwyl nhw bryd hwnnw?

---

[1] Gweler *O Ddifri*, pennod 1.

[2] Gweler *Maen i'r Wal*, t. 80–82.

[3] Cydnabuwyd pwysigrwydd hyn gan Carwyn Jones mewn araith yng Nghaerdydd, 17 Medi 2013.

[4] Gweler HL Paper 139, 2009 – ynghyd ag ymateb y Llywodraeth, Cm 7772, 2009.

Be nesa i'r Blaid?

'Does dim angen y Blaid mwyach,' meddai un hen genedlaetholwr wrtha i yn sgil Etholiad Cyffredinol 1964. Hwnnw oedd yr etholiad seneddol cyntaf i mi ymgyrchu ynddo yn Arfon. Bu bron i mi dorri fy nghalon pan ddaeth y canlyniad. Trydydd oedd y Blaid, gydag ychydig dan 7,000 o bleidleisiau. Hyn er gwaethaf ymdrechion haid ohonom, bobl ifanc yr etholaeth, a fu'n ymlafnio'n llawn gobaith i geisio ennill y sedd – a finnau'n drefnydd iddyn nhw, ar gyflog o bumpunt yr wythnos!

Llafur a enillodd yn Arfon, a thros Brydain. Am y tro cyntaf sefydlwyd Swyddfa Gymreig gydag Ysgrifennydd Gwladol yn y Cabinet. Jim Griffiths, AS Llanelli, oedd hwnnw – Cymro Gymraeg a fu'n ddirprwy arweinydd Llafur, a datganolwr brwd.

Roedd cael Swyddfa Gymreig a llais yn y Cabinet yn ddigon i wneud i'r hen stejar yng Nghaernarfon wirioni! Ac roedd yn ddigon i ambell Bleidiwr diffuant, gan gynnwys Elystan Morgan, ddechrau meddwl mai trwy'r Blaid Lafur y byddai Cymru'n ymlwybro tuag at ymreolaeth. Ond tybed, heb bresenoldeb ac ymgyrchu Plaid Cymru, a fyddai Cymru wedi cael y 'datganoli' hanfodol hwn yn 1964? Dyma greu am y tro cyntaf uned o wasanaeth sifil a edrychai ar Gymru fel ei chyfrifoldeb, yn hytrach na'i gweld yn 'dipyn o boendod i'r rhai sy'n credu mewn trefn'. Tipyn o boendod ydan ni i sawl adran arall yn Llundain hyd heddiw.

Sicrhawyd y newidiadau sylweddol yn statws cyfansoddiadol Cymru rhwng 1964 a heddiw oherwydd presenoldeb Plaid Cymru – yn rhannol, o leiaf. Hi fu'r lefain yn y blawd, y 'tipyn o boendod' oedd byth a beunydd yn curo fel rhyw Oliver Twist ar ddrws San Steffan, ac yn gofyn am fwy a mwy o hyd i Gymru.

Ond i ennill y dydd roedd angen mwy na chnoc ar y drws. Roedd angen rhai y tu mewn i'r drws i glywed ac i ymateb. Mewn gwlad chwyldroadol byddai'r llwybr yn un gwahanol, ond nid gwlad chwyldroadol mo Cymru.

Cenedl bryderus, ansicr, yn ofni newid, fu Cymru ers canrifoedd. Felly roedd angen partneriaeth i gropian yn raddol drwy ddatganoli tuag at ymreolaeth. Plaid Cymru fu'n lleisio'r dyhead yn San Steffan. Ond chwaraeodd eraill eu rhan – S. O. Davies, Cledwyn Hughes, Elystan Morgan, Geraint Howells, Wyn Roberts, John Morris, Gwilym Prys Davies, Ivor Richard, Ron Davies, Peter Hain ac eraill.

Roedd yn fanteisiol i'r bobl hyn harneisio grym y mudiad cenedlaethol, a'i sianelu mewn ffordd a fyddai'n dwyn ffrwyth. Heb bresenoldeb (neu fygythiad) Plaid Cymru, prin y bydden nhw wedi llwyddo. Fel arall, pam na fu fawr o symud tuag at Senedd cyn buddugoliaeth Gwynfor yng Nghaerfyrddin? A thybed fydden ni wedi gweld Cymru'n cael cynnig Cynulliad yr un pryd â'r Alban yn 1997 petai Plaid Cymru heb ddyblu ei phresenoldeb seneddol o ddwy sedd yn 1983 i bedair yn 1992? A fyddai Comisiwn Richard wedi cael ei sefydlu yn 2002 oni bai i'r Blaid ennill 30% o'r bleidlais ac 17 sedd yn etholiad cynta'r Cynulliad yn 1999? Ac a fyddai argymhellion Richard wedi cael eu gweithredu erbyn 2011 petai'r Blaid heb fod mewn clymblaid lywodraethol yn 2007?

Fel y soniais eisoes, roedd y penderfyniad i ymuno â chlymblaid Cymru'n Un yn gam ffurfiannol i'r Blaid. Dyma ddadl oedd wedi bod yn cyniwair o fewn y Blaid ers degawdau. Byddai Phil Williams byth a beunydd yn ein hatgoffa am y ddeuoliaeth (y 'deicotomi') oedd yn drysu gweledigaeth a strategaeth y Blaid: roedd hi'n methu penderfynu oedd hi eisiau cael ei gweld fel plaid oedd yn llwyddo i gael gwell bargen i Gymru o'r gyfundrefn wleidyddol oedd yn bodoli, ynteu'n blaid oedd eisiau chwalu'r holl system a gosod rhywbeth amgenach yn ei lle. Diwygio ynteu chwyldroi? Diwygwyr ynteu chwyldroadwyr oedden ni am fod?

Roedd 'na oblygiadau amlwg i hyn. Fel diwygiwr ym myd gwleidyddiaeth, rydych chi'n ymladd i gael y system i weithio'n well i'ch etholwyr, ac o wneud hynny, yn gobeithio y bydd pobl yn ymddiried ynoch ac yn derbyn y newidiadau cyfansoddiadol rydych chi o'u plaid. Ond os mai chwyldroadwr ydych chi, byddai gweithio i gael y system i gyflawni anghenion eich pobl yn wrthgynhyrchiol, gan y byddai'n gwanhau eu chwant am newid chwyldroadol. Does dim pwynt addasu'r system efo mân newidiadau: ei chwalu yw nod y chwyldroadwr.

Mae'n eithriadol o anodd bod yn chwyldroadwr ac yn ddiwygiwr yr un pryd. Dulliau'r diwygiwr yw gwleidyddiaeth etholiadol. Dulliau uniongyrchol (gan gynnwys dulliau protest a thrais) yw ffordd y chwyldroadwr. Roedd y dewis a wnaeth y Blaid i fod yn rhan o lywodraeth yn ddatganiad clir ei bod wedi derbyn mai plaid sy'n diwygio'r gyfundrefn yw Plaid Cymru: ei diwygio'n drwyadl, nid ei chwalu'n chwilfriw.

Bu raid i'r SNP wynebu'r un penderfyniad. Derbyniodd hithau tua 2006 mai fel plaid yn llywodraethu ei gwlad y gallai wthio'r agenda ymlaen tuag at annibyniaeth. Er 1974, o'r Alban y daeth y symbyliad dros newid cyfansoddiadol, gyda'r SNP yn arwain. Ond wrth i Blaid Cymru newid cenhedlaeth, a Leanne Wood a Rhuanedd Richards â'u brwdfrydedd a'u gweledigaeth yn graddol greu trefn, mae hyder newydd heintus i'w deimlo o fewn y Blaid. Gwelwyd yr hen sbardun yn aildanio gydag isetholiad anhygoel Ynys Môn eleni pan etholwyd Rhun ap Iorwerth i'r Cynulliad mewn ymchwydd o frwdfrydedd a sicrhaodd ganlyniad syfrdanol:

Isetholiad Ynys Môn, 1 Awst 2013

	Pleidlais	% newid ers 2011
Rhun ap Iorwerth (Plaid Cymru)	12,601	+ 26%
Tal Michael (Llafur)	3,435	– 45%
Nathan Gill (UKIP)	3,099	dim ymgeisydd yn 2011
Neil Fairlamb (Tori)	1,843	– 74%
Katherine Jones (Llafur Sosialaidd)	348	dim ymgeisydd yn 2011
Steve Churchman (Dem. Rhyddfrydol)	309	– 59%

Roedd naws a blas yr ymgyrch yn dwyn i gof isetholiadau'r chwedegau – Caerfyrddin ('66), Rhondda ('67) a Chaerffili ('68). Wrth reswm, un wennol ni wna wanwyn, ond gyda natur yr etholaeth, trefn ymgyrch y Blaid a brwdfrydedd y cefnogwyr, mae'n anodd credu mai tân siafins a welsom yno. Credaf y bydd parodrwydd Rhun i aberthu gyrfa lewyrchus er mwyn ei gymuned a'i wlad yn ysbrydoliaeth i eraill.

Wrth gwrs, yr Alban a'i refferendwm fydd yn mynd â'r sylw dros y cyfnod nesaf. Beth bynnag fydd y canlyniad yno, nerth Plaid Cymru fydd, unwaith eto, yn dylanwadu ar y math o fargen a gaiff Gymru ym mha amgylchiadau bynnag y cawn ein hunain ynddyn nhw. Gyda gwynt Môn yn hwyliau'r Blaid, yr her fydd creu timau brwd a threfn effeithiol ar gyfer etholiadau'r Cynulliad yn 2016.

Cymerodd Plaid Cymru gam rhyfeddol ymlaen wrth ethol Leanne Wood yn arweinydd yn 2012, gan chwalu'r canfyddiad nad oedd lle i fenywod o fewn yr arweinyddiaeth. Ac mae gan Blaid Cymru ddigonedd o dalent ifanc i fynd â'r frwydr yn ei blaen – pobl fel Dafydd Trystan (y cadeirydd cenedlaethol newydd), Steffan Lewis, Mabon ap Gwynfor, Heledd Fychan, Fflur Jones, Luke Nicholas ac Ian Johnson – yn ogystal ag Adam Price, Jonathan Edwards, Nerys Evans a Llyr Huws Gruffydd, sydd eisioes wedi profi eu hunain fel ASau ac ACau. Adeg ethol Leanne Wood, roedd y disgleiriaf o'i genhedlaeth, Adam Price, newydd ddychwelyd ar ôl gwneud gradd uwch fel Ysgolor Fulbright ym Mhrifysgol Harvard. Gobeithio y cawn fanteisio ar ei gyfraniad yntau – a'r talentau ifanc uchod – yn y Cynulliad yn fuan iawn.

Llwyddodd Leanne, ar ôl ymgyrch frwd a chynhyrfus, i ddarbwyllo'r Blaid o'i gweledigaeth. Roedd cefnogwyr y Blaid yn awyddus i agor pennod newydd, fwy beiddgar a deinamig. Roedd yr aelodau, o bob oed ac ym mhob rhan o Gymru, eisiau mentro unwaith eto ar ôl cyfnod pan oedd bod yn bartner bach mewn llywodraeth glymblaid, o reidrwydd, yn torri ar fin ymgyrchol y Blaid.

Un peth allweddol sydd wedi galluogi Leanne i ymdopi â

chyfrifoldebau'r swydd yw'r gefnogaeth ddoeth ac
ymroddgar a gaiff gan Brif Weithredwr newydd y Blaid,
Rhuanedd Richards. Gyda'i chefndir ym myd darlledu, mae
Rhuanedd yn deall persbectif y cyfryngau. Ac o fod wedi
gweithio i weinidogion Llywodraeth Cymru rhwng 2007 a
2011, mae hi hefyd yn deall goblygiadau bod mewn
llywodraeth. Mae'r brwdfrydedd, y proffesiynoldeb, y
weledigaeth a'r penderfyniad a ddaeth Rhuanedd gyda hi i'r
swydd wedi gweddnewid y ffordd mae'r Blaid yn
gweithredu. Bydd llwyddiant yn ystod y cyfnod nesaf yn
dibynnu'n helaeth ar y ffordd y gall Leanne a hithau
ddatblygu strategaeth i droi'r weledigaeth yn gyfres o
dargedau cyraeddadwy – a sbarduno'r aelodaeth i wireddu
hyn.

Un o'r camau breision newydd a fynnodd Rhuanedd oedd
fod y Blaid yn derbyn cyngor proffesiynol ynghylch sut i
weithredu'n strategol ac yn ddisgybledig. Dangosodd yr SNP
fod y dulliau hyn o weithredu yn talu ar ei ganfed. Fyddai'r
SNP byth wedi ffurfio llywodraeth yr Alban yn 2007 heb
ddisgyblaeth o'r fath.

Os yw Plaid Cymru o ddifri, rhaid mabwysiadu'r technegau
sy'n dod â llwyddiant. Disgyblaeth er mwyn ennill yw'r
weledigaeth a gyflwynodd Warren Gatland i'n tîm rygbi
cenedlaethol. Os ydyn ni o ddifri ynglŷn ag ennill mwy o
annibyniaeth i Gymru, rhaid i ninnau ddangos yr un
ymroddiad. Ac mae cenhedlaeth newydd y Blaid o ddifri
calon ynglŷn â hyn.

*   *   *

Beth fydd y camau nesaf i'r Blaid ar y daith tuag at
annibyniaeth?

Yn gyntaf, rhaid derbyn mai proses yw esblygiad cenedl, wrth iddi ennill mwy o hyder yn raddol. Welwn ni byth mo'n gwlad yn rhoi yr un naid anferth 'na fydd yn ei gwneud yn wlad annibynnol – nid cenedl felly ydi cenedl y Cymry.

Rhaid derbyn, hefyd, fod rôl y Blaid, ers sefydlu'r Cynulliad, wedi newid. Bellach mae ganddi lwyfan ar gyfer ei syniadau ac, er 2011, fodd o wireddu'r syniadau gyda'r grym i ddeddfu.

Ond un peth ydi prynu cyfrifiadur; peth arall ydi gallu ei ddefnyddio. Rhaid i'r Cynulliad fod yn fwy na 'jwg ar seld': rhaid iddo ddangos y gall wneud gwahaniaeth i fywydau pobl Cymru. Y peryg mawr efo'r pleidiau Prydeinig ydi iddyn nhw edrych tuag at Lundain ar gyfer pob syniad gwleidyddol newydd, yn hytrach na'u creu eu hunain yma yng Nghymru i ateb gofynion ein gwlad.

Dyma ble mae cyfrifoldeb arbennig yn disgyn ar ysgwyddau Plaid Cymru: rhaid iddi ddod yn ffynhonnell syniadau a pholisïau newydd ymarferol a pherthnasol i'n sefyllfa yng Nghymru. Os gwna hyn, bydd etholwyr Cymru yn troi tuag ati – yn rhannol oherwydd nad oes dimensiwn o'r fath ymhlith y pleidiau eraill.

I'r perwyl hwn, rhaid sicrhau mai yn y Cynulliad y gwelir talentau gorau Plaid Cymru yn gwireddu eu potensial. Yno y dylai goreuon ein pobl ifanc awchu am fod.

Mae'n her i bob plaid ofalu bod talent ddigonol yn eu rhengoedd yn y Cynulliad. Gyda dim ond 60 aelod yno – o'i gymharu â'r 108 yng Nghynulliad Gogledd Iwerddon a'r 129 yn Senedd yr Alban – does dim lle i unrhyw aelod sy'n llaesu dwylo. Mae angen proffesiynoldeb ac ymroddiad. Nid gwobr am oes o waith ydi eistedd yn y Cynulliad, ond cyfle i weithio'n ganwaith caletach dros achos Cymru. Byddai cenedlaethau blaenorol yn y Blaid wedi aberthu'r cyfan er mwyn cael y cyfle sydd gennym ni heddiw.

Mae'n rhaid hefyd i ni, aelodau etholedig haenau eraill llywodraeth, fabwysiadu'r un ddisgyblaeth. Os ydym ni sydd o'r tu allan i'r Cynulliad am chwarae ein rhan yn effeithiol, gan saernïo ein gwaith i ategu'r ymdrechion yn y Cynulliad, rhaid i bawb deimlo'i fod yn rhan o'r un tîm. Rhaid gofalu bod cydlynu effeithiol rhwng y Blaid yn y Cynulliad ac oddi allan iddo – yn arbennig wrth ddatblygu polisi.

Wrth reswm, mae llwyddiant etholiadol yn unrhyw haen o lywodraeth yn hyrwyddo llwyddiant ar lefelau eraill. Etholiadau San Steffan yw'r rhai anoddaf i Blaid Cymru oherwydd y modd y mae cyfryngau Llundain yn portreadu popeth fel brwydr rhwng y pleidiau mawr Prydeinig. Ond mae mawr angen i Blaid Cymru gryfhau ei llais yn San Steffan, i ddwyn pwysau i gael gwell setliad cyllidol i Gymru. Soniais eisoes am y ffordd y mae Cymru'n cael ei thangyllido gan y Trysorlys. Methodd llywodraethau Llafur rhwng 1997 a 2010 unioni'r cam, ac mae clymblaid Cameron-Clegg wedi gwrthod delio â'r mater.

Bydd llwyddiant i'r Blaid yn etholiadau Prydeinig 2015 yn helpu i sicrhau nad yr Alban yn unig fydd yn cael sylw Llundain yn sgil y Refferendwm. Bydd hefyd yn gosod sylfaen i ymgyrch y Blaid ar gyfer etholiadau'r Cynulliad yn 2016. Pan ddaw'r etholiadau hynny, rhaid i'r Blaid arddel un nod eglur: ei bod yn ymladd i ffurfio Llywodraeth nesaf Cymru.

Yn ddelfrydol, dylid amcanu at ennill 31 neu ragor o seddi yn 2016 – ond o leiaf, rhaid dod o'r etholiad fel y blaid â'r nifer fwyaf o seddi yn y Cynulliad. Byddai hynny'n rhoi'r Blaid yn yr un sefyllfa ag roedd yr SNP ynddi yn 2007 –

gyda'r hawl i gael y dewis cyntaf ar gyfer ffurfio Llywodraeth. Llwyddodd yr SNP i lywodraethu'n effeithiol iawn rhwng 2007 a 2011 heb fwyafrif – yn ddigon da i'r etholwyr roi mwyafrif iddyn nhw yn 2011. Does dim raid i'r Blaid feddwl yn nhermau clymbleidio cyn yr etholiad. Y nod yw ennill mwyafrif.

Bydd angen gwneud yn glir beth fydd y mandad y bydd y Blaid yn disgwyl ei gael o ganlyniad i ennill etholiad – pa ddatblygiadau cyfansoddiadol, yn ogystal â pholisïau economaidd, cymdeithasol ac amgylcheddol blaengar, y byddai Llywodraeth Plaid Cymru yn ceisio'u cyflawni. Os daw Llafur i rym yn San Steffan yn 2015, mi fyddan nhw mewn sefyllfa ddigon bregus erbyn 2016, wrth orfod ymdopi â'r llanast economaidd a chyllidol, a dyfodol Prydain yn Ewrop.

Felly, mae'n gyfnod eithriadol o addawol i Blaid Cymru, ac i Gymru. Llawn cystal na chafodd yr hen stejar yng Nghaernarfon yn 1964 ei ffordd, ac na fodlonodd Pleidwyr ar gael dim ond pwt o Swyddfa Gymreig ac Ysgrifennydd yng Nghabinet Prydain.

Prin yr honnai neb heddiw y dylai Plaid Cymru roi'r ffidil yn y to. Pe na bai'r Blaid yn bodoli heddiw, byddai angen ei chreu. Ein dyletswydd ni yw rhoi'r siawns i bobl Cymru fanteisio'n llawn arni, fel y gwnaeth pobl yr Alban gyda'r SNP. Fel hen stejar fy hun bellach, rydw i mor eiddigeddus o bobl ifanc Cymru sydd â'r fath gyfle o'u blaenau.

Y dwthwn hwn

Cyrhaeddais oed yr addewid eleni. Mae'n teimlo fel ddoe pan oedd fy nhad yn dathlu ei saith deg, a finnau'n credu ei fod yn byw ar amser benthyg. Ond fe gafodd o fyw am ugain mlynedd ar ôl hynny – y rhan fwyaf o'r amser mewn iechyd da, ac yn mwynhau ei ymddeoliad. Bu Mam hithau fyw nes ei bod dros ei naw deg oed. Felly rhaid meddwl yn bositif!

Ac mae yna gymaint i fod yn bositif yn ei gylch. Rhaid mai ein cenhedlaeth ni yw'r fwyaf ffodus o bob cenhedlaeth a fu'n cerdded tir Cymru. Dydw i ddim yn cofio rhyfel, oedd yn gysgod dros genhedlaeth fy nhad a'm taid. Cawsom dyfu mewn gwladwriaeth les, diolch i lywodraeth ryfeddol Clem Attlee yn ail hanner y pedwardegau; byw hefyd dan adain Gwasanaeth Iechyd yn rhad ac am ddim i bawb, a chydag addysg yn rhoi'r cyfle i genhedlaeth gyfan - cyfle na welodd yr un to blaenorol. Mae ein safon byw wedi gwella'n syfrdanol, a thra oedd rhannau helaeth o'r byd yn dioddef o newyn, cawsom yma yng Nghymru flynyddoedd o lawnder.

Cyfrifoldeb pob cenhedlaeth yw gadael y byd yn well lle i'w plant na'r hyn a etifeddwyd. Ar sail ffon fesur o'r fath, rwyf yn llai sicr am gyfraniad ein cenhedlaeth ni. Gwelwn fwy o blant yn marw o newyn nag erioed yn hanes y byd – dros wyth mil bob dydd. Mae bioamrywiaeth o dan warchae, yr hinsawdd yn newid o'n cwmpas wrth i lefel carbon yn yr awyr gyrraedd dros 400 rhan y filiwn am y tro cyntaf ers tair miliwn o flynyddoedd. Mae arfau rhyfel yn lluosi – mewn nifer ac erchylltra, fel y gwelwyd yn Syria – a chasineb dyn tuag at ddyn, ymerodraeth tuag at ymerodraeth a chrefydd tuag at grefydd, yn dyfnhau. Does gan genhedlaeth fy wyrion a'm hwyresau i ddim llawer i ddiolch i ni amdano.

Ond fel teulu rydym yn ffodus, hefyd. Er gwaetha'r brofedigaeth drist a gawsom wrth golli ein dau fab hynaf, Alun a Geraint, yn yr wythdegau, cawn ymhyfrydu yn y ffaith fod Eluned a'n mab-yng-nghyfraith, Dai, wedi gallu dychwelyd o Frwsel i Gymru i fagu'r efeilliaid, Cai a Jac, sydd bellach yn ddisgyblion yn Ysgol Iolo Morganwg, Y Bont-faen. Fel pennaeth Celfyddydau Rhyngwladol Cymru mae Eluned wedi cael y wefr yn ddiweddar o arwain tîm sydd wedi dod â WOMEX, llwyfan cerddoriaeth byd, i Gaerdydd. Daw sgiliau Dai fel dyn camera hynod alluog (diolch, yn rhannol, i hyfforddiant cynllun Cyfle yng Nghaernarfon) â hynt tîm rygbi Cymru i'n cartrefi ar S4C. Maen nhw'n byw mewn llecyn hyfryd – Southerndown, nid nepell o Lanilltud Fawr, lle cafodd Eluned a'i brawd Hywel fynychu'r sefydliad rhyngwladol rhyfeddol hwnnw, Coleg Iwerydd, ar gyfer eu haddysg ôl-16.

Mae Hywel, Catrin a'u teulu hefyd yn byw o fewn cyrraedd hwylus i Gaerdydd – yng Ngwaelod-y-Garth. Maent hwythau'n cyfrannu i'n bywyd diwylliannol: Catrin mewn modd unigryw ar y delyn, a Hywel gyda'i stiwdio recordio a ffilmio ym Mhen-tyrch. Caiff ein hwyresau, Ana Gwen a Pegi, fynychu Ysgol Gynradd Gwaelod-y-Garth ddau gan llath i lawr y lôn, lle cânt addysg drwy gyfrwng y Gymraeg.

Mae sut y daeth Catrin yn rhan o'r teulu'n hanes rhyfeddol. Deuthum i'w hadnabod yn wyth oed, pan ddechreuodd hi deithio bob pythefnos gyda'i rhieni o'u cartref yn Llan-non, Ceredigion, acw i'r Bontnewydd i gael gwersi telyn gan Elinor. Roedd Hywel bryd hynny'n ymddiddori llawer mwy mewn cerddoriaeth roc: byddai'n dod adra o'r ysgol ac yn mynd ati'n syth i ddechrau cynhyrchu sŵn byddarol ar ei gitâr drydan – gan amharu ar wersi telyn y ferch fach oedd mor bowld â meddiannu ei gartref!

Noson fy mharti ffarwelio yn Nhŷ'r Cyffredin, bu datblygiad difyr: gofynnodd Hywel a fyddai'n iawn i Catrin ddod yno efo fo. Mae'r gweddill, fel petai, yn hanes. Y tristwch mawr oedd i Nhad farw noson priodas Hywel a Catrin. Doedd o ddim wedi gallu mynychu'r briodas oherwydd cyflwr ei iechyd. Roedd fel petai o wedi dal ei afael mewn bywyd nes cael gwybod gan Mam fod y pâr ifanc wedi uno: bu farw'n dawel ychydig oriau'n ddiweddarach. Roedd Mam, hefyd, wedi paratoi i fynd i briodas Eluned a Dai yn 2005, ond bu hithau farw ychydig wythnosau cyn y gwasanaeth. Chafodd yr un o'r ddau fyw i fod yn hen daid a hen nain, ond cawsant foddhad o weld y plant wedi sefydlogi a llwyddo i ymgartrefu yng Nghymru.

Dros y degawd diwethaf cafodd Elinor gyfle i ddatblygu ei phrosiect o greu Canolfan Gerdd William Mathias i ddarparu hyfforddiant cerddorol yng ngogledd-orllewin Cymru, gan ddefnyddio'r cyfleusterau ardderchog sydd ar gael yng Nghanolfan Galeri yng Nghaernarfon. Yn ddiweddarach ymestynnwyd y prosiect i ffurfio Gwasanaeth Ysgolion William Mathias. Mae'r Ŵyl Delynau Ryngwladol a gynhelir bob pedair blynedd yn Galeri bellach wedi ennill ei phlwyf, ac yn denu cystadleuwyr o dros ugain o wledydd. Disgrifiwyd hyn gan Elinor yn ei chyfrol *Tannau Tynion* a gyhoeddwyd yn 2011, ac a gafodd groeso arbennig.

Galeri oedd yr olaf o'r prosiectau etholaethol y cefais y fraint o'u hyrwyddo. Cymerodd Galeri fwy o amser i'w wireddu nag roeddwn i wedi'i ddisgwyl, sef bron ddegawd ar ôl dechrau'r ymgyrch. Yn y diwedd, ar ôl hir lusgo traed, llwyddais i gael y maen i'r wal adeg sefydlu Canolfan y Mileniwm yng Nghaerdydd. Codais y pwynt gydag Edwina Hart (Gweinidog Cyllid) a Jenny Randerson (Gweinidog Diwylliant) na ddylid canoli'r cyfleusterau diwylliannol i gyd yng Nghaerdydd – er fy mod yn gwbl gefnogol i Ganolfan y Mileniwm. Bu Edwina Hart, sydd â diddordeb mawr mewn cerddoriaeth, yn hynod o gefnogol, a llwyddwyd i gael y £7m angenrheidiol trwy gyfuniad o ffynonellau – Cyngor Gwynedd, y Cynulliad Cenedlaethol a Chronfa Strwythurol Ewrop. Mae Galeri bellach yn cyfrannu £15 miliwn y flwyddyn i'r economi lleol ac yn darparu cyflogaeth, rhwng popeth, i dros hanner cant o bobl.

Prosiect arall a wireddwyd ar ôl i mi adael y Cynulliad oedd adeilad Senedd Cymru. Ceir hanes y frwydr i'w sicrhau, a rhan Elinor yn y broses cynllunio, ym mhennod 14 *Maen i'r Wal*. Mae'r adeilad yn un nodedig, a digon o le i gynyddu nifer yr aelodau i 80 yn rhwydd, heb fawr o gost ychwanegol. Gobeithio y gwelwn hynny'n digwydd cyn hir i alluogi'r Cynulliad i gael aelodaeth ddigonol i ysgwyddo'r cyfrifoldebau deddfwriaethol newydd. Teimlaf beth tristwch na chefais i mo'r fraint o weithio yn yr adeilad hynod hwn.

Ond mae'n bleser eithriadol gweld to ifanc newydd o wleidyddion Cymru – a Phlaid Cymru yn arbennig – yn cymryd eu lle yno. Y diweddaraf, wrth gwrs, oedd Rhun ap Iorwerth, yn sgil y fuddugoliaeth ysgubol yna yn isetholiad Ynys Môn. Wrth gwrs, fyddai o ddim wedi llwyddo heb ymateb cannoedd o ymgyrchwyr y Blaid, yn cynnwys to o bobl ifanc oedd yn profi'r wefr o weithio'n wleidyddol dros Gymru am y tro cyntaf. Os oedd yn bosib dal dychymyg a sbarduno dyhead fel y gwnaeth Rhun ym Môn, mae'n hollol bosib cyflawni'r un campwaith ledled Cymru.

Ond mae gen i bellach, ysywaeth, her newydd yn ôl ar lannau Tafwys. Pa mor hir y bydd raid i mi ddal ati yno, amser a ddengys. Byddai'n dda meddwl y cawn adael y lle am y rhesymau gorau, fel y gadewais Dŷ'r Cyffredin yn 2001, a bod y cyfrifoldebau dros agweddau o lywodraethu Cymru yn cael eu trosglwyddo'n llawn i ble dylen nhw fod, sef yn ein senedd-dy ni ein hunain ar dir Cymru. Yn y cyfamser, alla i wneud dim mwy nag erfyn y cawn y nifer llawn o aelodau a addawyd i ni fel Plaid, i siarad dros Gymru yn Ail Siambr Senedd Prydain. Ble bynnag mae buddiannau Cymru yn y fantol, ein dyletswydd yw bod yno i godi llais ar ran ein gwlad a'i phobl.

O fod wedi mwynhau bywyd llawn iawn dros saith deg mlynedd – hanner y rheiny yn y byd cyhoeddus Cymreig – gallaf edrych ar unrhyw weddill sydd i ddod fel bonws. Mae amser i bopeth, ac un o heriau bywyd, yn arbennig felly fywyd gwleidyddol, yw gwybod pa bryd i gamu i'r cyrion a hyrwyddo'r genhedlaeth iau i ysgwyddo'r cyfrifoldebau yn ôl eu goleuni nhw.

Cyfeiriais yn gynharach at y traethawd ysgol yna. Yn hwnnw mi ddywedais, o gael dewis unrhyw gyfnod i fyw ynddo, y byddwn wedi dewis cael fy ngeni union ganrif yn gynharach a marw cyn chwalfa'r Rhyfel Byd Cyntaf. Ond roeddwn i'n anghywir.

Cefais y fraint o gael fy magu mewn rhan anhygoel o Gymru, yng nghadernid Gwynedd, gyda'i phobl a'i thiriogaeth wedi gwreiddio'n ddwfn ynof. Dwi mor ddiolchgar fod fy rhieni wedi dewis dychwelyd i Gymru ar ôl y rhyfel, ac yn arbennig ddod i'r rhan hon o'n gwlad lle roedd gwreiddiau teulu Mam, ac i minnau ac Elinor gael y cyfle i fagu ein teulu o fewn yr un filltir sgwâr. Diolch hefyd ein bod wedi cael cefnogaeth, yn ogystal â chyfeillgarwch, y gymdeithas yma wrth geisio gwireddu dyheadau.

Ni fynnwn fod wedi cael byw yn unrhyw le arall ar wyneb y ddaear – a bellach, ni fynnwn, chwaith, fod wedi byw yn ystod unrhyw gyfnod arall mewn hanes.

Yng ngeiriau R. Williams Parry:

> Digymar yw fy mro trwy'r cread crwn,
> Ac ni bu dwthwn fel y dwthwn hwn.

MYNEGAI

Mynegai yw hwn i gyfrolau 1–4,
Cyfres y Cewri 10, Dafydd Wigley:

[1] *O ddifri* (1992)
[2] *Dal ati* (1993)
[3] *Maen i'r wal* (2001)
[4] *Be Nesa!* (2013).

ei ddewis i Dŷ'r Arglwyddi
[4] 135, 136, 139
ap Gwilym, Siwan [2] 354
ap Gwynfor, Mabon [4] 202
ap Gwynn, Iolo [2] 356
ap Iorwerth, Rhun [4] 201–2,
210–11
ap Llwyd, Pedr [4] 80
ap Tegwyn, Huw [2] 436
ARC (Amey Roadstone
Corporation) [2] 63–4
'Aros Mae', grŵp [2] 233, 449
Arthur, Gwerfyl [2] 110, 298, 329,
433, 434
Arwisgiad, yr (1969) [1] 89
Ashley, Jack [1] 352; [2] 203;
[3] 43, 44, 45 6, 254; [4] 30
Astbury, Dela [1] 139
Atomfa Trawsfynydd [1] 204;
[2] 440–1
Attlee, Clement [4] 207
Athrofa Addysg Uwch Abertawe
[4] 61
Aubel, Felix (Ceidwadwr) [2] 256
Awdurdod Datblygu Cymru (WDA)
[1] 148; [2] 57–8, 99, 283, 286,
441–2; [3] 16; [4] 31–7, 183
Awdurdod Iechyd, yr [1] 286

Bagehot, Walter [4] 152
Bailey, Alan [2] 234, 236
Bailey, Mel [2] 234, 236
Bain, Margaret *gweler* Ewing,
Margaret, *née* Bain

Baker, Kenneth [1] 252, 297–8;
[4] 16, 18
'Balâd Dyffryn Ceiriog', Cynan
[1] 39
Banks, Tony [2] 215
Baradwys Bell, Y, cyfres deledu
[4] 81
Barcud, cwmni [1] 187; [2] 117
Barnett, Joel [4] 16
Barnier, Michel [3] 179
Barr, C. (Tori) [1] 117
Barrett, Lorraine [3] 186
Batterbee, W. J. (taid Dafydd
Wigley) [1] 13, 17
Batterbee, Mrs W. J. (nain Dafydd
Wigley) [1] 12–13
Battle, John [3] 110–11
Beale, John, Cyfarwyddwr Addysg
Merthyr [1] 131
Bebb, Ambrose [1] 203
Bebb, Guto [3] 239
Bebb, Helen [1] 239; [2] 245
Beith, Alan [1] 262
Bell, Ronald [1] 320; [2] 206–7,
210
Benest, David [1] 29
Benn, Tony [1] 228, 302, 320;
[2] 157; [3] 108, 210, 253, 254
Bennett, Nicholas [2] 364
Bennett, Richard [4] 81
Benney, Terry [2] 341
Benyon, Bill [1] 252
Berry, Roger [3] 43, 44
Beschel, Manfred [3] 272

215

Best, Keith (Ceidwadwr) [1] 299; [2] 102, 179–81, 247–8, 250, 252, 359, 370
Bestic, Penni [2] 341
Betts, Clive [3] 210
Bevan, Nigel [3] 68
Bevan, Phil [1] 81; [3] 146
Bevins, Anthony [2] 324
Beynon, Ann [2] 254
Bickerstaffe, Rodney [2] 120
Biffen, John [1] 320; [2] 176
Blaenau Gwent, etholiad cyffredinol (1992) [2] 340
Blainey, Erfyl [1] 49, 170
Blair, Mike [4] 76
Blair, Tony [3] 63–4, 161, 163, 220, 254, 255; [4] 37, 145, 164
a datganoli [3] 21, 57–9, 74, 80, 82, 87, 114, 115, 218; [4] 189
ac Alun Michael [3] 136, 186, 187, 192–3, 195
ac Amcan Un [3] 170–1, 172, 191
fel Prif Weinidog [3] 99, 101
galw etholiad (1991) [3] 251–3
Blue Lion, Grays Inn Road [1] 45
Blundell, Bob [1] 82
Blunkett, David [3] 102
Bonsor, Syr Nicholas [2] 60
Bontnewydd [1] 14–15; [2] 237
Bourne, Nick [3] 189
Bowden, Andrew [2] 216, 217, 218
Bowen, Delme [2] 340
Boyce, Max [1] 152

Bradley, David [2] 435; [3] 27–8
Bradley, Helen [4] 22
Bradley, Jacky [3] 28
Braine, Syr Bernard [2] 154
Brazzi, Rossano [4] 89
Brennan, Kevin [3] 257
Briand, M., gweinidog tramor Ffrainc [1] 310
Brindley, Lynne [4] 78
British Aerospace [3] 229
British Yugoslav Parliamentary Group [1] 291
Britton, Steve [2] 286
Bro Morgannwg, etholiad cyffredinol (1992) [2] 341, 362
Bronant, y, Bontnewydd [1] 14
Brooke, Henry [1] 24
Brookes, Beata (Ceidwadwr) [2] 193, 194, 305, 306, 402
Broughton, Syr Alfred [2] 94
Brown, George, 'National Plan' [1] 55
Brown, Gordon [3] 80, 99, 101, 180, 181, 191, 193; [4] 19, 135–7, 138, 142, 165
Brown, Nick [4] 135
Browne, Wallace [4] 137
Browning, Angela [2] 393
Bruce, H. A. [4] 16
Bryant, Conrad [2] 342, 437–8
Brycheiniog a Maesyfed, etholiad cyffredinol
(1979) [1] 102–3
(1992) [2] 341, 342–3, 362

216

217

220

221

222

223

225

etholiadau lleol
  (1972) [1] 118–22
  (1976) [2] 67
  (1987) [2] 257
etholiadau sirol ac unedol
  (1977) [2] 68
  (1995) [3] 37–40
  (1999) [3] 125, 145–7
  gweler hefyd isetholiadau
Eurig, Aled [1] 241; [2] 108–9
Euro DPC [2] 67, 285, 322;
  [3] 260, 274
Evans, David (Welwyn) [2] 393
Evans, Dr Dewi [2] 331, 332, 341
Evans, Dewi, Pencader [1] 47
Evans, Eldrydd, Maldwyn [1] 138
Evans, Elenor Bonner [2] 340, 437
Evans, Eleri *gweler* Carrog, Eleri
  (Higgins), *née* Evans
Evans, Emrys [1] 32
Evans, Fred, AS [1] 81; [2] 26, 27,
  31, 32, 35, 38, 45; [3] 17
Evans, Fred, cyfrifydd llwgr [4] 83
Evans, Gareth, Gweinidog Ynni,
  Awstralia [2] 234–6
Evans, Gareth, prif weithredwr
  Hufenfa De Arfon [4] 47
Evans, Gwyndaf (NLP) [2] 358
Evans, Gwynfor [1] 72, 87, 194,
  208, 220, 222, 223, 224, 230,
  235, 243, 255, 263, 344; [2] 26,
  39, 47, 54, 55, 106, 107, 143,
  312–13, 361; [3] 144, 256;
  [4] 181

a Chymdeithas yr Iaith [4] 105
a diarfogi niwcliar [2] 123
a Leopold Kohr [1] 303
a'r Alban [1] 75, 76
a'r Mesur Llwch [2] 78, 79, 80,
  81–2, 90, 91, 92–3
ac annibyniaeth [3] 130;
  [4] 106–12, 190, 192
agor stiwdio Barcud [2] 117
Aros Mae [1] 189
Black Paper on Wales [1] 260
'Cenedlaetholdeb Gwleidyddol'
  [2] 14
Commonwealth Status for Wales
  [4] 110
cynnig i fynd i Dŷ'r Arglwyddi
  [4] 127–8
darlith goffa gan Dafydd Wigley
  (2012) [4] 103–13
Diwedd Prydeindod [4] 109–10
ei angladd [4] 103
ei ddylanwad ar Dafydd Wigley
  [1] 181–9
ei heddychiaeth [2] 149; [4] 104
ei safiad yn erbyn Treth y Pen
  [2] 302
ei ymgyrch dros sianel deledu
  Gymraeg [1] 185–7; [2] 114–17,
  129–30, 131; [4] 20, 157
etholiad cyffredinol
  (1959) [1] 26, 182
  (1970) [1] 96, 113
  (Chwefror, 1974) [1] 218
  (Hydref, 1974) [1] 230, 268–9,

228

427, 429–30; [4] 18

Garnett, yr Athro [2] 109

Garrett, Ted [2] 25

Gatland, Warren [4] 203

George, Eddie [3] 100

George, W. R. P. [1] 202

George, Walis [3] 266

German, Mike [3] 137, 184, 189, 204; [4] 19, 36, 122

Gethin, Raymond [1] 131

Giancano, Sam [4] 91

Gifford, yr Arglwydd, QC [2] 225

Gill, Nathan (UKIP) [4] 201

Gillespie, B. (Llafur) [2] 297

Gilmour, Ian [2] 125

Glyn, Seimon [3] 270

Glynebwy, gwaith dur [1] 145, 147

Godfather, The [4] 87

Golding, John [1] 298

Goldsmith, James [4] 174

Goodway, Russell [3] 198, 199, 200

Gorbachev [2] 124

Gow, Ian [1] 29

Gower, Raymond [1] 229; [2] 302–3

Grant, David [4] 58

Gray, Hamish [2] 24

Green, Andrew [4] 69, 70–1, 72, 76, 77, 80

Green, Margaret [2] 109

Greenshields, Harland [2] 151–3

Gregynog, Canolfan [4] 63

Grey-Thompson, Tanni [4] 18, 19, 147

Griffith, Aled [1] 239

Griffith, Ann, Llanwnda [1] 217

Griffith, Arthur [1] 311

Griffith, Emlyn, Chwilog [1] 46

Griffith, Huw [1] 38

Griffith, I. B. [1] 29, 38, 49, 87, 181; [2] 132

Griffith, Michael, Trefnant [4] 59

Griffith, Robert [1] 241; [2] 38

Griffith, Sara Bowen [1] 28–9

Griffith, Siân Hefin [1] 29

Griffith, Tawe [1] 45

Griffiths, Ann, Troed-y-rhiw [1] 131

Griffiths, Brian [4] 18

Griffiths, David [4] 79 80

Griffiths, Gwyn, Troed-y-rhiw [1] 131

Griffiths, Heledd [2] 437

Griffiths, James [1] 55; [3] 17; [4] 198

Griffiths, O. G. (Rhyddfrydwr) [2] 184

Griffiths, Peter Hughes [2] 356

Griffiths, Philip Jones [4] 74–5

Griffiths, Robert [2] 140

Griffiths, Rhidian [4] 80

Griffiths, Win [2] 259, 432; [3] 16, 90, 92, 96, 100

Griffs, Llundain [1] 46

Grist, Ian [2] 364

Gruffydd, Elfed [1] 239

231

Jones, John, Ynys Môn [2] 277, 279, 285

Jones, John Elfed [2] 170, 171, 283, 375, 376, 396; [3] 153

Jones, John Gwilym, y Groeslon [1] 33

Jones, John Llewelyn [2] 277, 279, 280

Jones, John Wyn [2] 250

Jones, Jon Owen [2] 401; [3] 17, 258

Jones, Judith [3] 109, 158

Jones, Katherine (Llafur Sosialaidd) [4] 201

Jones, Margaret Talfryn [2] 254

Jones, Martyn [2] 259; [4] 138

Jones, Mei [2] 229

Jones, Menai [1] 240

Jones, Menna [1] 239

Jones, Merfyn [4] 56, 59, 74

Jones, Michael [2] 172

Jones, Miriam [1] 16

Jones, Nans [1] 95

Jones, Nesta (mam Bryn Terfel) [1] 15

Jones, Oliver (Rhyddfrydwr) [1] 268

Jones, Osborn [2] 276–8, 279, 280, 282, 285, 287; [3] 274; [4] 47, 53, 56

Jones, Penri [1] 191

Jones, R. Brinley [4] 69

Jones, R. E. [1] 44, 177, 190, 203

Jones, Richard Morris [2] 313, 335

Jones, Robin Gwyndaf [1] 47

Jones, Robin James [3] 41

Jones, Roger [4] 32, 34, 44, 45

Jones, Roy [2] 191

Jones, Rhydderch [1] 45

Jones, Rhys, Awstralia [2] 236

Jones, Sara [2] 254

Jones, Simon [4] 40

Jones, T. Eyton [1] 131

Jones, T. W. [1] 26, 95; [3] 17

Jones, Talfryn, Pen-y-groes [1] 177, 190, 205; [2] 226, 254–5

Jones, Tammy (Helen Wyn) [1] 32

Jones, Tim [2] 138–9

Jones, Tom (T&GWU) [2] 119, 375; [3] 139

Jones, Tom, Llanuwchllyn [1] 47; [2] 45

Jones, Tudor [1] 113

Jones, Tudur [2] 356, 435

Jones, Twm 'Twm Bethel' [1] 199; [2] 119

Jones, W. A., Llanrug [1] 177, 197

Jones, Walter, athro cerdd [1] 22

Jones-Evans, Merfyn [3] 72, 75, 135; [4] 56

Joplin, Michael [4] 16

Kammerling, Arnold [4] 53

Kane, Vincent [2] 178, 351

Kasparov, Garry [3] 45

Kaufman, Gerald [1] 320

Keelan, Peter [2] 307, 340

Keene, Raymond [3] 46

245

Reid, George [1] 320; [2] 34, 103;
[4] 151, 152
Reid, Sara [3] 127
Reynolds, David [2] 241
Richard, Henry [1] 97; [2] 149;
[4] 16
Richard, Ivor [4] 18, 199
Richards, Delyth [3] 127
Richards, H. P. [1] 80
Richards, Lily [1] 80
Richards, Phil [3] 143
Richards, Rod [2] 253; [3] 97,
137, 189
Richards, Rhuanedd [4] 201, 203
Richardson, Jo [2] 213, 217
Ridley, Nicholas [1] 294, 351;
[2] 151–2
Rifkind, Malcolm [2] 24
Rix, Brian [3] 253
Roberts, Alwyn [1] 181, 207
Roberts, Ann [1] 190, 194, 196
Roberts, Arwel [3] 29
Roberts, D. (SDP) [2] 186
Roberts, Danny [2] 282, 283
Roberts, Dylan [1] 190
Roberts, Eifion, y Barnwr [4] 59
Roberts, Elfed [1] 87, 88, 177,
202, 239; [2] 169, 181, 249, 435;
[3] 28
Roberts, Elfed (Banc y Midland)
[2] 375
Roberts, Elin [4] 22
Roberts, Elwyn, trefnydd Plaid
Cymru yn y Gogledd [1] 39–41,

59, 85, 97, 150, 178, 180; [2]
179–80; [3] 136
Roberts, Emrys [1] 35, 115–16,
117, 118, 120, 125, 139, 152,
179–80; [2] 111, 135
Roberts, Fflur [2] 436; [3] 127, 239
Roberts, Gareth 'Treffynnon' [1] 38
Roberts, Goronwy [1] 93, 202,
204, 209, 210, 215, 216, 217,
228, 243; [2] 45; [3] 17, 93, 249,
254
Roberts, Gwilym [1] 262
Roberts, Helen, Llanelli [1] 138
Roberts, Dr Helen [4] 56
Roberts, Hugh [2] 253
Roberts, Huw [3] 92, 93
Roberts, Ioan [1] 30, 33, 75;
[2] 300
Roberts, Iwan (mab Wmffra
Roberts) [1] 190
Roberts, John [4] 56
Roberts, Mair [1] 181
Roberts, Margaret [1] 118
Roberts, Marian [1] 190, 196
Roberts, Michael [2] 104, 174–5
Roberts, y Parchg Michael [1] 12
Roberts, Nerys [2] 282, 283
Roberts, Nesta [1] 239
Roberts, O. M. [1] 180
Roberts, Priscie, Deiniolen [1] 177
Roberts, Raymond [2] 159
Roberts, Roger [4] 18
Roberts, Rhian Medi [2] 436;
[3] 109, 256; [4] 22

Roberts, Siani [3] 136

Roberts, Siw [1] 239

Roberts, T. J. [2] 159–60

Roberts, Wil [1] 54

Roberts, Wmffra (Humphrey) [1] 27, 84, 154, 158, 177, 189–99, 202, 203, 205, 206, 207, 212–13, 216, 217, 223, 239, 264; [2] 72, 98, 181

englynion er cof [1] 199

Roberts, Wyn [2] 32, 66, 104, 309, 383, 419–20; [3] 14, 51, 253; [4] 199

a'r Mesur Iaith (1993) [1] 350; [2] 372–5, 383, 386, 389, 390, 394, 395, 399, 400, 402, 405–6, 408, 410

ac S4C [4] 157

Tŷ'r Arglwyddi [4] 18

Robertson, George [3] 81, 99

Ruddick, Winston [2] 375, 377; [3] 255; [4] 194

Roderick, Caerwyn [2] 39, 80; [2] 103

Roderick, Vaughan [4] 126

Roemer, William [4] 88–9, 91

Man Against the Mob [4] 89

Rogers, Allan [2] 432; [3] 29–30, 257

Rogers, Bill [4] 16

Rogers, John [1] 87, 202; [2] 342

Rogers, Meic, Beddgelert [1] 46

Rogers, Peter [3] 258

Rogers, Richard [3] 204, 205, 207

'Rooker-Wise Amendment' [1] 296

Rooker, Jeff [1] 296; [2] 125; [3] 100

Rooney, Paddy [3] 65

Rose, David [3] 213

Roser, Robert, Washington [3] 40–1

Ross, Willie [1] 192

Rosser, Syr Melville [2] 378

Rosser, Phylip [2] 190

Rossi, Hugh [1] 351; [2] 208

Rowe-Beddoe, David [4] 18, 32, 147

Rowlands, Edward John (Llafur) [1] 120

Rowlands, Janice [1] 132

Rowlands, Ted [1] 116, 117, 132, 228, 398, 401, 408; [3] 47, 253, 257; [4] 18, 40

Royall, Jan [4] 148, 159–60

RTZ, cwmni [1] 201

Rudd, Nigel [4] 44

Ryder, Janet [3] 156, 161; [4] 123, 138–9, 141

etholiad Cynulliad Cenedlaethol Cymru (1999) [3] 127, 128, 144

Ryder, Richard [2] 431

Rhondda, y [1] 67–73, 83; [2] 12, 192; [3] 145–6

etholiad cyffredinol

(1983) [2] 187

(1987) [2] 257

(1992) [2] 341, 363

250

255

260

'Yr Achos Economaidd dros Ymreolaeth' [2] 14
Williams, R. (Tori) [1] 81
Williams, R. Arwel (Democrat Rhyddfrydol) [2] 358
Williams, Rhys (Llafur) [2] 255, 256, 360
Williams, Sheila [2] 298
Williams, Shirley [4] 16
Williams, Tegwyn [3] 29
Williams, Trefor [1] 32
Williams, Tudor (Llafur) [2] 180, 181
Williams, William, Pantycelyn [4] 93–4
Willis, Carole [4] 22
Wilson, A. (Llafur) [1] 76
Wilson, Gordon [1] 74–5, 229; [2] 34–5, 53, 103, 106, 107, 160, 178, 244, 254
colli etholiad (1987) [2] 252
Wilson, Harold [1] 92, 147, 228, 254–6, 258, 260, 265, 302; [2] 12, 13, 18, 22, 75, 345, [4] 16, 98
Wilson, Joe (Llafur) [2] 306; [3] 26, 31
Winston, Robert [2] 219
Winstone, Howard [1] 106
Wise, Audrey [1] 296
Witherden, Mel (Gwyrdd/Plaid Cymru) [2] 337
Wolfe, Billy [1] 76, 77, 107
Wolfe, Peter [1] 25

Wood, Leanne [3] 267; [4] 103, 104, 201, 202–3
Wooller, Wilf [1] 27
Wrecsam, etholiad cyffredinol (1992) [2] 340
Wylfa, yr [1] 204
Wyn, Eurig [1] 239; [2] 423; [3] 24, 147–8, 149, 150, 167, 179, 273; [4] 148
Wyn, y Parchg John Price [1] 180
Wynne, y Parchg D. S. [3] 29

Ymddiriedolaeth Hybu Gwyddoniaeth Cyf. [4] 54
Ymddiriedolaeth Rowntree [2] 107–8
Ynys Môn, etholiad cyffredinol (1979) [1] 102
(1983) [2] 179–81
(1987) [2] 247–52, 257
(1992) [2] 359; [3] 69–70, 72
(1997) [3] 78
(2001) [3] 266
(2005) [4] 120
isetholiad (2013) [4] 201
sioe Môn [2] 250
Ysbyty Brynyneuadd, Llanfairfechan [1] 165, 168–9
Ysbyty Gwynedd [1] 168, 169, 170
Ysbyty'r Bwth, Caernarfon [1] 169, 170
Ysgol Feddygol Cymru [4] 58
Ysgol Gellifaelog, Merthyr [1] 133

Beth wnaeth i genedlaetholwr o Gymro fynd yn
aelod o Dŷ'r Arglwyddi yn 2011, a pham roedd
Plaid Cymru eisiau cael ei chynrychioli yng
nghadarnle'r sefydliad Seisnig? Oedd hi'n werth
mynd yno? Ac o edrych i'r dyfodol, beth ym
marn Dafydd Wigley fydd y goblygiadau i Gymru
yn sgil refferendwm annibyniaeth yr Alban?

Cawn yr atebion i'r cwestiynau hyn a llawer
mwy ym mhedwaredd gyfrol hunangofiant un
o'n gwleidyddion mwyaf disglair. Mae'n datgelu
gwybodaeth newydd am ei benderfyniad i adael y
Cynulliad yn 2003, a'i waith wedi hynny gyda chyrff
fel S4C, Prifysgol Cymru a'r Llyfrgell Genedlaethol,
heb sôn am nifer dda o fusnesau ac asiantaethau.

Dyma gyfrol hynod ddarllenadwy fydd yn sicr o
apelio at bawb sy'n ymddiddori ym mywyd Cymru,
ac yn adnodd gwerthfawr i haneswyr y dyfodol.

ISBN 978 0 86074 292 0

Darlun clawr
David Griffiths
Cyhoeddwyr
Gwasg Gwynedd
£9.95

ISBN 0-86074-292-X

9 780860 742920